Martin Altmeyer
Im Spiegel des Anderen

REIHE »PSYCHE UND GESELLSCHAFT«
HERAUSGEGEBEN VON JOHANN AUGUST SCHÜLEIN
UND HANS-JÜRGEN WIRTH

Martin Altmeyer

Im Spiegel des Anderen

Anwendungen einer relationalen Psychoanalyse

Mit einem Vorwort
von Daniel Cohn-Bendit

Psychosozial-Verlag

Bibliografische Information der Deutschen Bibliothek
Die Deutsche Bibliothek verzeichnet diese Publikation in der Deutschen
Nationalbibliografie; detaillierte bibliografische Daten sind im Internet
über <http://dnb.ddb.de> abrufbar.

© 2003 Psychosozial-Verlag
Goethestr. 29, D-35390 Gießen,
Tel.: 0641/77819, Fax: 0641/77742
e-mail: info@psychosozial-verlag.de
e-mail Autor: martin.altmeyer@t-online.de
www.psychosozial-verlag.de
Alle Rechte, insbesondere das des auszugsweisen Abdrucks
und das der fotomechanischen Wiedergabe, vorbehalten.
Umschlagabbildung: Helge Leiberg: Gespräch, 1994
Umschlaggestaltung: Christof Röhl
nach Entwürfen des Ateliers Warminski, Büdingen
Satz: Annika Schmitt
Printed in Germany
ISBN 3-89806-271-6

Inhalt

III.
Gewalt, Terror, Krieg – Überhitzungen
im Glutofen der globalisierten Intimität

IV.
Der Mensch entsteht nicht wie der Apfel
aus dem Kern – Einwände gegen
das Herstellungsparadigma der Biotechnologie

V.
Das Unbewusste ist der virtuelle Andere
– Subjektivität und Intersubjektivität
in der zeitgenössischen Psychoanalyse

Epilog

Nachweise

Annerkennung und Dank

Dieses Buch versammelt eine Reihe von Essays, die ich in den Jahren 2000 bis 2003 geschrieben habe. Aus der Perspektive einer relationalen Psychoanalyse sind es Versuche über zeitgenössische Verhältnisse in einer globalisierten Welt: das Verhältnis von Selbst und Anderem, von Phantasie und Realität, von Innen- und Außenwelt; die sozialen Verhältnisse, unter denen wir leben und in denen wir uns als Individuen erst konstituieren; das Verhältnis, das wir zur eigenen Geschichte haben; unser Verhältnis zu Gewalt, Terror, Krieg; und das Verhältnis der Humanwissenschaften zu ihrem Gegenstand. Für diesen Sammelband sind die Beiträge teilweise überarbeitet oder mit erläuternden Vorbemerkungen versehen worden. Die meisten davon sind erstmals in Tageszeitungen – der *Frankfurter Rundschau*, der Berliner *tageszeitung* (*taz*) und der Freiburger *Badischen Zeitung* – erschienen, einzelne in der *ZEIT*, im *SPIEGEL* und in der *KOMMUNE* (die Nachweise im Einzelnen finden Sie am Ende des Buches). Ich danke Harry Nutt und Peter Körte, Christine Pries und Ulrich Speck, Ulrike Herrmann und Daniel Haufler, Elisabeth Kiderlen, Stefan Aust und Hans-Joachim Noack sowie Michael Ackermann und Balduin Winter für ihre freundliche Unterstützung. Die Zusammenarbeit mit diesen Journalistinnen und Journalisten war auch intellektuell immer eine Herausforderung und ein Vergnügen.

Daniel Cohn-Bendit, mit dem mich seit 1968 eine anhaltende politische Freundschaft verbindet, danke ich dafür, dass er der Aufnahme von drei gemeinsam mit ihm verfassten Beiträgen zugestimmt hat: *Blut, Schweiß und Feuer* (Kap. II), *Genua und die Randale* und *Europa im Glaubenskrieg* (beide Kap. III). Darüber hinaus hat er ein Vorwort beigesteuert (in Form eines Gesprächs, das ich mit ihm über verschiedene Fragen geführt habe, die in den Beiträgen dieses Buchs behandelt werden). Helmut Thomä – mit ihm stehe ich in intensivem Austausch über Gegenwartsfragen der Psychoanalyse –, bin ich für sein waches Interesse und für seine unermüdliche Diskussionsbereitschaft dankbar; der Beitrag *Innen, Außen, Zwischen* (Kap. V) bildet die Grundlage eines Textes, den wir beide zusammen gerade zur psychoanalytischen Modernisierungsdebatte geschrieben haben. Axel Honneth, Martin Dornes und dem Arbeitskreis ›Psychoanalyse‹ am

Frankfurter *Institut für Sozialforschung* verdanke ich Anregungen von unschätzbarem Wert. Michael Buchholz, der mir immer ein kluger und aufmerksamer Gesprächspartner gewesen ist, danke ich für Ermutigung ebenso wie für seine kritischen Einwände. Hans-Jürgen Wirth schließlich bin ich zu Dank verpflichtet, dass er als an Zeitfragen interessierter Psychoanalytiker und Verleger diese Publikation ermöglicht hat.

Martin Altmeyer, im September 2003

Vorwort

Ein Gespräch des Autors mit Daniel Cohn-Bendit über mediale Spiegelung und politische Identität, über die 68er-Generation, über die RAF und den Terrorismus der Gegenwart, über Europa, die USA und den Zustand der Welt.

Dany, wir kennen uns seit 1968, als sie dich nach einem Besuch in Deutschland nicht mehr nach Frankreich zurücklassen wollten, wo du damals gelebt hast. Beginnen wir mit deiner eigenen Geschichte. Seitdem du im Pariser Mai die Bühne der Politik erstürmt hast und als »Dany le Rouge« weltweit bekannt geworden bist, hast du den Status einer öffentlichen Person. Deine Medienpräsenz – ist sie dir bei deinen Auftritten bewusst? Kannst du sie genießen oder ist dir das eher lästig?

Martin, ich passe absolut in deine Interpretation der Herausbildung der eigenen Identität durch die Anderen, durch die Sicht der Anderen. Und auch die Identität der Anderen wird durch das Prisma der Medien gesehen. Das war mir immer bewusst. Ich war, glaube ich, von vorne herein ein Kind der medialen Welt, ich war mir dessen bewusst, was die an mir finden. Und im Grunde genommen genieße ich auch das Bild, das die gesellschaftlichen Medien von mir vermitteln. Absolut. Aufgeregt habe ich mich über diese mediale Aufmerksamkeit nie – im Gegenteil: Ich bin mir völlig bewusst, dass das auch ein Teil meines heutigen politischen Daseins bedeutet.

Die Medialisierung der Welt steckte 1968 noch in den Kinderschuhen. Aber wir spekulierten in den Zeiten der Studentenbewegung bereits auf die Reaktion einer medialen Öffentlichkeit, um auf unsere Anliegen aufmerksam zu machen.

Ja, wir waren schon die erste mediale Generation. Nicht nur, dass die Verbindung untereinander weltweit durch die Medien hergestellt wurde, dass im Grunde genommen diese Bewegung sich medial darstellte und medial wahrgenommen wurde. Das war die eine Sache. Die andere Sache war, dass wir uns selbst sehen wollten, das ging bis zu kindischen Verhaltensweisen. Also

11

in den späten sechziger Jahren wollte man nicht nur nach einer Demonstration am Samstag in Frankfurt zur Sportschau zurück, sondern zur Hessenschau oder zu den Nachrichten. Also: Sind wir drin? Das, glaube ich, war uns mehr oder weniger immer bewusst. In der Tat waren das die Anfänge unserer Geschichte.

Es gibt Kulturhistoriker, die in den damaligen Aktionsformen – in den Sit-ins und Teach-ins, in den Polit-Happenings, im ganzen revolutionären Habitus – und in unserer Spekulation aufs Fernsehen den Beginn einer modernen (oder wenn du so willst: postmodernen) Inszenierung von Politik sehen möchten, wie sie heute gang und gäbe ist. Was hältst du von dieser These?

Natürlich. Aber was heißt Inszenierung. Inszenierung hat so einen dekorativen Beigeschmack. Wenn man aus einer Minderheitenposition Politik machen will, muss man sich einfach in dieser Welt in Szene setzen. Das heißt, man muss drin sein, man muss vorkommen. Und wenn man mit Inszenierung meint, dass wir alles getan haben, um vorzukommen, das heißt: um Aufmerksamkeit zu erregen, dann ist das richtig. Ich glaube das war immer Politik. Nicht nur heute und jetzt. Also wenn du im 19. Jahrhundert einen Streik gemacht hast, einen Generalstreik, dann war das eine Inszenierung. Im Grunde genommen drängst du dich einer Öffentlichkeit auf in einer Situation, in der die Öffentlichkeit dich eigentlich nicht wahrnehmen will oder dich sogar ablehnt. Und in den sechziger Jahren kam Opposition, Revolte – grade nach der großen Koalition – einfach nicht vor im Gedankengut der Bundesrepublik. Und deswegen musstest du dich durchsetzen und in Szene setzen, damit du überhaupt existieren kannst.

Die 68er-Revolte hatte auch eine rauschhafte, eine existenzielle Seite. Es war ein Aufstand gegen das Alte, gegen den Muff der Nachkriegszeit, gegen die Väter und Mütter: eine Generation hat sich damals revoltierend selbst erschaffen.

Ja, aber in diesem Prozess ist diese Bewegung auch ein Opfer der eigenen Dynamik geworden und zwar in der Herausbildung dieser ganzen revolutionären oder kommunistisch-maoistischen Gruppen danach. Der

12

Preis für die Logik der Inszenierung war nämlich das langsame, aber sichere Abheben von der Realität. Man konnte sich ja, weil man sich inszeniert hatte, in die Klassenkämpfe der zwanziger Jahre hineinbeamen. Oder wir konnten uns in die Klassenkämpfe Italiens oder Frankreichs reinbeamen – was auch immer. Das heißt, du brauchtest im Grunde genommen nur die Phantasie zu haben, dich irgendwo und irgendwie in Szene zu setzen. Und, weil das auch unsere gemeinsame Geschichte betrifft, eine völlig nebensächliche Sache, die aber eben doch typisch für dieses Beamen und dieses Rollenspiel und dieses Inszenieren gewesen ist: als eure maoistische Gruppe mich in einem völlig abgehobenen Artikel in eine Fischmehlfabrik zum Arbeiten verurteilen wollte, wenn mal die Arbeiterklasse an die Macht kommen würde, um mir mein Lob der Faulheit und des Spontaneismus auszumerzen.[1] Dagegen hast du und haben andere in deiner Organisation protestiert ...

---

[1] Zur Information des Lesers, der sich mit der revolutionären Szenerie in den Verfallszeiten der Studentenbewegung weniger gut auskennt: Dany meint den Kommunistischen Bund Westdeutschland (KBW), dem ich damals angehörte. Der inkriminierte Artikel stand in der KOMMUNE, einer Zeitschrift, die heute – freilich als ein undogmatisches Diskussionsforum – immer noch existiert. Autor des legendären »Fischmehl«-Artikels war ein führender Kader des KBW, Joscha Schmierer, der heute mit Zuständigkeit für Europa im Beraterstab des Außenministeriums sitzt. Dany wiederum war damals in der spontaneistischen und nicht weniger revolutionären Gruppe »Revolutionärer Kampf«, zu deren Kadern auch Joschka Fischer gehörte, heute grüner Außenminister (zum »Revolutionären Kampf« bekannten sich damals u. a. übrigens auch Thomas Schmid, heute verantwortlicher Redakteur für Politik bei der *Frankfurter Allgemeinen Sonntagzeitung*, und Reimut Reiche, heute Psychoanalytiker). Das Ereignis, an das Dany hier erinnert, fand noch eine Fortsetzung, die für die Psychoynamik in der damaligen Frankfurter Szene charakteristisch war: Die Redaktion der KOMMUNE wurde von den Spontis mit einer spektakulären Fischmehl-Attacke abgestraft. Auch für mich persönlich hatte diese Auseinandersetzung Konsequenzen und um der Vollständigkeit willen soll diese Anekdote ebenfalls nicht verschwiegen werden: Joschka Fischer hatte mich nach dem hinterhältigen Angriff auf seinen Freund Dany vom gemeinsamen Fußballspiel ausschließen wollen, das traditionell an jedem Samstag im Frankfurter Ostpark stattfand; Dany selbst hatte diesem Ansinnen entschieden (und letzten Endes erfolgreich) widersprochen. Heute, dreißig Jahre später, wird immer noch gespielt. Jeden Samstag, mit annähernd der gleichen Besetzung, nur älter geworden – und etwas langsamer.

... ausgetreten sind wir danach, ja ...

... aber im Nachhinein symbolisiert das natürlich, wie man sich in eine bestimmte, völlig abstrakte Welt hineinbeamen kann, in der man alles behaupten kann - und auch das Gegenteil. Das finde ich interessant an unserer damaligen Geschichte.

Was erzählen wir, inzwischen erwachsen geworden und selber Väter oder Mütter, heute unseren eigenen Kindern über diese Zeit. Und was sagen wir den jugendlichen Globalisierungskritikern, in deren moralischem Protest und wütendem Zorn gegen die Ungerechtigkeit der Welt wir uns selbst womöglich wiedererkennen?

Nehmen wir diesen Sommer 2003. Auf dem Larzac haben ja diese riesige Kundgebungen stattgefunden, dreißig Jahre nach der ersten großen Larzac-Kundgebung. Natürlich kann man, ich will nicht sagen: nostalgische, aber wohlwollende, also paternalistische Gefühle entwickeln. Da sind viele, viele junge Menschen, und zwar Menschen, die von einer anderen Welt träumen. Man muss aufpassen. Man darf, wenn man mit ihnen spricht, weder opportunistisch noch belehrend sein. Man muss sich so weit wie möglich ehrlich mit ihnen auseinandersetzen. Und damit meine ich Folgendes. Einerseits lauern in dieser neuen anderen Welt, von der sie träumen, alle Gefahren die uns selbst bedroht haben. Zum Beispiel greifen sie, hat man den Eindruck, sehr oft Stände (oder Kundgebungen innerhalb dieser großen Kundgebungen) der sozialistischen Gruppen, der Sozialdemokraten an. Und ich habe das Gefühl, in diesen großen Polit-Raves die da stattfinden, in dieser Welt, von der sie träumen, wird es weder Rechte noch Reformisten geben, sondern es wird nur noch eine Welt von Revolutionären und revolutionären Menschen sein, die nur das Gute im Leben und in der Welt wollen. Und dieses Gefühl ist natürlich gefährlich, weil es eine totalitäre Auswirkung haben kann. Man muss sich damit auseinandersetzen.

Nun gehörte zu dieser im Grunde romantischen oder anarchistischen Idee der Selbsterschaffung, die immer auch eine Selbstbefreiung ist, das provokative Spiel mit der Gewalt dazu. Nicht zuletzt deswegen stand die

68er-Generation am Pranger, als sie in Gestalt einer rot-grünen Bundes-
regierung gerade politische Verantwortung übernommen hatte und Josch-
ka Fischer Außenminister geworden ist. Was haben wir gelernt aus unse-
rer eigenen Emanzipationsgeschichte? Und haben wir noch weiteren
Bedarf an Aufklärung oder Selbstaufklärung?

Da haben wir einfach ein irrsinniges Problem. Kouchner, der ehemalige
französische Gesundheitsminister, der auch der erste UN-Verwalter im
Kosovo war und im Grunde genommen einer der Mitbegründer und
Miterfinder der »humanitären Intervention« ist, hat einmal etwas formuliert, das sehr beängstigend ist. Er sagt, das Problem sei, dass junge
Männer zur Gestaltung, zur Herausbildung einer eigenen Identität anscheinend den Krieg brauchen, oder das Spielen mit Kriegserlebnissen.
Früher waren es die realen Kriege, mit allen Horrorentwicklungen, die
wir kennen, und heute scheint es so, dass junge Menschen – und ich will
jetzt nicht vergleichen, ob es Rechtsradikale sind oder linke Männer oder
überhaupt jede männliche Subkultur – die Auseinandersetzung brauchen, bei der die eigene Kraft erprobt wird. Das ist gefährlich, weil es im
Grunde genommen eine zivilisatorische Entwicklung in Frage stellt, die
wir selber einmal in Frage gestellt haben, nämlich die Herausbildung eines
Gewaltmonopols des Staates, das heißt im Grunde genommen die zivilisatorische Eindämmung archaischer Gewalt, welcher Form auch immer.
In unserer Geschichte und in unseren Auseinandersetzungen haben wir
das gelernt. Politisch ausgedrückt war der schwere Lernprozess für uns:
das Gewaltmonopol des Staates zu akzeptieren.

Ich kann mich noch erinnern, dass der jetzige Innenminister, der jetzt
im Grunde genommen das Pendel auf die ganz andere Seite ausschlagen
lässt, dass Otto Schily, als er noch bei den Grünen war, bei einer Diskussion aufgetreten ist, an der auch Antje Vollmer und andere teilgenommen
haben, und das Gewaltmonopol des Staates verteidigt hat. Es ging auch
um die RAF, während noch Teile der Grünen das Recht auf Widerstand
verteidigt haben, als gäbe es eine eigene revolutionäre, oppositionelle
Legitimation von Gewalt, sei sie auch nur symbolisch. Der schmerzhafte
Lernprozess, den wir durchgemacht haben, ist, dass so etwas wahrscheinlich nicht existiert. Aber anders herum müssen wir der Gesellschaft sagen,
dies ist ein schwieriger Prozess – denn schaut euch die Hooligans an, die

Fußballfans, die Raver. Anscheinend lauert hier einfach das Bedürfnis nach gewaltsamer Auseinandersetzung. Die radikale Auseinandersetzung, bei der die eigene Identität, der eigene Körper ins Getümmel, in die Waagschale geworfen wird, gehört offenbar zur Entwicklung von jungen Menschen. Und das ist der Widerspruch zum staatlichen Gewaltmonopol.

Zur Protestbewegung gehörte auch die RAF, die freilich nicht nur die Ebene der symbolischen Gewalt verließ und das »Schweinesystem« mit Mitteln des Terrors physisch angriff, sondern auch die Selbstinszenierung eines moralischen Heldentums auf die Spitze trieb: kein Zufall, dass Andreas Baader oder Ulrike Meinhof zu Kultfiguren wurden. Wie stehst du zu den Versuchen, die RAF zum Gegenstand historischer Forschung zu machen?

Also zwei Dinge vorweg. Ganz klar ist, ob wir das jetzt wollen oder nicht: damit müssen wir uns moralisch oder politisch auseinandersetzen. Die RAF ist eine mögliche Auswirkung – eine irrsinnige, aber mögliche Auswirkung – der Revolte der sechziger Jahre. Sie hat im Grunde genommen wortwörtlich das umgesetzt, was viele nur gemeint oder artikuliert haben. Das war falsch, weil sie eben die Ironie des Symbolischen nicht verstanden haben oder nicht verstehen wollten oder nicht ausgehalten haben. Sie haben sich in eine selbstinszenierte revolutionäre Position gebeamt, die aber alle argumentativen Versatzstücke der Revolte mit integriert hatte. Und genau das ist mit unsere eigene, unsere moralische und politische Verantwortung. Dass dies jetzt, dreißig Jahre später, reflexiv von der Gesellschaft wiederum in einer Ausstellung inszeniert werden soll, finde ich überhaupt nicht problematisch. Im Gegenteil, es darf keine Tabus geben. Ich bin für die Wehrmachtsausstellung und ich bin für die RAF-Ausstellung. Das sind historische Phänomene, an denen wir alle mitgebastelt haben: das deutsche Volk an der Wehrmacht und an ihrer Gewalt – und wir an der RAF und ihrer Gewalt. Damit muss man sich auseinandersetzen. Jetzt kenne ich die Ausstellung selbst nicht, ich weiß gar nicht, ob sie gut oder schlecht ist ...

... sie befindet sich noch in der Planung ...

... jedenfalls muss die Auseinandersetzung stattfinden, irgendwo, irgendwie. Ich finde die Ausstellung völlig legitim. Diese deutsche Mentalität, unangenehme Sachen zu tabuisieren, finde ich einfach falsch. Ich finde es auch falsch, dass in Deutschland ›Mein Kampf‹ verboten ist, ich finde das absurd. Eine aufgeklärte Gesellschaft ist eine, die sich bewusst mit allem auseinandersetzen kann, was passiert ist, und die fähig dazu ist.

Inzwischen gibt es T-Shirts mit den Konterfeis von Ulrike Meinhof oder Andreas Baader ...

... wie von Che Guevara. Wenn man die RAF nicht genauso mythologisieren will, muss man sie einfach in die öffentliche Debatte integrieren. Sonst wird sie ein Mythos – und Mythen sind gefährlich: weil jeder da reininterpretieren kann, was er will. Man kann aus welchen Menschen auch immer Helden und Gutmenschen und Heroen machen.

Kommen wir zur Gegenwartspolitik. Auch der Terrorismus islamistischer Provenienz, der seine Botschaften weltweit per Videoaufnahmen verbreiten lässt und seine Helden in Gestalt von Selbstmordattentätern hervorbringt, inszeniert sich selbst. Er handelt mit vergleichbar unbedingter moralischer Überzeugung, frönt einer Ästhetik der Gewalt und bedient sich der Medien zu seinen Zwecken. Würdest du diesen Vergleich mit Gruppen wie der RAF oder anderen terroristischen Organisationen – denken wir an die IRA oder an die ETA in Spanien – zulassen, denen die radikale Linke zumindest ambivalent gegenübersteht?

Ich glaube, dass solche, sagen wir: mythische Widerstandsorganisationen wie die RAF oder die ETA einfach an etwas anderem partizipieren. Sie sind in einer Situation entstanden, wo bestimmte Gruppen etwas erklären wollten, aus dem Bedürfnis bestimmter Gruppen, sich in dieser Situation zu inszenieren. Wenn man zum Beispiel die ETA nimmt, ist ja das Spannende, dass sie oder bestimmte Kräfte aus der ETA, nachdem Franco gestürzt worden ist, aus ihrer Logik trotzdem nicht herauskonnten. Im Grunde genommen hat die ETA als antifaschistische Gruppierung begonnen, aber nach Francos Tod hat sie sich immer weiter verstrickt, verstrickt in eine Position, wo sie immer radikal-nationalistischer geworden ist, bis hin zu einer faschistischen Position, wenn sie eine baskische Identität vertritt, das heißt eine biologische Definition der baskischen Identität. In dieser Logik ist die ETA exemplarisch, hat sie alles durchlaufen. Ihren größten politischen Erfolg hatte sie ja, wenn man so will, mit dem Mord, mit dem politischen Mord an Carrero Blanco errungen, der damals unter Franco spanischer Premierminister war. Das sorgte für weltweite Aufmerksamkeit. Heute sind sie wirklich zu einer Liquidierungsorganisation geworden, die ihre eigenen Mitglieder umbringt, und seien es die eigene Helden, wenn sie sich von der Organisation, von den Positionen der Organisation entfernen wollen. Das beste Beispiel ist Yoyes, diese berühmt gewordene Frau, die in der ETA eine hohe Position hatte und für die Organisation des Anschlages auf Carrero Blanco mitverantwortlich war. Später hat sie gesagt, das geht nicht mehr, was wir hier machen, hat sich zurückgezogen und ist erst einmal ins Exil nach Mexiko gegangen. Als sie dann nach einigen Jahren zurückgekehrt ist nach Spanien, ist sie als Verräterin auf offener Straße, mit ihrem Kind an der Hand, von der ETA erschossen worden, weil sie sich eben von der ETA entfernt und die ETA politisch bekämpft hat. Ich glaube, das ist exemplarisch.

Wenn man sich jetzt den Terrorismus heute anschaut, also den fundamentalistisch-religiösen Terrorismus: Was für mich einfach das wahnsinnigste Bild ist, was ich je gesehen habe, war in diesem Sommer, als in Indonesien ein Attentäter zum Tode verurteilt wurde und er wirklich siegreich und strahlend dieses Urteil aufgenommen hat – endlich würde er als Märtyrer sterben und die sieben Jungfrauen erhalten, die er für seine Märtyrertat versprochen bekommen hat. Wahnwitzig, wenn man sich überlegt, diese Todesstrafe in eine lebenslange Haftstrafe umzuwandeln ... weil das die wirkliche Bestrafung für ihn wäre und nicht der Tod. Mit solchen Wahnvorstellungen haben wir viele Schwierigkeiten, weil alle rationalen Erklärungsschemata, die wir uns erarbeitet haben, hier nicht so einfach funktionieren.

Auch der palästinensische Terror gegen Israel ist bei der Linken moralisch umstritten. Die einen rechtfertigen ihn, weil er sich gegen die israelische Annektions- und Besatzungspolitik richte und die Palästinenser inzwischen zu »den Juden der Juden« geworden seien (wie in dem skandalösen

Buch kürzlich von Ted Honderich[2] beklagt). Die anderen verurteilen ihn, weil er sich mit mörderischen Attentaten in Haifa oder Tel Aviv, also im israelischen Kernland, nicht nur symbolisch gegen das Existenzrecht Israels wendet und weil er im Grunde die Realisierung einer Vernichtungsphantasie darstellt. Was ist deine eigene Haltung zur terroristischen Strategie palästinensischer Organisationen?

Es gibt zwei Dimensionen. Der palästinensische Terror ist einerseits eine eigenständige Form des Terrors. Andererseits gehört er aber auch zu dieser ganzen Entwicklung, die sich mit dem islamischen Fundamentalismus verschärft hat; dessen Terror geht einher mit einer mystischen Idee, nämlich der Glorifizierung des Todes als Opfer. Ich glaube, dass alle Versuche scheitern werden diesem Terror eine politische Bedeutung zu geben und sie bringen auch keinen weiter. Denn zu Recht hat ein israelischer Schriftsteller gerade gesagt: Wir haben es doch im Nahen Osten mit zwei Völkern zu tun, die beide einen völlig legitimen Kampf führen. ...

... Amos Oz ...

... ja, Amos Oz, glaube ich, war es. Zwei Völker führen beide einen völlig legitimen Kampf. Und zwar auf der einen Seite die Israelis. Niemand kann den Juden vorwerfen, dass sie nach 1945 gesagt haben, wir wollen eine eigene Heimat, jetzt vertrauen wir niemandem mehr, niemand hat uns geschützt, niemand hat uns vor der Vernichtung geschützt, und wir können uns nur selber schützen, in unserem eigenen Land – nach der Erfahrung des Holocaust ist das nachvollziehbar, auch wenn ich zum Beispiel das für mich nicht möchte. Ich möchte nicht in einem jüdischen Staat leben, ich glaube vielmehr an die kosmopolitische Identität in der Diaspora, aber ich kann nachvollziehen, dass nach 45 so etwas entstanden ist (nun, entstanden war der Zionismus schon vorher), aber dass die Juden so einen Staat wollten. Gleichzeitig ist es völlig richtig, dass dieser

---

2 Das Buch des analytischen Philosophen Ted Honderich ›Nach dem Terror‹ (2003) rechtfertigt die palästinensischen Selbstmordattentate in Israel. Es wurde nach Protesten in der deutschen Öffentlichkeit vom Suhrkamp-Verlag zurückgezogen.

Staat auch auf Kosten der Palästinenser gegründet worden ist und es deshalb einen legitimen Anspruch der Palästinenser auf einen eigenen Staat, auf eine eigene Heimat, auf eine eigene Gestaltung des Lebens gibt, wenn man dies so formulieren will ...

... das heißt: zwei Staaten die sich wechselseitig in ihrem Existenzrecht anerkennen ...

.... genau, dann kommt man auf die zwei Staaten. Und wenn man auf die zwei Staaten kommt, dann gibt es zwei Dinge. Die Anschläge der Palästinenser, diese Selbstmordanschläge, sind eigentlich Anschläge, die darauf zielen, dass alle Juden Palästina verlassen. Das heißt, es sind Anschläge, mit denen die Palästinenser nicht einfach für den eigenen Staat kämpfen, sondern sie wollen, dass sich dieser eigene Staat in Gesamtpalästina darstellt. Ich finde, Marek Edelmann, einer der Kommandanten des Aufstandes im Warschauer Ghetto, hat Recht. In seinem Aufruf, den er vor einem Jahr geschrieben hat, fordert er einerseits die Palästinenser auf, mit diesen Terrorakten in Israel aufzuhören: Wir haben im Warschauer Ghetto nie Anschläge gegen Unschuldige verübt, auch nicht gegen Familien der Deutschen, der Kampf um die eigene Befreiung kann nicht durch solche Terrorakte stattfinden. Gleichzeitig hat er die Israelis aufgerufen anzuerkennen, dass die Palästinenser Kämpfer sind, Freiheitskämpfer. Das heißt sie wollen im Grunde genommen eine nationale Befreiung, so wie die Israelis Kämpfer für ihre nationale Befreiung waren. Und erst wenn beide diesen Zustand anerkennen, werden sie in der Lage sein, gegeneinander und miteinander diese beiden Staaten zu sichern.

Das wäre ja ein Zustand wechselseitiger Anerkennung, ohne den eine dauerhafte Lösung des Konflikts nicht denkbar ist.

Ja, ein Zustand wechselseitiger Anerkennung, aber ich glaube, dass er ohne internationale Hilfe nicht zu erreichen sein wird. Und da haben die Europäer meiner Meinung nach eine wichtige Aufgabe: wir müssen einfach die Grenzen, die Sicherheit der Israelis und der Palästinenser, polizeilich-militärisch sichern. Im Grunde genommen muss die internationale

Gemeinschaft eine auf eine UN-Resolution gestützte militärpolizeiliche Sicherung der beiden Staaten beschließen. Das heißt, eigentlich ist die Lösung des Konflikts gar nicht so schwer. Einerseits muss die UNO analog zur Staatsgründung Israels eine Abstimmung über die Staatsgründung Palästinas durchführen. Und gleichzeitig muss die UNO die Entsendung von Sicherheitskräften an die Grenze beschließen. Das bedeutet, dass dann Soldaten, und auch deutsche Soldaten, europäische Soldaten, für die Sicherheit Israels und Palästinas einstehen.

Im Irakkonflikt durfte sich der chronische Imperialismusverdacht gegen die USA bestätigt sehen, und die Befürworter eines »gerechten Krieges« oder einer »humanitären Intervention« sind in die Defensive geraten. Wir beide waren der Auffassung, dass eine Situation von Weder-Krieg-noch-Frieden hätte aufrechterhalten werden müssen, nämlich die Fortsetzung der Waffeninspektionen unter UNO-Kontrolle, verbunden mit einer Aufhebung des Wirtschaftsembargos – das wäre die bessere Alternative gewesen, um dem Regime zunächst Grenzen zu setzen und zu seiner Implosion beizutragen. Nun ist es anders gekommen, nicht zuletzt deshalb, weil Europa schwach und zerstritten war. Danach hat eine Debatte über europäische Identität und die Notwendigkeit einer eigenständigen Außenpolitik Europas begonnen, in Abgrenzung von den USA. Wie stehst du als Europa-Politiker zu dieser Debatte?

Also zwei Dinge. Erstens bestand Europas Schwäche darin zu glauben, es müsse sich zwischen zwei Alternativen entscheiden: Die eine Alternative war, mit den Amerikanern zu gehen, die andere Alternative auf Druck der Amerikaner dem Ziel der Entwaffnung des Iraks zuzustimmen – anstatt den Regime-Change, also die Absetzung Saddam Husseins, eines der schlimmsten Diktatoren dieser Welt, als Ziel zu übernehmen. Das war der eigentliche Fehler, den die Europäer gemacht haben. Denn ich glaube, die Anerkennung dieses Ziels – also die Radikalisierung der humanitären Intervention zu Gunsten der Kurden im Irak, der Schiiten im Irak, der Menschen im Irak – hätte man dann ohne kriegerisch-militärische Intervention formulieren können. Und zwar durch die Radikalisierung der Idee des Inspektoren-Regimes, das allmählich die Souveränität Saddam Husseins hätten einschränken müssen. Die Anwesenheit von Soldaten an den Grenzen hätte den Handlungsspielraum von Saddam Hussein eingeschränkt. Langsam aber sicher (und das bedeutet nicht auf Ewigkeit, sondern in ein oder zwei Jahren) hätte man damit auch die Widerstandskraft und das Befreiungspotential im Irak selbst stärken können. Das heißt mit anderen Worten: den Prozess, den wir nach der Intervention haben, den hätte man im Grunde genommen vorher entwickeln müssen. Das aber wäre nur gegangen, wenn die Europäer sich auf eine nicht-kriegerische und dennoch interventionistische Position geeinigt hätten, das wäre möglich gewesen. Das Problem war das friedliebende Europa, das meiner Meinung nach zwar Abrüstung und Waffenkontrollen wollte, aber eigentlich mit einem Diktator Saddam Hussein lange hätte leben können. Das war, wenn man so will, die Schwäche der europäischen Position ...

... die wiederum Amerika einen Grund geliefert hat, verächtlich auf das »alte« Europa zu zeigen, das feige, passiv, tatenlos, und wie die Vorwürfe noch alle hießen – den gefährlichen Diktator gewähren lässt.

Die amerikanische Position ist eben eingebettet in den 11. September, man darf das nie vergessen, welch traumatische Erfahrung der 11. September für die Amerikaner bedeutet.

Nur, die Schwäche oder besser: das Falsche an der amerikanischen Position ist, dass die Amerikaner einfach der Meinung sind, so wie die Welt ist, darf sie nicht bleiben, einen Status quo darf es nicht geben. Und entweder müssen die Amerikaner allein die Welt neu ordnen oder zusammen mit ihren Partnern – wenn die mitmachen ...

... also das, was du in einer Diskussion mit Vertretern des amerikanischen Neokonservativismus, ich glaube mit Richard Perle[3] war es im Frühjahr 2003, einmal ihren »texanischen Bolschewismus« genannt hast, andere bezeichnen das als den »demokratischen Imperialismus« der USA.

---

[3] Richard Perle ist ehemaliger Chefberater im US-Verteidigungsministerium und gilt als Miterfinder der neuen »präemptiven« Militärstrategie der USA.

Ja, ja, das habe ich von Dan Diner[4] übernommen. Amerika hat eigentlich eine demokratisch-bolschewistische Position oder verhält sich zumindest so: Sie wissen, wie die Welt geordnet werden soll – und das Modell ist Amerika selbst. Die Welt soll nach den Gesetzen des freien Markts funktionieren, unter der Führung des freiheitsliebenden Amerika. Das werden sie jetzt auch durchzusetzen versuchen, und das ist das gefährliche an der amerikanischen Position.

Gibt es denn bessere Wege, um die desolaten Zustände in manchen vergessenen Weltgegenden zu ändern? Was ist mit der Verantwortung Europas für den Zustand der Welt?

Wenn man das so definiert, kommt man jetzt zur europäischen Position. Europa wird im Grunde genommen nur dann zu einer eigenen Identität finden, wenn es fähig ist, auch die Stellung Europas in der Welt zu definieren. Was wollen wir – und zwar nicht nur für unser eigenes Glück, sondern wie glauben wir, muss die Welt organisiert werden, damit sie gerechter und weniger kriegerisch und weniger gewalttätig ist? Und wir sehen tagtäglich, ob in Liberia oder im Kongo oder anderswo: Wenn die Welt sich nicht reorganisiert und ein internationales Gewaltmonopol definiert, dann wird es immer schwieriger, ihr wankendes Gleichgewicht zu halten, und dann werden natürlich auch ökonomische und soziale Krisen, Ungleichheiten verheerende Auswirkungen haben. Also, wenn man eh nichts zu fressen hat und nichts zu trinken und dann noch diese Lebensungleichheiten sieht, die man über die Medien permanent vorgeführt bekommt, in allen Ländern der Welt – dann entsteht ein wahnsinniges, aggressives Potential. Was dann fundamentalistische, terroristische Ideologien ausnutzen, worauf fundamentalistische, terroristische Ideologien dann surfen können – genauso wie der Nationalsozialismus auf der Krise nach dem ersten Weltkrieg surfen konnte.

---

[4] Dan Diner ist ein alter Freund aus den Zeiten der Studentenbewegung, heute Professor für Neuere Geschichte an den Univesitäten Jerusalem und Leipzig; Dany Cohn-Bendit bezieht sich hier auf eine These, die Diner in seinem Buch ›Feindbild Amerika. Über die Beständigkeit eines Ressentiments‹ (2002) entwickelt hat.

In unserem Spiegel-Essay ›Europa im Glaubenskrieg‹, der nach den An-
schlägen auf New York und Washington, nach dem Afghanistan-Krieg, aber
vor dem Irak-Krieg geschrieben ist (in diesem Buch nachgedruckt), haben
wir behauptet, beim Islamismus handele es sich keineswegs um den Aufschrei
einer unterdrückten Kultur, die um ihre Anerkennung kämpft und den
Terror als »Waffe der Schwachen« einsetzt, sondern um ein totalitäres poli-
tisches Projekt, das wir ernst nehmen müssen. Hat sich an dieser Einschät-
zung aus deiner Sicht inzwischen etwas verändert – nach dem Irakkrieg?

Nein. Ich glaube das Problem ist, dass wir bis jetzt – oder die Weltgemeinschaft, die Europäer, die Verantwortlichen – dass wir die Dinge
immer nur halb machen oder immer nur zur Hälfte sehen. Die Zerschla-
gung des Taliban-Regimes in Afghanistan war wegen seiner Verbindung
mit Bin Ladin/Al-Qaida notwendig, aber wenn man dann das *nation-*
building, die Pazifizierung des ganzen Landes nicht wirklich ernst nimmt,
dann bleiben die Zeitbomben liegen in einem solchen Land. Und der
Kommunismus als Freiheitsideologie konnte ja nur existieren, weil es eine
reale Ungerechtigkeit in unserer Gesellschaft gab. Es gab reale Kämpfe,
und der Kommunismus war nicht Ausdruck dieser Kämpfe, aber eine
Ideologie, derer sich die Unterdrückten und die Beleidigten bedienen
konnten, um ihren eigentlichen Traum formulieren zu können, nämlich
raus aus diesen Zuständen zu kommen. Genauso ist es in bestimmten
Regionen mit dem islamischen Fundamentalismus: Der islamische Fundamentalismus ist ein Angebot an Menschen, die einfach keinen Ausweg
mehr sehen – und viele dieser Menschen übernehmen ihn dann.

Insofern wäre der radikale Islamismus der historische Nachfolger der
sozialistischen Idee.

Für die islamische Welt spielt der islamische Fundamentalismus die gleiche Rolle, die für einen Teil der Welt der Kommunismus, der Bolschewismus gespielt hat – er ist einfach eine totalitäre Befreiungsideologie.

Dany, deine politische Einstellung war von Anfang an antitotalitär. Der
Kommunismus war nie deine Utopie. Aus dem totalitären Albtraum vom
sozialistischen Arbeiterparadies hast du deshalb auch nicht erwachen

müssen. Ich vermute, dass es dir aus diesem Grund leichter gefallen ist als anderen aus unserer politischen Generation, bestimmte unhaltbar gewordene Positionen der Linken zu räumen - z. B. die Idealisierung der dritten Welt und ihrer Befreiungsbewegungen. Oder die Haltung, man dürfe in den Jugoslawienkriegen schon wegen der deutschen Vergangenheit nicht intervenieren, ein Einsatz der Bundeswehr auf dem Balkan verbiete sich von selbst. Gibt es noch so etwas wie religiöse Überzeugungen, also Reste eines unverrückbaren Glaubens im »linken Bewusstsein«?

Ja, die gibt es, glaube ich. Wenn man sich die ganzen Thesen der Globalisierungskritiker anliest oder anhört, gibt es so etwas. Schon in der Formulierung: »Eine andere Welt ist möglich« ist das alles drin, das ...

... das ganz Andere?

Ja, das kann vernünftig sein, diese Welt muss reformiert, verändert werden. Aber das ganz Andere, die Welt, die wir wollen, soll eine ganz andere sein? Ich glaube, je stärker dieses »ganz andere« ist, desto weiter entfernt man sich von der Realität. Auch wenn wir diese Welt so stark reformieren, wie es nur irgend geht, wird sie der Welt, die wir haben, ähnlicher sein als der »ganz anderen« Welt, von der viele träumen, und von der sie nicht einmal wissen, wie sie funktionieren soll, diese »ganz andere Welt«.

Ich wollte zwar keinen Kommunismus, aber ich sah vor mir eine selbstorganisierte Welt: Selbstorganisation in Betrieben, in Schulen, in Stadtteilen. Das ganze Leben war politisch, die Menschen träumten nur davon, sich politisch zu artikulieren – von morgens bis abends. Sogar die Sexualität war politisch, ja, alles war politisch. Und dahinter steckt ein Menschenbild, das falsch ist. Es geht von dieser Idee der Entfremdung aus, der Kapitalismus entfremdet den Menschen von seiner eigentlichen, von seiner wahren Identität. Und im Kampf befreit sich der Mensch von der entfremdeten Identität und kommt zu dieser wahren Identität. Hannah Arendt, glaube ich, hat zu Recht damit aufgeräumt: Der Mensch ist weder gut noch böse, er ist sowohl als auch. Alle Individuen. Jeder Einzelne. Und es kommt darauf an, was der Mensch aus sich selbst macht. Gut, Habermas hat das als negative Anthropologie denunziert. Was aber in der Linken immer noch spukt, ist die Radikalisierung einer von Rousseau abgeleiteten Eigentlichkeit des Menschen, einer positiv guten Eigentlichkeit. Und das ist die Gefahr in jeder Bewegung.

Zurück zum Anfang und zu deinem politischen Lebenslauf. Im Mai 1968 warst du einer der Sprecher der Studentenrevolte in Frankreich, bist als »deutscher Jude« beschimpft und von De Gaulle ausgewiesen worden. Du warst in den siebziger und achtziger Jahren in der Frankfurter Sponti-Szene aktiv, in den Neunzigern Dezernent für mulikulturelle Angelegenheiten in Frankfurt. Heute sitzt du für die französischen Grünen im Europaparlament ...

... gestern für die deutschen, morgen für die deutschen ...

... als kosmopolitischer Europäer eben. In dieser ganzen Zeit, in diesen 35 Jahren, hat sich die Welt erheblich verändert, innerhalb einer einzigen Generation also. Was sind aus deiner Sicht die wesentlichen Veränderungen? Und was hat sich für dich, Daniel Cohn-Bendit, in deinem persönlichen Verhältnis zur Politik geändert?

Die wesentliche Veränderung besteht darin, dass die Welt, wenn man so will, offener geworden ist. Der Prozess, sich von im Grunde genommen lebenden Ideologien zu befreien, hat sich positiv entwickelt. Die alternativen politischen Philosophien wie der Sozialismus haben sich ebenso ad absurdum geführt wie die Religion ...

... die Religion? Meinst du wirklich ...

... in einem Teil der Welt, in einem anderen Teil nicht. Was wir als den, sagen wir, den Westen definieren, ist einerseits eine freie Gesellschaft. Andererseits haben wir im Westen Schwierigkeiten, das Verhältnis von Freiheit und Autonomie auf der einen, Gleichheit und Solidarität auf der anderen Seite zu definieren. Das ist ein ungelöstes Problem. Und da komme ich zu dem, was sich politisch für mich verändert hat: Die Aufgabe von Politik heute ist, genau an dieser Schnittstelle von Freiheit/Autonomie und Gleichheit/Solidarität, neu zu bestimmen, was Politik heißt, und zwar nicht im großen Entwurf einer neuen Weltgeschichte, sondern im großen Entwurf einer kleinen alltäglichen Reformpolitik.

Du hast die Beiträge in diesem Sammelband gelesen, von denen wir einige gemeinsam veröffentlicht haben. Wie ist es dir bei der Lektüre oder beim Wiederlesen ergangen?

Nun, ich kam richtig ins Grübeln, weil du in den Texten, in denen du den Alltag, sowohl den sozialen Alltag als auch den politischen Alltag beschreibst, im Grunde genommen eine neue Definition oder einen neuen Ansatz des Existenzialismus formulierst ...

... nicht etwa Sartre ...

doch, Sartre ist mir eingefallen. Ein neuer Existenzialismus, ausgehend von der Aufklärung und der Psychoanalyse oder besser: von deiner psychoanalytischen Interpretation davon, wie der Mensch seine Identität gestaltet. Du gibst dem Einzelnen eine Menge Verantwortung für das, was er denkt und tut, und lehnst stark jede Psychologisierung der Ereignisse ab im Sinne von: dieser oder jener Faktor war schuld oder verantwortlich dafür, dass jemand dies oder das getan hat. Das wird am klarsten, wenn du zum Beispiel Phänomene wie das Schulmassaker in Erfurt oder das *rampage-killing* in den Vereinigten Staaten untersuchst. Du sagst, das sind Individuen, die sich in dieser Gesellschaft inszenieren, die ihre Identität einfach durchleben wollen. Und du sagst eigentlich der Gesellschaft: Wenn ihr so eine Gesellschaft wollt, in der die Menschen nur dann etwas wert sind, wenn sie medial etwas bedeuten oder etwas darstellen können, dann müsst ihr in Kauf nehmen, dass es solche kaputten Typen oder solche kaputten Ereignisse gibt. Das fand ich eine sehr spannende Sache – aber irgendwie auch abtörnend, bedrückend.

Das ist wirklich bedrückend. Die Kehrseite ist allerdings, dass sich die Gesellschaft in diesem Spiegel ihrer kulturellen Hervorbringungen auch selbst erkennen kann. Genau das bedeutet Reflexivität: dass wir nicht sagen können, das gehört nicht zu uns, das ist etwas Fremdes, Außerirdisches, das sind Amokläufe von irgendwelchen Durchgeknallten. So wie man früher, vor der Erfindung der Psychoanalyse und der Entdeckung des Unbewussten, gesagt hätte: Da sind Dämonen am Werk. Nein, da hilft kein Exorzissmus – das gehört zu uns. Zum Unbewussten gehört auch der Andere. Deshalb heißt das Buch ja auch: ›Im Spiegel des Anderen‹.

Prolog

Das Wir im Ich

*Eine relationale Psychoanalyse führt aus den Sackgassen
des Anwendungsdiskurses*

Die Psychoanalyse, im Wiener Milieu des vorvergangenen Fin-de-Siècle
entstanden, hat das 20. Jahrhundert überdauert. Begabt mit einem grandiosen Gespür für die eigene historische Bedeutung hatte Sigmund Freud
sich einst mit Kopernikus und Darwin verglichen, indem er seine
Entdeckung, dass nämlich das Ich »nicht Herr im eigenen Hause« ist, in
die Tradition der beiden anderen großen Menschheitskränkungen
einreihte: der kosmologischen, dass die Erde nicht das Zentrum des
Universums bildet, und der biologischen, dass der Mensch vom Tier
abstammt. Mit ihren einst so anstößigen Thesen gehört die Lehre von der
dynamischen Wirkung des Unbewussten längst zum Fundus einer reflexiven Moderne, die sich über ihre eigenen Bedingungen zu verständigen
sucht. Aus dem Gegenwartsdiskurs über die Conditio humana ist die
Psychoanalyse nicht mehr wegzudenken. Zu Beginn des 21. Jahrhunderts
ist ihr Beitrag zur Selbstaufklärung der Gattung weitgehend anerkannt.
    Unumstritten ist die Psychoanalyse freilich nie gewesen. Als Persön-
lichkeitstheorie stand sie von Anfang an im Dauerkonflikt mit der akade-
mischen Psychologie, die das Unbewusste, weil sie es nicht beobachten
konnte, als Forschungsgegenstand ausgrenzte, und nun ihr Heil bei der
Neurobiologie und den Kognitionswissenschaften sucht. Als klinische
Methode zur Diagnose und Behandlung von Neurosen, Psychosen und
Persönlichkeitsstörungen provozierte sie eine biologisch orientierte
Psychiatrie, die von der pathogenen Wirkung seelischer Konflikte nichts
wissen wollte, bevor sexualwissenschaftliche, psychosomatische und
familiendynamische Forschung sie eines Besseren belehrte. Als auf Gesellschaft, Kultur und Geschichte angewandte Sozialpsychologie handelte sie
sich den (begründeten) Vorwurf ein, ihre Metapsychologie zu überdehnen
und auf fremden Gebieten zu dilettieren, was Sozialwissenschaften,
Kunst- und Kulturgeschichte, Ethnologie, Entwicklungspsychologie oder
Kommunikationstheorie nicht daran hinderte, psychoanalytisches Wissen
zu assimilieren und auf den eigenen Gegenstandsbereich mitunter frucht-
barer anzuwenden, als die Psychoanalyse selbst das vermochte.

In den dreißiger Jahren des 20. Jahrhunderts als »jüdische Wissenschaft« von den Nazis verfolgt und aus Deutschland und Österreich vertrieben, hatte sich die Psychoanalyse in den Emigrationsländern unter schwierigsten Bedingungen rasch ausgebreitet. In Paris und London, in New York, Los Angeles und Buenos Aires hatte sie neue Zentren errichtet und sich an den medizinischen Fakultäten etabliert, bevor sie in den fünfziger und sechziger Jahren nach Frankfurt und Berlin, Zürich oder Wien zurückkehrte. Die Errichtung des Frankfurter Sigmund Freud-Instituts, von Alexander Mitscherlich in enger Zusammenarbeit mit Theodor W. Adorno und Max Horkheimer aus dem wieder gegründeten Institut für Sozialforschung sowie mit Unterstützung der damaligen Hessischen Landesregierung unter August Zinn durchgesetzt, dokumentierte diese Renaissance der Psychoanalyse in Deutschland. Als »kritische Theorie des Subjekts« gefeiert und der kritischen Gesellschaftstheorie der Frankfurter Schule als Begleiterin zugesellt, erlebte sie in den siebziger und frühen achtziger Jahren hier ihre Blütezeit.

Im Veränderungspathos der weltweiten Studentenbewegung hatte damals neben der sozialen Revolution auch die Revolutionierung des Alltags auf der Tagesordnung gestanden. Und eine angewandte Psychoanalyse – mit der Aura des Neuen oder Wiederentdeckten – lieferte der rebellierenden Jugend die passenden Konzepte. Mit seiner brisanten Mischung aus Triebtheorie, Kulturkritik und Faschismusanalyse verkörperte das freudomarxistisch revitalisierte psychoanalytische Denken so etwas wie einen existenziellen Aufschrei: den universellen Protest gegen die »verwaltete Welt«. Aus diesem Geist des Subversiven ließen sich intellektuelle Mehrzweckwaffen schmieden, die gegen den (autoritären) Staat, die (kapitalistische) Gesellschaft und die (sexualrepressive) Familie zugleich in Stellung gebracht werden konnten.

Das persönliche Format und die moralische Integrität ihrer besten Vertreter sicherte der Psychoanalyse eine besondere Stellung unter den Intellektuellen jener Zeit: Sie repräsentierte die vom Nationalsozialismus verfolgte und ins Exil verbannten Aufklärung, die nun wieder nach Deutschland zurückgekehrt war. Als das Tabu gebrochen war, das über der Verantwortung der Deutschen für die faschistische Barbarei gelegen hatte, als das Beschweigen der Nazivergangenheit ein Ende hatte, übernahm sie bald eine Art geheime Diskursführerschaft in der Generationsdebatte über deutsche Schuld. Der Elterngeneration konnte von den Nachkriegskindern jene kollektive Verdrängungsleistung vorgehalten werden, die von Alexander und Margarete Mitscherlich (1967) als »Unfähigkeit zu trauern« diagnostiziert worden war. Ihre eigentümliche Strahlkraft verschaffte der Psychoanalyse gar die fragwürdige Rolle einer tiefenhermeneutischen Königsdisziplin, die bald mit dem Anspruch einer allgegenwärtigen Supervisionsfunktion auftreten durfte. Sie lieferte Zeitdiagnosen und eroberte das Feuilleton. Sie fasste Fuß in der Medizin, in der Philosophie und in den sozialwissenschaftlichen Fakultäten. Ihre Institute hatten Zulauf, der Nachwuchs drängte sich um die Ausbildung. Die Psychoanalyse war in aller Munde.

Eine Generation später ist allenthalben Ernüchterung eingetreten. In den USA hat sich die Psychoanalyse, wo sie nicht von den Bio- und Kognitionswissenschaften verdrängt worden ist, selbst aus den medizinischen Abteilungen der Universitäten herauskatapultiert. Sie versucht dort inzwischen an den kulturwissenschaftlichen Departments zu überleben – ein Schicksal, das sie mit den Schwundformen von Poststrukturalismus, Dekonstruktivismus oder Postfeminismus teilt. Auch in Deutschland geht es um die Existenz: »Die Patienten wollen das Medikament nicht mehr, die Wissenschaften wollen die Wahrheiten nicht mehr, und die Öffentlichkeit will die Aufklärung nicht mehr, die wir ihnen anzubieten haben und von denen wir gewohnt waren, dass wir sie nicht anbieten müssen, sondern dass man nach ihnen verlangt wie nach einem kostbaren Gut, das wir nur zögernd aus der Hand geben.« So ernüchtert hatte Reimut Reiche (1995) – Frankfurter Psychoanalytiker und in den legendären Zeiten der Studentenbewegung selbst politisch engagiert – die fatale Lage seiner Zunft einmal beschrieben und ihr eine »Stimmung des Beleidigtseins« attestiert. Inzwischen ist sie durch neue gesetzliche Regelungen wie das Psychotherapeuten-Gesetz oder Maßnahmen der Kostendämpfung und Qualitätssicherung im Gesundheitswesen weiter in die Defensive geraten. Die naturalistische Wende in den sogenannten *life-sciences*, die einem genetischen Determinismus das Wort reden und statt der Utopie einer selbstreflexiven Aneignung des eigenen Lebens die seiner biotechnologischen Veränderung bedienen, hat die Psychoanalyse vollends an den Rand gedrängt.

Neben der narzisstischen Kränkung, die Reiche der Psychoanalyse bescheinigt, lassen sich auch depressive Züge erkennen. Diese kann man als Symptome eines postmanischen Erschöpfungszustands verstehen, der die Profession nach einer Phase der euphorischen Selbstüberhebung (erwartungsgemäß) einholen musste. Aus optimistischer Perspektive könnte man in dieser Ernüchterung auch Vorzeichen eines von Erschütterungen und Rückwärtsbewegungen begleiteten krisenhaften Neubeginns erkennen. Unter der Oberfläche ihres konjunkturellen Abschwungs unternimmt die Psychoanalyse nämlich Versuche zu ihrer eigenen Modernisierung. Herausgefordert durch Entwicklungen in den anderen Humanwissenschaften beginnt die Wissenschaft vom Unbewussten, ihre problematisch gewordenen Grundlagen zu überprüfen, traditionelle Konzepte im Lichte neueren Wissens zu reformulieren und unhaltbar gewordene Vorstellungen über das Seelenleben ganz aufzugeben. Metapsychologisch beginnt sie, am Ursprungsmythos eines primärnarzisstischen Seelenlebens zu zweifeln und die Amöbensage durch die Erzählung von der intersubjektiven Genese des Subjekts zu ersetzen. Entwicklungspsychologisch erkennt sie allmählich die Bedeutung von Untersuchungen zur Mutter-Kind-Interaktion an, deren empirische Befunde für den interpersonellen Charakter der Säuglingswelt sprechen. Auf der klinischen Ebene korrigiert sie die Vorstellung vom Psychoanalytiker als einer »weißen Wand« oder eines »glatten Spiegels«, der aus einer Position der Objektivität und Neutralität das vom Analysanden gelieferte Material deutet, und betrachtet aufmerksam die therapeutische Beziehung und den therapeutischen Prozess. Die psychoanalytische Moderne hebt die traditionelle Selbstbeschränkung auf innerseelisches Geschehen auf und richtet ihren Blick zunehmend auf das, was zwischen Menschen geschieht: Sie entdeckt den Anderen im Selbst. Primat hat die Bezogenheit des Menschen, seine Einbettung in eine materielle und soziale Umwelt.

Indem sie die Spuren des Intersubjektiven im Intrapsychischen verfolgt, entwickelt sich eine modernisierte Psychoanalyse von der Ein-Person- zur Zwei- und Drei-Personen-Psychologie – und darüber hinaus zu einer Theorie der unbewussten Beziehungen in und zwischen Gruppen. Die Wissenschaft vom Unbewussten wird zu dem, was Stephen Mitchell (2000) eine »relationale Psychoanalyse« nennt. Damit erweitert die Psychoanalyse ihr angestammtes Feld, sie verlässt die Enge des Behandlungszimmers und kann außerhalb der therapeutischen Praxis wieder angewandt werden. Aber ist – nach den Erfahrungen eines wild wuchernden Anwendungsdiskurses in der Vergangenheit – eine solche Erweiterung zulässig? Vor allem: Ist sie überhaupt wünschens- und erstrebenswert?

Relationale Psychoanalyse im Anwendungsdiskurs

Man kann diese generellen Zweifel auf die Frage zuspitzen, ob eine Theorie des Subjekts in der Lage ist, das zu erfassen, was sich zwischen Subjekten oder gar zwischen Kollektivsubjekten ereignet? Kann die Psychoanalyse, die zunächst ja eine Individualpsychologie ist, überhaupt zur Psychologie von Gruppen etwas beitragen, deren Dynamik sich gerade nicht aus der aggregierten Psychodynamik ihrer einzelnen Mitglieder erklären lässt? Lässt sie sich auf soziale Phänomene anwenden? Findet hier nicht jener allzu kühne Sprung über den Abgrund zwischen Innen und Außen statt, von dem Reimut Reiche (1995) in dem erwähnten Aufsatz besorgt meint, dass dabei die psychoanalytische Intention zerbrechen muss, deretwegen dieser Sprung gewagt wird? Wie können wir also das vermeiden, was Jürgen Habermas (1982) einmal den »Erbfehler« der psychoanalytischen Sozialpsychologie genannt hat: nämlich die »gesellschaftstheoretische Überdehnung« des an der Einzelpsyche entwickelten Begriffsarsenals, die schließlich in die bekannten Sackgassen ihres Anwendungsdiskurses geführt hat?

Aus Sicht einer relationalen Psychoanalyse ist das Unbewusste nicht nur *das* Andere des Ich – wie es aus dem Triebleben aufsteigt – sondern auch *der* imaginäre Andere, den wir immer mitphantasieren, wenn wir unser Selbst entwerfen, behaupten oder reflexiv in Frage stellen. Es ist der Erbe jenes »virtuellen Anderen«, wie ihn Martin Dornes (2002) in Anlehnung an ein entwicklungspsychologisches Konzept von Stein Braten schon beim Säugling unterstellt. Er nimmt die Welt nicht nur mit eigenen Augen wahr, sondern auch mit den Augen des Anderen. Er blickt nicht nur aus einer egozentrischen, sondern gleichzeitig aus einer alterozentrischen Perspektive, die ihn mit einem intuitiven Wissen über den Anderen ausstattet, *bevor* er ihn kennenlernt, die ihm erlaubt,

Erwartungen an den Anderen zu entwickeln, bevor dieser *tatsächlich* auftritt. Diese geteilte Perspektive sorgt dafür, dass die Verbindung zur Mutter nicht erst hergestellt werden muss, sondern von allem Anfang an *im* Säugling existiert, genauso wie *in* der Mutter vor aller Interaktion die Verbindung zum Säugling existiert. Der »virtuelle Andere« ist der menschlichen Natur gewissermaßen genealogisch eingeboren[1], unser Selbstbild bis in seinen primärnarzisstischen Kern hinein intersubjektiv kontaminiert.

Diese ebenso kontraintuitive wie faszinierende Annahme einer dyadisch präformierten Psyche hätte metapsychologische Folgen. Sie könnte die intrapsychische mit der intersubjektiven Betrachtungsweise versöhnen, indem sie beide Perspektiven miteinander vermittelt und Polarisierungen vermeidet. Wenn die Beziehung des Selbst zum Anderem nämlich ursprünglich ist, wenn das Ego im Alter ego seinen unverzichtbaren Partner hat, muss es auch so etwas geben wie ein »virtuelles Wir«. Man könnte von einem »Wir im Ich« reden, das die psychischen Prozesse der Strukturbildung und Identitätsentwicklung imaginär begleitet. Dieser Hypothese zufolge würde man bei der Genese des Selbst davon ausgehen, dass die erste Person Plural in die erste Person Singular epistemisch zunächst eingeschlossen ist. Damit wäre eine Imagination benannt, bei der das werdende Subjekt sich als Teil seiner sozialen Umwelt erlebt, aus deren Perspektive es sich wahrnimmt. Erfahrungen der Anerkennung oder der Missachtung, der Wertschätzung oder der Kränkung, der Zuneigung oder der Ablehnung beruhten auf der Fähigkeit des Selbst, eine exzentrische Position einzunehmen: Wir betrachten dabei den Anderen, wie er uns betrachtet.

---

[1] Die Säuglingsforschung liefert für die Annahme eines »virtuellen Anderen« einige Evidenz. Dornes (2002) hat auf die konzeptionelle Verwandtschaft zum »evozierten Gefährten« in der Entwicklungstheorie von Daniel Stern (1985) hingewiesen und zum »Übergangsobjekt« von Donald Winnicott (1965), zu dem er sich entwickelt. Auch zum »generalisierten Anderen« von George Herbert Mead (1934) und zu Thomas Ogdens »Me-ness« (1992) besteht ein interdisziplinäres Verwandtschaftsverhältnis. Auf solche Konzeptionen des Selbst stützt sich mein eigener Vorschlag, die psychoanalytische Narzissmustheorie, insbesondere auch das Konzept des primären Narzissmus, intersubjektiv zu reformulieren (Altmeyer 2000 a).

Eine in dieser Weise intersubjektiv reformulierte Metapsychologie erlaubt es, den ermatteten Anwendungsdiskurs der Psychoanalyse wiederzubeleben und etwas von ihrem zeitdiagnostischen und kultur-kritischen Potential zurückzuholen, das aus den Gegenwartsdebatten der Gesellschaft weitgehend verbannt scheint.[2]

Literatur

Altmeyer, M. (2000 a), Narzissmus und Objekt. Ein intersubjektives Verständnis der Selbstbezogenheit, Göttingen.

Dornes, M. (2002), Der virtuelle Andere. Aspekte vorsprachlicher Intersubjektivität, in: Forum der Psychoanalyse, 18: 303–331

Habermas, J. (1982), Alexander Mitscherlichs Sozialpsychologie, in: ders., Texte und Kontexte, Frankfurt/M. 1991.

Mead, G. H. (1934), Geist, Identität und Gesellschaft (Hg. Morris, Ch.), Frankfurt/M. 1973.

Mitchell, St. A. (2000), Relationality – from Attachment to Intersubjectivity (deutsch: Bindung und Beziehung. Relationales Denken in der Psychoanalyse, Gießen 2003)

Ogden, Th. H. (1992), The dialectically constituted/decentred subject of analysis II. The contributions of Klein and Winnicott, in: Int. J. Psycho-Anal., 73: 613–626.

Reiche, R. (1995), von innen nach außen? Sackgassen im Diskurs über Psychoanalyse und Gesselschaft, in: Psyche 49/1995, 227–258

Richter, H.-E. (2002), Das Ende der Egomanie – die Krise des westlichen Bewusstseins, Köln.

Stern, D. N. (1985), Die Lebenserfahrung des Säuglings, Stuttgart 1992.

Winnicott, D.W. (1965), Reifungsprozesse und fördernde Umwelt, München 1974.

Wirth, H.-J. (2002), Narzissmus und Macht. Zur Psychoanalyse seelischer Störungen in der Politik, Gießen.

---

2 Mit Ausnahmen: Horst-Eberhard Richter gehört natürlich zu diesen Ausnahmen, zuletzt mit seinem Buch *Das Ende der Egomanie* (2002). Hans-Jürgen Wirth (2002) liefert in *Narzissmus und Macht* ein gelungenes Beispiel für eine neue Art von Anwendungsdiskurs, der sich auf eine relationale Psychoanalyse stützt: Er demonstriert, wie sich ein intersubjektiv verstandener Narzissmus-begriff für die Analyse von Machtphänomenen in der Politik verwenden lässt.

I.
Den Anderen betrachten, wie er mich betrachtet – Medialer Narzissmus und postmoderne Identitätssuche

Zu Recht nennt man die sogenannte Postmoderne auch eine »reflexive« Moderne. Nichts ist selbstverständlich, nichts nur das, was es zu sein vorgibt. Alles scheint irgendwie gebrochen: Traditionen, Werte, Lebensläufe, Identitäten, ja die Wirklichkeit selbst. Das meiste, was wir von der Welt zu wissen meinen, erfahren wir aus den Medien, denen man nie ganz trauen kann. Zugleich steckt diese Welt voller Spiegel, die uns Bilder von uns selbst zurückwerfen, von denen wir als Einzelne wiederum berührt werden. Solche Rückkoppelungseffekte fordern insgeheim dazu auf, die eigenen Selbstentwürfe zu überprüfen, sich womöglich anders zu entwerfen und dann erneut den medialen Feedbackschleifen auszusetzen. Die Medienwelt liefert zahlreiche Schaubühnen, auf denen wir uns als einzigartige und unverwechselbare, eben interessante Individuen darstellen sollen, wollen, dürfen oder müssen. Sie hält ein imaginäres Publikum bereit, das unsere Darstellungskünste nach ihrer Echtheit und Originalität bewertet – und ihnen ihren Wert verleiht, der zugleich ein Tauschwert ist.

Das sich darstellende Selbst bewegt sich nämlich auf einem Markt, wo zwar nicht Ware gegen Geld, aber Performance gegen Beachtung getauscht wird. Wer hier das Licht der Scheinwerfer oder das Auge der Kamera aufsucht, nimmt teil an jener »Ökonomie der Aufmerksamkeit«, welche von ihrem Erfinder Georg Franck einem »mentalen Kapitalismus« zugerechnet wird. Bei dieser neuen Wirtschaftsform wird die Banken- und Börsenfunktion von den Massenmedien übernommen. Sie kontrollieren Zahlungsmittel und Tauschwerte auf diesem besonderen Markt, dessen wertvollstes Gut eine Persönlichkeit ist, die sich gut verkaufen lässt. Die Anbieter hoffen auf die Resonanzräume der Mediengesellschaft, die ihnen Prominenz und Karriere versprechen, aber zugleich auch Spiegel- und Echowirkungen, die reflexiv den Selbstwert steigern. In solchen unbewussten Tauschakten (intime Information gegen öffentliche Aufmerksamkeit) haben wir es freilich mit einer Reflexivität besonderer Art zu tun. Sie besitzt eine eigentümlich narzisstische Qualität, bei der die Selbstbezogenheit mit dem heimlichen Blick auf den spiegelnden Anderen einhergeht. Hier enthüllt der Narzissmus seinen verborgenen intersubjektiven Gehalt in vergesellschafteter Form: medialen Narzissmus.

Der Narzissmus ist der »Bildner des Ich«, hatte Jacques Lacan einmal befunden, er entstamme einer infantilen Entwicklungsphase, bei der das

Kind sich selbst im Spiegel erkennt, jubilatorisch begrüßt und zugleich idealisierend verkennt. Donald Winnicott hatte ihm erwidert, dass das Gesicht der Mutter der erste Spiegel sei, aus dem der Säugling eine Ahnung davon erhalte, wer er ist: Wie sie ihn anschaut, hängt davon ab, was sie in ihm erblickt. Entwicklungspsychologisch braucht der Narzissmus also diesen aufmerksamen Blick von außen. In seiner selbstbildnerischen Funktion ist er auf eine spiegelnde Umwelt angewiesen, die Spiegelmetapher ist intersubjektiv »kontaminiert«. Die Plausibilität dieser These will ich zunächst metapsychologisch begründen, bevor ich sie an ausgewählten Beispielen aus der zeitgenössischen Lebenswelt illustriere.

Im Spiegel des Anderen

Eine intersubjektive Neuinterpretation des Narzissmus[*]

Was versteht man nicht alles unter Narzissmus? Bereits beim Versuch der Beschreibung dieses Begriffs – ganz gleich, ob wir ihn alltagssprachlich oder im engeren klinischen Sinn verwenden – zeigt sich seine enorme Spannweite und schillernde Widersprüchlichkeit. »Narzisstisch« nennen wir die psychotische Regression des Schizophrenen, aber auch seine Größenphantasien, mit denen er sich die ganze Welt einverleibt. Wir finden den Narzissmus beim Homosexuellen und beim Heterosexuellen, der seine Männlichkeit betont. Die nymphomanische Verführerin gilt ebenso als narzisstisch wie die frigide Frau, die sich der Hingabe verweigert. Der gehemmte Introvertierte zieht die Isolation aus narzisstischen Gründen vor, während der extravertierte Schauspieler eben deshalb auf die Bühne drängt. Der Säugling ist narzisstisch, wenn er wonnig an der Brust saugt, genauso wie das Kind, wenn es uneingeschränkte Bewunderung fordert, und der pubertierende Jugendliche, wenn er sich intensiv mit seinem Körper beschäftigt. Der selige Schlaf hat etwas Narzisstisches und die aufdringliche Selbstdarstellung ebenfalls. Narzissmus steckt gleichermaßen im Streben nach absoluter Unabhängigkeit und in der symbiotischen Verschmelzung, auch wenn es sich dabei um höchst gegensätzliche Tendenzen handelt.

Unbegrenzt elastisch scheint dieser omnipräsente Begriffs, der die unterschiedlichsten Phänomene vereinigt und in der psychoanalytischen Metapsychologie vieles bezeichnet: ein frühes Entwicklungsstadium, ein besonderes Triebschicksal, eine Form der Objektwahl, einen Modus des Selbsterlebens, ein seelisches Regulationsprinzip. Epidemiologisch ist die »narzisstische Persönlichkeitsstörung« zu einer Universalkategorie

---

[*] Ausführlich habe ich meinen Vorschlag einer intersubjektiven Konzeption des Narzissmus begründet in: Altmeyer, M. (2000a), Narzissmus und Objekt. Ein intersubjektives Verständnis der Selbstbezogenheit, Vandenhoeck & Ruprecht, Göttingen 2000; vgl. auch Altmeyer, M. (2000b), Narzissmus, Intersubjektivität und Anerkennung, in: PSYCHE Zschr. für Psychoanalyse und ihre Anwendungen 54/2: 143–171

geworden, die es zwar in die internationalen psychodiagnostischen Klassifikationssysteme geschafft, aber ihr Kernproblem auf diesem Weg nicht verloren hat. Der Narzissmusbegriff hat nämlich allen bisherigen Versuchen widerstanden, seiner mangelnden Trennschärfe durch eine klare Definition abzuhelfen und seine schillernde Vielfalt durch einen eindeutigen Gebrauch zu ersetzen. Man könnte vermuten, dass gerade diese bunten Eigenschaften seine rasante Karriere in den siebziger Jahren des 20. Jahrhunderts beflügelt haben.

Damals hatte die Erfolgsgeschichte des psychoanalytischen Narzissmusbegriffs ihren Höhepunkt erreicht. Man registrierte in der westlichen Zivilisation die auffällige Zunahme sogenannter »früher Störungen«: diffuse Ich-, Selbst- oder eben »narzisstische« Störungen – bei gleichzeitiger Abnahme von klassischen Psychoneurosen mit ihren gut abgegrenzten Symptombildern nach reiferem »ödipalen« Muster. Im zeitdiagnostischen Diskurs hatte die narzisstische Persönlichkeit die autoritäre abgelöst und galt in der kritischen Pädagogik als »neuer Sozialisationstyp« (Thomas Ziehe). Der Narzissmus war zur kulturellen Signatur eines ganzen Zeitalters (Christopher Lasch) und zur »protestantischen Ethik von heute« (Richard Sennett) erklärt worden. Seither hat der Begriff – in der Bedeutung von Eigenliebe, Selbstbezogenheit und Beziehungslosigkeit – Eingang in den allgemeinen Sprachgebrauch gefunden. Im kollektiven Bewusstsein ist er eine Art Gegenbegriff zu dem geworden, was in der Psychoanalyse Objektbeziehung heißt und mit Austausch, Kontakt, Einfühlung, mit zwischenmenschlicher Begegnung zu tun hat. Wo Selbstverliebtheit herrscht, wo das eigene Ich im Zentrum steht, ist für die Verbindung zum Anderen wenig Raum.

Im Zeitalter des digitalen Kapitalismus, so könnte man meinen, hat dieses Modell der narzisstischen Vereinzelung ausgedient, das die sozialwissenschaftlichen Analysen einer in unverbundene Individuen zerfallenden Gesellschaft begleitete. Eine Generation später taugt es womöglich nicht mehr, um eine Welt der universellen Vernetzung zu beschreiben, in der alle mit allen in Verbindung stehen. *Online* zu sein bedeutet ständige Erreichbarkeit sowie Zugang zu Informationen und Menschen. Es scheint, als ob die Beziehung zum Anderen, auch wenn sie virtueller Natur ist und deshalb von einer nostalgischen Kulturkritik misstrauisch beobachtet wird, eine Wiederauferstehung erlebt. Interaktion ist der

Schlüsselbegriff des beginnenden 21. Jahrhunderts, wie wir am Siegeszug der neuen Medien sehen. Die diskursive Hochkonjunktur des Narzissmus zumindest ist vorbei.

Woher aber kommt dann der Eindruck, dass der öffentlich demonstrierten Verbindung über das mobile Telephon etwas penetrant Narzisstisches anhaftet? Welche Motive stehen hinter dem heimlichen Vergnügen, den eigenen Namen in die Suchmaschinen des Internet zu geben oder die Besucherzahl auf der eigenen Homepage per Klickrate festzustellen? Die Vorführung intimster Details des Privaten in den interaktiven Formaten des entfesselten Fernsehens, hat sie nicht eine narzisstische Funktion? Das sehnliche Warten auf den Anruf in der überfüllten S-Bahn, das Aufspüren elektronischer Belege für die eigene Existenz, die selbstgefällige Präsentation vor dem Auge der Kamera – all diese zeitgenössischen Kapriolen unserer Lebenswelt weisen darauf hin, dass die These, mit der Allgegenwart von Kommunikation werde der Narzissmus überwunden, falsch ist. Im Gegenteil: Die öffentliche Spiegelung bringt die szenische Struktur des Narzissmus, die intersubjektive Kehrseite der Selbstbezogenheit erst zum Vorschein. Der mediale Narzissmus lässt uns etwas ahnen vom Muster der Identitätsbildung in einer wahrhaft »reflexiv« gewordenen Moderne.

In den Inszenierungen der Kunst war die narzisstische Spiegelfunktion der Umwelt immer schon erkennbar. Der Künstler schafft etwas Unverwechselbares – und zugleich ist er mit seinem Werk auf Rückmeldung angewiesen, die seiner Kunst nicht äußerlich ist. Im kreativen Prozess spielt, ganz gegen das asketische Klischee, die Phantasie des Betrachtet-, Gehört- und Gelesenwerdens eine entscheidende Rolle. Der Literaturwissenschaftler Peter von Matt hat dies einmal die »Opus-Phantasie« genannt, bei der eben nicht nur das Werk den Meister lobt, sondern ein fiktives Publikum, das in einer unbewussten inneren Szene den angemessenen Beifall zollt. Im narzisstischen Individualismus des Künstlers steckt immer auch der eigentümliche Versuch einer Integration in die Welt, die ihm einen Spiegel für sein Selbst liefert – oder versagt.

Auch wenn wir bei der Suche nach dem Narzissmus in uns hineinblicken, entdecken wir etwas anderes als den Solipsismus. Gewiss, bei der Eitelkeit oder der Kränkung, bei der tiefen Scham oder der maßlosen Wut – um nur einige seelische Phänomene zu nennen, die man mit dem

Narzissmus assoziiert – ist unser Selbst im Innersten berührt. Aber es wird von einem Außen berührt, selbst wenn es sich dabei um ein »internalisiertes Objekt« handelt, nämlich von dem bewundernden, dem verletzenden, dem beschämenden Blick des Anderen, aus dessen Perspektive wir uns betrachtet sehen. Und was vernichtet man in der narzisstischen Wut? Gefühle der Entwertung und Missachtung haben ebenso mit der umgebenden Welt zu tun wie solche der Großartigkeit und der Entgrenzung. Der Narzissmus ist in einem Zwischenbereich angesiedelt, welcher das Selbst mit dem Anderen verbindet.

Meine These lautet: Das eigentümliche Selbstverhältnis, das im Narzissmus aufscheint, ist intersubjektiv »kontaminiert«. Die Anderen sind der Spiegel, in dem wir unser Selbstbild reflexiv erwerben und unser Selbstwertgefühl regulieren, ihnen gilt der unbewusste Blick in der Erwartung von Echo oder Spiegelwirkung. Es ist ein Seitenblick des Selbst auf die Welt mit der stummen Frage: Wie werde ich gesehen? Werde ich geschätzt und geliebt – oder zurückgewiesen und verlassen? Werde ich so, wie ich bin oder sein möchte, auch anerkannt? Im Narzissmus betrachten wir insgeheim den Anderen, wie er uns betrachtet und reagieren auf das, was wir sehen, vermuten oder phantasieren. Aber wir behaupten zugleich auch die Unabhängigkeit von der Welt und schützen uns vor der schmerzhaften Erfahrung von Abhängigkeit, der wir im Wunsch nach Anerkennung doch unbewusst Tribut zollen. Im Narzissmus ist das Selbst, nur scheinbar gefangen in der Selbstbespiegelung, gerade nicht allein, sondern imaginär mit einem Anderen zusammen. Der Begriff gehört einer Zwei-Personen-Psychologie an.

Mit der Monade als Leitmetapher (dem berühmten »Protoplasmatier«) hatte Freud den Narzissmus anders eingeführt. Seine Theorie des »absolut selbstgenügsamen« primären Narzissmus enthält einen Ursprungsmythos des Seelischen, das von der Welt zunächst nichts wissen will. Erst unter der Nötigung zur Triebbefriedigung wendet sich das narzisstische Ich den Objekten zu, seine Entwicklung muss ihm vom Realitätsprinzip abgerungen werden. Die psychoanalytische Dichotomie von Ich und Realität, die sich in den Gegensätzen von Trieb und Kultur, Selbst und Objekt, Narzissmus und Anderem fortsetzt, ist von der latenten Anthropologie einer feindlichen Außenwelt durchzogen. Diese Vorstellung eines weltabgewandten, objektlosen primärnarzisstischen Zustands ist jedoch spätestens durch die neuere Säuglingsforschung widerlegt worden. Sie stellt dem klassischen Bild eines passiven, seiner Triebnatur ausgelieferten, autistischen Wesens dasjenige des »kompetenten Säuglings« entgegen, der interaktionsfähig und -willig ist. Die lange Zeit vom psychoanalytischen Mainstream verachteten »*baby watchers*« haben in der frühen Mutter-Kind-Interaktion Dimensionen der affektiven Einstimmung, der Spiegelung und der Gegenseitigkeit nachgewiesen, bei denen das (Mutter-)Objekt als ein »das Selbst regulierender Anderer« (Daniel Stern) fungiert.

Neben dem Monaden-Modell, das Michael Balint als »Amöbensage« kritisiert und mit den Robinsonaden der bürgerlichen Ökonomie verglichen hat, wird uns von Freud allerdings eine zweite Erzählung von der kindlichen Entwicklung geliefert. Er hat den Narzissmus nämlich aus der Tatsache der sozialen Frühgeburt des Menschen abgeleitet – der Hilflosigkeit des Säuglings, die dem frühen Objekt seine existenzielle Bedeutung gibt – und als Geliebtwerden definiert (»ein Bedürfnis, das den Menschen nicht mehr verlassen wird«). In dieser Definition bezeichnet der Narzissmus nicht Selbstliebe, sondern eine Liebeserwartung - ein Zwischen, welches das Selbst mit dem Anderen vermittelt und den cartesianischen Dualismus von Innen und Außen sprengt, der die psychoanalytische Triebtheorie begleitet.

Die ich-bildnerische Funktion des Narzissmus, die Jacques Lacan im frühkindlichen »Spiegelstadium« erkannt hat, ist eben nicht die solipsistische Selbstbegegnung im Spiegel, wobei sich das rudimentäre reale im idealen Ich (das »je« im »moi«) erkennt und verkennt, sondern die Spiegelung des Selbst im Anderen. Das Gesicht der Mutter, so meint gegen Lacan der Kinderarzt und Psychoanalytiker Donald Winnicott, ist der »Vorläufer des Spiegels«. In ihrem Lächeln, aber auch in ihrem abweisenden Blick, erhält der Säugling eine erste Idee davon, wer er ist. Dass es den Säugling nicht gibt ohne eine Mutter, die ihn hält, dass die haltende Umwelt zum primären Narzissmus dazugehört, dass der Säugling, wenn er seine Abhängigkeit erlebte, unendlich fallen würde, dass er das Objekt erschaffen muss, das er zugleich vorfindet – all diese paradoxen Einsichten, die Winnicott der Psychoanalyse beigesteuert hat, verweisen auf die intersubjektive Herkunft des Subjektiven, das sich im kommunikativen Austausch mit dem Anderen über Prozesse der Spiegelung und Anerkennung (und später der Abgrenzung und Identifizierung) als etwas Eigenes erst entwickelt.

Der Mensch ist keine Monade – der spiegelnde Andere gehört zur Conditio humana. Die Dezentrierung des Selbst, gerne mit seiner postmodernen Auflösung verwechselt und Foucault's Rede vom »Verschwinden des Subjekts« zugeordnet, hatte Freud bereits eingeleitet, als er das Ich als »Niederschlag der aufgegebenen Objektbesetzungen« dekonstruierte und im Es sein Anderes entdeckte. Dieser Kränkung ist eine weitere hinzuzufügen: Selbst im Narzissmus ist das »Ich nicht Herr im eigenen Hause« (Freud) und seine Unabhängigkeit eine gut getarnte Illusion, die den Anderen unterschlägt. Durch Triebtheorie und Ich-Psychologie monadologisch eingeengt, in den Fängen einer beliebigen Postmoderne sichtlich ermattet, braucht der psychoanalytische Narzissmusbegriff ein »Bad in neuen Metaphern« (Hans Blumenberg). Es sind Metaphern der Intersubjektivität, in denen er gebadet werden muss, um sein klinisches und zeitdiagnostisches Potential zu entwickeln.

Big Brother als Big Mother

Inszenierungen des Selbst im interaktiven Fernsehen

Big Brother *ist im Jahr 2000 von einem Privatsender zuerst mit großem Erfolg ausprobiert worden und im Jahr 2003 mit der dritten Staffel auf den Markt gekommen. Oft kopiert und in allen möglichen Variationen von anderen Sendern übernommen, hat sich das fragwürdige panoptische Vergnügen als deutscher Exportschlager erwiesen und inzwischen über die globale TV-Welt verbreitet. Es handelt sich um ein Pionierformat des interaktiven Fernsehens, das unter dem Markenzeichen des Authentischen jedermann und jeder Frau die Chance gibt, sich als interessante Person öffentlich zu präsentieren: Medialer Narzissmus. Aber gerade das Ungekünstelte, das Unverfälschte, das scheinbar Echte ist dabei von Interesse, eben nicht die Pose, die sonst zur Medieninszenierung gehört. Hier liegt auch das Erfolgsgeheimnis von Selbstdarstellern wie Dieter Bohlen oder Stefan Effenberg, die – beide auf ihre Weise – völlig ungeniert einen antiintellektuellen Affekt bedienen. Das Schmierige, das Gemeine, das Degoutante – so lange es nur echt wirkt – verkauft sich eben glänzend. Die Kultur ist erniedrigt, die Intelligenz fühlt sich beleidigt, das Feuilleton schäumt vor Abscheu. Aber verstehen wir auch, was daran interessant ist? Ein Versuch.*

Die Suche nach dem »unverfälschten Leben« und den »echten Menschen«, die das Fernsehen im gnadenlosen Konkurrenzkampf zu neuen interaktiven Konzepten treibt, hat mit den Wohngemeinschaften von *Big Brother* frische Nahrung gefunden. Dabei ist dieses Schaustück um die gläserne Wohngemeinschaft nur eine jener hybriden Medien-

---

*   Ein umfassender Beitrag zum Thema ist erschienen in Psychotherapie und
    Sozialwissenschaft, Zschr. für qualitative Forschung, 2/2001 (Band 3): Alt-
    meyer, M., ›Big Brother‹ *und andere Inszenierungen von postmoderner Identität.*
    Das neue Subjekt entsteht im Auge der Kamera.

Produktionen – ein kluger Zeitgenosse hat sie einmal »TalkSoapGame-Reality-Shows oder wie immer« genannt. Zu ihnen zählt auch die neuerdings boomende Rate-Show, die das totgeglaubte Quiz als wärmendes Gemeinschaftsspiel aus den Gruften der sechziger Jahre wieder erweckt hat. Zuvor hatten schon die am Nachmittag grassierenden Talk-Shows oder die spätabendlichen Light-Sex-Formate (wie *Peep* oder *Wa(h)re Liebe*) den Underdogs der Gesellschaft die Reservate des medialen Narzissmus geöffnet und den Zuschauern Teilhabe an deren gewöhnlichem Alltag verheißen.

Die Bewohner des *Big Brother*-Hauses sind nun keineswegs bloße Objekte ihrer Inszenierung, Opfer des gefräßigen Mediums auf der Jagd nach Quote. So wollte sie der erregte Menschenrechtsdiskurs zunächst sehen, bevor er in einen Verachtungsdiskurs umschlug und ihnen Selbstentblößung und Schamlosigkeit vorwarf. Insgeheim wartete man bei der Reality-Show auf den Ausbruch von Gewalt und Leidenschaft. Doch das Triebhafte, auf das der Sender, seine Kritiker und gewiss auch manche Betrachter spekuliert hatten, zeigte sich bloß verschämt. Die Badezimmerszenen blieben steril. Die verdruckste nächtliche Kopulation unter der Bettdecke, von der Infrarot-Kamera dezent auf den Bildschirm gebracht, war alles andere als der Durchbruch begieriger Sexualität. Auch die aufkommende Aggression wurde durch Abwahl oder freiwilliges Ausscheiden im Keim erstickt. Was sonst aber fasziniert die Zuschauer an der Dauerbeobachtung einer Gruppe junger Menschen, die unter den Bedingungen der weitgehenden Abgeschlossenheit echtes Zusammenleben in der Wohngemeinschaft spielen? Was treibt die Teilnehmer massenhaft in solche Projekte und lässt sie die Allgegenwart von Kamera und Mikrophon aufsuchen? Und welche Rolle spielt das quotensüchtige Medium in diesem kollusiven Dreieck des Begehrens, welches das kommerzielle Interesse des Senders, die Zeigelust der Bewohner und die Schaulust ihrer Fernsehgemeinde auf wunderbare Weise zusammenbringt?

Meine erste These lautet: Gerade weil das Authentische in der virtualisierten Welt ein ebenso seltenes wie begehrtes Gut ist, giert auch das quotensüchtige Medium danach und offeriert die kostbare Trouvaille voller Stolz dem sehnsüchtigen Leser, Hörer oder Zuschauer.

Von den meisten Dingen der Welt kennen wir nur die Medienversion. Deshalb haben wir Zweifel, ob die Berichte den Tatsachen entsprechen, ob die Bilder die Wahrheit sagen, ob die dargestellte Wirklichkeit auch die wirkliche Wirklichkeit ist. Was sich im Auge der Kamera zeigt, wir würden es gerne mit eigenen Augen sehen und die Posen in Echtes zurückverwandeln. Aber Realität und Fiktion, Stück und Inszenierung, Sachverhalt und das Reden darüber lassen sich kaum noch unterscheiden, sie schieben sich in den Spiegelkabinetten der Postmoderne unauflöslich ineinander. Die Rückseite der medialisierten Welt ist der chronische Verdacht, dass alles ganz anders sein könnte, als es uns vorgeführt wird, und dass die Botschaft des Mediums tatsächlich bloß das Medium selbst ist. Nun bleiben wir bei der Verdächtigung nicht stehen. Wie Detektive im Kriminalroman wollen wir wissen, was hinter der vordergründigen Botschaft steht. Wir können gar nicht anders, als nach der verborgenen Wahrheit zu forschen, die uns das Medium scheinbar vorenthält. Selbst wenn die berüchtigte *Borderline* zwischen Entdeckung und Erfindung gar nicht zu markieren ist, der Zynismus dieser Einsicht befriedigt uns nicht auf Dauer, und wir suchen in den medialen Fiktionen unaufhörlich weiter nach den Spuren des Realen.

Sendungen wie Big Brother – das wäre meine zweite These – erhalten deshalb einen solchen Zulauf, weil sie einfachen Menschen Gelegenheit geben, aus der Anonymität ihres trostlosen Alltags aufzutauchen.

In der Spiegelung durch das Medium erhalten die Teilnehmer so etwas wie eine soziale Identität. Im Auge der Kamera, unter den Scheinwerfern der Studios, in der Aufmerksamkeit der Zuschauer wird aus dem sich präsentierenden Nobody ein wahrgenommener Jemand. Im Vergleich zum durchschnittlichen Talk-Show-Gast steht dem *Big Brother*-Bewohner dabei eine viel variablere Bühne und eine ungleich längere Expositionszeit zur Verfügung. Er kann sich besser präsentieren. Man kann statt von einer allgemeinen Paranoia (die noch mit dem Orwellschen Begriff des »Großen Bruders« assoziiert war) eher von einer zeitgenössischen Furcht sprechen, n i c h t gesehen zu werden (Slavoj Zizek) und in einer pulverisierten Gesellschaft verloren zu gehen: *Big Brother* als *Big Mother*. Die Spiegelfunktion des Narzissmus, einst eine Domäne von Kindheit und Pubertät, scheint in die medialen Strategien der Selbstvergewisserung eingewandert zu sein. Insofern sind die interaktiven Formate des Fernsehens, in denen sich das Selbst medial inszeniert, vor allem Lehrstücke über reflexive Identität in der Postmoderne.

Wir sind bei Big Brother – meine dritte These – Zeuge eines interaktiven Produktionsprozesses, in dem das Medium unter Beteiligung von Zuschauern, aber auch von Eltern, Geschwistern, Freunden und sonstigen Mitspielern eine Palette von neuen Stars für die Spaßkultur erzeugt (und einige verlöschende wieder zum Erglühen bringt).

»Zlatko« hat es vorher nicht gegeben, er ist im Fernsehen als Emanation des unverbildet Einfältigen erst geboren worden. Der Container ist Zentrum eines medialen Labors, in dem menschlicher Rohstoff so lange kunstvoll bearbeitet wird, bis sich eine Keimform medialer Identität entwickelt hat, die das Markenzeichen des Authentischen trägt. Das Wohngemeinschaftsleben funktioniert wie ein öffentliches Casting, bei dem die Produkte im Prozess ihrer Entstehung zugleich auf Marktgängigkeit getestet werden. Wer von den Bewohnern den Warentest besteht, ist dem Sender so egal wie der Gebrauchswert dem Tauschwert – es wird vermarktet, für was der Markt Interesse zeigt. Und der Markt ist im Mikrokosmos der *Big Brother*-Szene direkt anwesend, in Gestalt der unmittelbaren Fernsehzuschauer, der Internet-User, der Studio-Besucher, der T-Shirt-Käufer, die alle ihre kundigen Rückmeldungen abgeben, ob sie nun »Manu, der Hexe«, »Sladdie« oder »Franken-Barbie« gelten. Aufmerksamkeit wird im fortgeschrittenen Medienzeitalter zunehmend durch Inszenierungen hergestellt, in denen Ereignisse im Raum zwischen Realität und Fiktion als authentische präsentiert werden können.

Aber man steigt nicht zweimal in denselben Fluss; nicht nur, weil er fließt und anderes Wasser bringt, sondern weil die Erfahrung des zweiten Bads durch die des ersten geprägt und deshalb eine andere ist. Die zweite Generation im *Big Brother*-Haus war der ersten nicht einfach gefolgt, sie wusste bereits vom Ruhm ihrer Vorgänger. Das hat der Nachfolgestaffel etwas von der Unschuld geraubt, welche die Originalversion vom »Zusammenleben in der Gruppe« so spannend machte. Christian war bereits ein Stratege, der die naive Erfahrung von Zlatko nutzen konnte: Ein frühes

Ausscheiden bedeutet keineswegs das Ende, sondern den Beginn der spaß-
kulturellen Karriere, die den Container bloß als Vorbühne benutzt und
jenseits erst auf Touren kommt. Und er hat von seinem unbedarften
Vorbild gelernt, dass man sich am besten durch den Unterschied vom Rest
der Wohngemeinschaft profiliert, durch Aggressivität, Bedrohlichkeit,
Feindschaft. Und nicht durch Anpassung, Höflichkeit oder Lieb-Kind-
Machen. Was bei Zlatko ungebildet, ungeschlacht und dumpf erschien,
wirkte bei Christian elaboriert, provokativ-gekonnt und scharf. Er
demonstrierte von vorneherein, dass er die Regeln des Spiels kennt, indem
er sich als scharfzüngiger »Nominator« einführte, unausstehlich verhielt
und rechtzeitig ausstieg. In der selbstreferenziellen Medienszene konnte
er dann die erfolgreiche Rolle des »geilen Arschlochs« weiterzuspielen
und seine kleine Berühmtheit in die Verkaufszahlen einer gleichnamigen
CD umsetzen: Der Kotzbrocken als Pop-Star. Die dritte Staffel wird
wiederum von den Erfahrungen der zweiten zehren.

Man hat dieses höchst erfolgreiche – inzwischen vielfach kopierte und
weltweit exportierte – mediale Gesamtkunstwerk mit moralischem Ober-
ton gerne der zivilisatorischen Grenzüberschreitung bezichtigt. Freilich
ist auch so manches Werk der modernen Kunst mit dem Makel der kulturellen Wertlosigkeit – dem Trash-Verdacht – behaftet zur Welt gekommen. Die Readymades von Duchamp haben ebenso wie die Suppen-
dosen von Warhol oder die Straßenbahnhaltestelle von Beuys die Frage
nach der latenten Bedeutung des Alltäglichen aufgeworfen, nach dem
Geheimnis hinter den profanen Gegenständen. Hinter der medialen
Oberfläche vermuten wir das Andere im submedialen Raum – so der
Kunst- und Medientheoretiker Boris Groys (*Unter Verdacht. Eine
Phänomenologie der Medien*, 2000), und er behauptet: »Nur ein Kunstwerk, das wie ein Krimi aufgebaut ist, hat heute Erfolg.« Die neuen
Medien-Formate arbeiten nach dem gleichen Erfolgsrezept. Das Interes-
sante ist die Enthüllung des Rätsels, die Aufrichtigkeit der Person hinter
ihrer medialen Fassade. Unter dem Schlüsselbegriff der Interaktion zeich-
nen sich hier möglicherweise die Programmentwürfe eines kommenden
Fernsehzeitalters ab.

Dass sich die Kultur des neuen Jahrtausends mit *Big Brother* »ihre erste
verbindliche Metapher geschaffen« habe (Roger Willemsen), ist freilich die
Übertreibung eines hochgebildeten Protagonisten der Talk-Szene, der

selbst an der öffentlichen Auflösung der Intimsphäre erheblichen Anteil hat. Denn in seinen eigenen Sendungen sollen ebenfalls, wenn auch unter dem Zugriff seiner mimetisch sich einfühlenden Fragen, die Schemen des verschwundenen Subjekts wieder erscheinen: das echte Leben, die wirkliche Beziehung, das aufrichtige Gefühl. So beteiligt man sich am Versprechen des interaktiven Fernsehens, das – wie andere Versprechen der Kulturindustrie, die der Dialektik der Aufklärung nicht entgehen – zugleich ein Betrug ist. Das »wahre« Selbst wird sich hinter dem »falschen« ebensowenig offenbaren, wie das »wahre« Denken hinter dem Sprechen. Die Hoffnung, die bekanntlich am Boden zu finden ist, wenn man die Büchse der Pandora öffnet – sie ist trügerisch.

Ego und Alter ego

Narzissmus im Subtext der neuesten Literaturdebatte

Im Sommer des Jahres 2002 erschien Martin Walsers Tod eines Kritikers, *ein Schlüsselroman über den deutschen Literaturbetrieb und eine bittere Abrechnung mit dessen rührigstem Agenten: dem medial allgegenwärtigen Litaraturkritiker, dem deutschen Juden Marcel Reich-Ranicki. Bereits bevor das Buch ausgeliefert war, hatte Frank Schirrmacher im Feuilleton der Frankfurter Allgemeinen Zeitung die Debatte eröffnet. Ihm hatte Martin Walser seinen Roman zum Vorabdruck angeboten – diese Art der Zusammenarbeit hatte bei früheren Romanen gut funktioniert und der Auflagensteigerung auf beiden Seiten genützt –, aber diesmal hatte Schirrmacher öffentlich und voller Abscheu abgelehnt. Das Buch sei nicht nur literarisch von miserabler Qualität, sondern auch bösartig-gemein, persönlich verunglimpfend, antisemitisch und es sei ein Skandal, dass der Suhrkamp Verlag dieses Machwerk herausbringen wolle. Die anschließende Auseinandersetzung beherrschte einige Wochen lang das deutsche Feuilleton und trieb die klügsten Köpfe der Nation je nachdem zum literarischen Verriss, zum Ruf nach der moralisch gebotenen Zensur oder zur entschiedenen Verteidigung der Freiheit der Kunst. Fast zeitgleich brachte Bodo Kirchhoff seinen* Schundroman *auf den Markt, der ebenfalls das Verhältnis von Literatur und Literaturkritik, von Kunst und Kunstbetrieb satirisch behandelte. Beide Bücher verkauften sich über die Maßen gut. Walser, Kirchhoff und selbstverständlich auch Reich-Ranicki wurden in den Medien mit einem hohen Maß an Aufmerksamkeit bedacht.*

Sehen wir einmal ab von einer deutschen Debattentradition, die mit jedem Gegenwartsstreit, indem sie ihn in die Kategorien von Täter und Opfer zwingt, eine Geschichtsobsession bedient. Lassen wir den Antisemitismus und seine angebliche Renaissance für einen Augenblick ebenso beiseite wie den hellwachen Anti-Antisemitismus. Abstrahieren wir von einem moralischen Narzissmus, der bloß auf Gelegenheiten wartet, sich selbst ins beste Licht zu stellen, indem er wieder einmal den Anfängen zu wehren behauptet. Betrachten wir stattdessen das symbiotische Verhältnis von

Schriftsteller und Kritiker, um das herum Martin Walser und nun auch Bodo Kirchhoff in merkwürdiger Koinzidenz ihre Größenvorstellungen, Anerkennungsbedürfnisse und Rachephantasien kreisen lassen. Schauen wir auf das feine Beziehungsgespinst zwischen schöpferischem Ich und seinem kritischen Gegenüber, das aus einem besonderen Stoff gewebt scheint. Es ist der intersubjektive Stoff, aus dem auch der gewöhnliche Narzissmus besteht: von einem Anderen gesehen, beachtet oder gar geliebt zu werden – die Urerfahrung von Identität. Dass ein Buch gelesen, ein Bild betrachtet, eine Musikstück gehört werden möchte, verweist auf dieses narzisstische Erbe, das in der Kunst auf raffinierteste Weise sublimiert ist: ein Abglanz jenes mütterlichen Lächelns, das dem Säugling einst die erste Ahnung davon gab, wer er ist. Wehe dem Kritiker, der von dieser identitätsstiftenden Macht seines Blicks nichts weiß.

Vom Tod des Kritikers und Überleben des Autors – ein amerikanisches Vorbild

Auch John Updike hat einen Roman geschrieben (*Bech at Bay*, N.Y. 1998; deutsch: *Bech in Bedrängnis*, Reinbek bei Hamburg 2000), in dem er einen jüdischen Schriftsteller, sein literarisches Alter ego, einen Mord an einem Literaturkritiker begehen lässt. Nein, nicht nur an einem, es ist eine ganze Mordserie, mit der der alternde Henry Bech Rache nimmt für die sträfliche Missachtung seiner Bücher. Erstes Opfer ist ein übelwollender Rezensent der *New York Review of Books*, dem er zufällig in der Metrostation begegnet; er stößt ihn von der Bahnsteigkante, sodass er vom einfahrenden Zug überrollt wird. Das zweite Opfer ist eine feministische Kritikerin der *Washington Post*, die er mithilfe von als Fanpost getarnten Blausäurebriefen ums Leben bringt. Im dritten Fall manipuliert er das Textprogramm eines Internet-Kritikers solange mit unterschwelligen Aufforderungen zum Selbstmord, bis dieser die Botschaft aufgenommen hat und verzweifelt aus seiner Hochhauswohnung springt. Das vierte Opfer, einen kurzatmigen, alt gewordenen Juden, deutlich als strenge Vaterfigur im Verfall gezeichnet, besucht er (als *Batman* verkleidet) zusammen mit seiner jungen Freundin Robin (im *Catsuit*); nachdem er die mitgebrachte Pistole nicht abdrücken kann, muss sie dem »Erzdämon der amerikanischen Literaturkritik«, der gerade Walter Benjamin (!) liest, den Stöpsel aus dem Atemgerät ziehen (»Sie haben mir jahrelang meinen Sauerstoff gestohlen.«). Nur durch die Drohung Robins ihn zu verraten, wenn er ihr nicht ein Kind macht, lässt sich Henry Bech von der Fortsetzung seines Serienmords an Kritikern abhalten.

Es ist nicht bekannt, dass dieser von realen Autoren bevölkerte, mit abgründigem Zynismus und bitterer Selbstironie gespickte Schlüsselroman über das Verhältnis von Literatur und Kritik in den USA Skandal gemacht hätte. Im Gegenteil, die Ostküstenintelligenz hat die sublimierte Mordphantasie des Schriftstellers wohlwollend bis amüsiert aufgenommen. Wie tief das Verständnis für den Serienmörder reicht, hat David Lodge demonstriert, der in seiner Rezension (ausgerechnet in der *New York Review of Books*) den Autor mit seinem mörderischen Helden zusammenzieht und ihr gemeinsames Bedürfnis nach Selbstbestätigung offen legt: »Henry Bech möchte gelobt werden, und zwar mit einem deutlichen klaren Satz, den man auf den Umschlag der Paperback-Ausgabe drucken kann. Meine Kritik enthält diesen Satz noch nicht, aber jetzt kommt er: 'Bech in Bedrängnis' ist brillant!« Indem der Kritiker den Narzissmus des Schriftstellers in seiner Laudatio am Ende doch befriedigt, entgeht er symbolisch eben jenem Mord, der ihm zugedacht ist, wenn er nicht rühmt. Das verlangte Lob gewährend enthüllt er im genialen Sprachspiel zugleich das Double-bind, die Beziehungsfalle, die Updike hier von Bech hat auslegen lassen. Was aber, wenn David Lodge den Roman von Updike für schlecht befunden und verrissen hätte! Weil das Kernthema die Vulnerabilität des Schriftstellers ist, der sich in seinem kritisierten Roman als Person verletzt sieht, entsteht hier ein narzisstisches Dilemma, aus dem es keinen Ausweg geben kann. »Eine verächtliche Bemerkung über sein Oeuvre war ein Anschlag auf das Selbst, das er besonders wertschätzte«, sagt Bech über die »mediengeilen Klugscheißer«, die als »bloße Kritiker« eine eigene kreative Leistung nicht zustande bringen.

Kampf um Anerkennung

John Updike, von der amerikanischen Kritikeravantgarde mit dem chronischen Verdacht belegt, er verfasse – im Vergleich zu Philip Roth oder den postmodernen Thomas Pynchon, Don DeLillo, William Gaddis – bloß bessere Trivialliteratur, weiß, wovon er redet. Sein Roman hat übrigens

eine Pointe, die hier nachzutragen ist. Im Jahr nach Henry Bechs Kritiker-
morden wird das Kind geboren, das seine Freundin ihm abgepresst hat –
und er erhält den immer ersehnten, aber kaum noch erwarteten Nobelpreis
für Literatur. Bei der Preisverleihung trägt er – ein fürsorglicher Erlkönig?
– sein Kind im Arm und lässt es freundlich in die Festversammlung
winken: ein liebevoller Vater, der stolz sein Eigenes präsentiert, ein Autor,
in dessen Obhut das Werk gedeihen kann und nicht erdrückt wird. Hier
grüßt die wahre Kunst unschuldig ihr Publikum, ohne die Vermittlung
durch einen Anderen. Nun, der Chronist des *american way of ordinary
life* scheint eng verwandt mit Martin Walser, dem Diagnostiker des bunde-
republikanischen Spießertums. Ist John Updike nicht Martin Walsers
transatlantischer Bruder – beide vereint im verzweifelten Kampf um Anerkennung bei der Kritik?

Jedenfalls scheint auch der *Tod eines Kritikers* Produkt einer tödlichen
Kränkung zu sein, in gewissem Sinn die Fortsetzung des Serienmords,
den *Bech in Bedrängnis* begeht. Seit vier Jahrzehnten pflegen Martin
Walser und Marcel Reich-Ranicki ihre hochambivalente Beziehung. Wer
die Geschichte dieses gewachsenen Intimverhältnisses nachbetrachtet,
wird die Anerkennungsthematik kaum übersehen können, hinter der sich
freilich Züge einer scheiternden Vater-Sohn-Beziehung verbergen. Mit
patriarchalischem Gestus bescheinigt der Großkritiker dem Autor – als
ob dieser ein vielversprechender junger Mann wäre – immer wieder
Talent, Begabung, potentielle Könnerschaft, um seine Romane dann meist
durchfallen zu lassen. Es ist die über die Zeit durchgehaltene Haltung des
enttäuschten Vaters, die den längst erwachsenen Zögling mal in die bittere Resignation, mal zur wütenden Raserei und schließlich zum symbolischen Mordversuch treibt: Der attackierte Literaturbetrieb gleicht einer
ödipalen Familienszene, die phantasierte Ermordung des (Literatur-)-
Szenepaten ist ein versuchter Vatermord. Der Versuch entspringt freilich
der Hassliebe eines in seinem Inneren tief verwundeten Autors, der
immer noch darauf wartet erhört zu werden – wie in der biblischen
Geschichte von Jakob und dem Engel: Ich lasse Dich nicht, es sei denn,
du segnetest mich.

Was der inzwischen fünfundsiebzigjährige Walser in seinem Roman
nur probehandelnd phantasiert, wird vom zwanzig Jahre jüngeren Bodo
Kirchhoff literarisch in die Tat umgesetzt: Im *Schundroman* stirbt der

Kritiker wirklich, wenn auch durch Zufall. Aber weil das Unbewusste keinen Zufall kennt, lässt der Autor eine Reihe von Verdächtigen auftreten, zu denen auch Günther Grass und Martin Walser gehören, die ein gutes Motiv hätten haben können. Und was ist hier die Urszene der narzisstischen Kränkung? Marcel Reich-Ranicki hat Kirchhoffs letzten Roman *Parlando* im *Literarischen Quartett* ähnlich disqualifiziert, wie er das bei Walser beharrlich tut: als gescheitertes Werk eines hochbegabten Schriftstellers. Acht Jahre hatte dieser an seinem Opus magnum gearbeitet, in dem der Held Karl Faller auf den erotischen Spuren seines toten Vaters wandelt. Und dann eine solche Missachtung, die den Weg zum Leser versperrt!

Man spürt sofort worum es geht, wenn man den jüngeren Kirchhoff (im SPIEGEL) lauthals gegen Walser wettern hört, der ihm mit seinem Konkurrenzroman die Schau stiehlt, wenn er dessen »Gütergemeinschaft« mit Reich-Ranicki aufs Korn nimmt und die beiden »Mast-Autoren« anschießt, welche die »Räuberleiter für Debatten« machen und sich gegenseitig auf »das Spitzdach der Wichtigkeit« ziehen. Kirchhoff beklagt (mit seinem heiligen Zorn inzwischen in jedem TV-Kulturmagazin präsent) ganz ohne Ironie: den »Bedeutungsraub«. Es geht um die eigene Wichtigkeit, für die bei der Wichtigtuerei der anderen kein Platz mehr bleibt. So ruft er, Medienbetrieb und Marktschreierei aufs Heftigste angreifend, in allen Medien nach Aufmerksamkeit: Hier, mich gibt es auch noch! (Der korrespondierende Schrei übrigens in der ZEIT von Fritz J. Raddatz, der sich als Kritiker anscheinend missachtet fühlt, wenn er nicht auch seinen verdienten Anteil am Hass der Schriftsteller erhält).

Walser, der den Fernsehstar der Literatur so tödlich hasst, las bald aus dem *Tod eines Kritikers*: im öffentlich-rechtlichen Fernsehen. Im Sog der medialen Skandalisierung verkaufte sich auch Kirchhoffs *Schundroman* glänzend. Die Erstauflagen waren rasch vergriffen. Reich-Ranickis Studie zum Verhältnis von Literatur und Kritik, so verkündete der Verlag, wird neu aufgelegt. Auf dem zeitgenössischen Markt der Eitelkeiten ist offenbar für viele Platz – alle verletzt, keiner gestorben, die Wunden am Selbst gezeigt, die Aufmerksamkeit des Publikums geweckt. Das geheime Ziel der Inszenierung war erreicht, die narzisstische Kollusion hatte funktioniert: Im unbewussten Zusammenspiel von Ego und Alter ego wurde der gemeinsame Ruhm gemehrt und wieder ein Stück Unsterblichkeit erworben – *Videor ergo sum.*

Heldenplatz

Das Schulmassaker von Erfurt: Ein Akt der grandiosen Selbsterschaffung

»Weil der Bösewicht allmächtig ist.« Regisseur George Lucas auf die Frage, warum an Halloween von allen Star-Wars-Figuren ausgerechnet Darth Vader die beliebteste bei Kindern ist.

Als er von der Schule verwiesen und zum Abitur nicht mehr zugelassen worden ist, hätte der neunzehnjährige Robert Steinhäuser – wie zahlreiche anonym gebliebene Schüler in seiner Lage auch, deren Verzweiflungstaten gewöhnlich unter den vermischten Nachrichten auftauchen – einfachen Selbstmord begehen können. Er hat es nicht getan. Stattdessen geht er am 26. April 2002, dem Tag der Abiturprüfung, in sein Gymnasium zurück, schwarz maskiert und schwer bewaffnet, und ermordet gezielt zwölf Lehrer sowie zwei Schüler, eine Sekretärin und einen Polizeibeamten, die ihm im Wege stehen. Wie ein Kombattant im Bürgerkrieg durchstreift er systematisch die Gänge des Schulgebäudes, verbreitet bei seiner Hinrichtungsaktion Angst und lähmendes Entsetzen, bevor er sich selbst erschießt. Nun kennt jeder seinen Namen. Noch im phantasierten Nachruhm ist die Dimension eines krankhaften Narzissmus zu erkennen, der bereits den performativen Charakter der Aufführung durchzieht. Nachdem Robert Steinhäuser seiner Familie aus Scham den Schulverweis wochenlang verschwiegen hat, wird die Kompensation seiner Kränkung nun szenisch dargestellt: Er führt der Welt die Maßlosigkeit seiner Wut vor Augen und verwandelt seine mörderischen Rachephantasien in die Wirklichkeit realer Bilder. Der Autor des Mehr-Personen-Stücks hat in Erfurt das Drehbuch geschrieben, Regie geführt, das Bühnenbild gewählt, die Dramaturgie bestimmt, sich selbst zum Hauptdarsteller gemacht und die übrigen Rollen zugeteilt. Mit einer absoluten Dominanz beherrscht er die gesamte Szene und erzeugte die eigene Allmacht durch die Ohnmacht seiner Opfer, die für seinen mörderischen Akt der grandiosen Selbsterschaffung gebraucht wurden.

Ein Menetekel, ein Palimpsest – eine Schrift an der Wand, die wir zu entziffern haben. Nach dem Schulmassaker von Erfurt hatte der multimediale

Tiefendiskurs wieder einmal Hochkonjunktur. Und jeder ritt sein Steckenpferd. Die Gesellschaftskritiker klagten die Gesellschaft an, die Schulkritiker die Schule, die Medienkritiker die Medien. Post mortem entdeckte der Profiler den auf Gelegenheit wartenden psychopathischen »Schläfer«, der Gegner von Computer-Spielen den durchgeknallten »Counter-Striker«, der Tiefenpsychologe eine »schwere Persönlichkeitsstörung«, womöglich eine latente Psychose. Der Pop-Theoretiker diagnostizierte die »Narrationen der Aggression«, die symbolisch auf gesellschaftliche Gewaltverhältnisse verweisen. Der Anthropologe erkannte im Massenmord gar ein unstillbares Bedürfnis nach Transzendenz, das im »archaischen Blutopfer« schließlich Befriedigung fand. Und auch die allfälligen Vorschläge zur Prävention hatten es in sich. Wahlweise wurde neben Verbotsmaßnahmen, die an die Windmühlenkämpfe der Prohibitionszeit erinnern, Grundsätzliches eingefordert: der Mut zur Erziehung, die Sorge um den Anderen, eine Kultur der Anerkennung und einiges mehr.

Ein Artefakt wird konstruiert: Der Täter als Produkt von Umständen

Was wissen wir inzwischen nicht alles über die eigentlichen Ursachen der Tat. Da ist erstens die persönliche Lebensgeschichte des Täters: die trost- und sprachlosen Familienverhältnisse, eine chronischen Überforderung durch ehrgeizige Eltern, eine aussichtslose Konkurrenz mit dem überlegenen Bruder, ein verdächtig stiller Rückzug, eine geheime Größenphantasie mit wahnhaftem Wirklichkeitsverlust. Schuld hat zweitens das gnadenlose Schulsystem, das die Fehlangepassten, die Leistungsverweigerer, die Versager aussortiert, ohne sich um deren weitere Perspektive zu kümmern. Oder aber drittens allgemein eine kalte Leistungs- und Konkurrenzgesellschaft, die auf der Verliererseite zumeist Verzweiflung und Depression, aber gelegentlich auch ein gefährliches Gemisch von Neid-, Eifersuchts- und Rachegefühlen erzeugt. Ins Visier geraten viertens auch die mit der Waffenlobby eng liierten Jagd- und Schützenvereine, jene Tarnorganisationen der Präpotenz, die sich aus Männerphantasien rekrutieren, welche sie wiederum bedienen. Und schließlich fünftens – führend im Diskurs über die »wahren« Ursachen – die These von der Verantwortung der neuen Medien: Eine in den Weiten des Internet wuchernde, von grausamsten Videoproduktionen und martialischen *Games* gespeiste »Hassindustrie« ziehe die User derart suggestiv in eine virtuelle Welt der Gewalt hinein, dass so mancher *»Ego-Shooter«* dem Bildschirm entsteigt und die Grenze zwischen Phantasie und Realität durchbricht.

Gemeinsam ist all diesen Ergebnissen der öffentlichen Ursachenforschung eine Logik der kausalen Ableitung: Hinter der Sache liegt etwas, was sie letzten Endes bewirkt – die *Ur*sache eben. Die Tat wird als determiniertes Ereignis begriffen, es bedarf einer deduktiven Rückwärtsbewegung, um zu ihren Determinanten durchzudringen. In Analogie zum medizinischen Modell wird sie als Symptom verstanden, das auf einen verdächtigen Krankheitsherd verweist. Und auf den weitverzweigten Spuren des Verdachts dringt man von der reinen Oberfläche in die Tiefen, wo die Wahrheit vermutet werden darf. Die Suche nach den Ursachen ist deshalb immer eine Suche nach dem wahren Täter und nach der eigentlichen Schuld. Wer sich auf diese Suche begibt, hat sich längst dafür entschieden, dem tatsächlichen Akteur seine Verantwortung zu entwinden und sie Fremdem zuzuschreiben. Der Täter selbst ist nur Produkt der vielen Umstände, die ihn schließlich zu dem entmenschlichten Monster gemacht haben, als das er bei der Tat erst in Erscheinung treten sollte. Die Logik der Erklärung verwandelt ihn in eine animierte Marionette, an der alle ziehen – nur er selbst nicht.

Ein öffentlicher Akt der Selbsterschaffung

Nun war der Erfurter Massenmord gerade keine Eruption von Gewalt, kein von triebhaften Kräften gesteuerter, besinnungsloser Amoklauf, keine Affekttat im Zustand verminderter Zurechnungsfähigkeit. Im Gegenteil, der Täter kontrollierte das Geschehen mit logistischer Perfektion und einer geradezu absoluten Dominanz. Er agierte – allmächtig – zugleich als Drehbuchautor, Regisseur und Dramaturg einer Aufführung, in deren Mittelpunkt er selbst als Hauptdarsteller stand. Was also wäre, wenn die Tat nicht aus den Umständen der Vergangenheit zu erklären wäre, die wir rekonstruieren können, sondern aus jenen Umständen, die sie selbst erst schafft? Wenn das Geschehen eine dramatische Textur hätte, die wir lesen können? Wenn wir uns in den Autor des Textes und in seine szenische Phantasie hineinversetzen würden, um das zeitgenössische Stück zu begreifen, das er geschrieben hat?

63

Ich schlage vor, den Tatort als Schauplatz einer grandiosen Selbstinszenierung zu verstehen, die nicht aus in der Vorgeschichte liegenden Ursachen, sondern aus ihren Wirkungen zu begreifen ist – aus dem imaginierten Zweck, den sie für den Täter erfüllt, aus den vorphantasierten Reaktionen des Publikums, auf die sie abzielt. Mein Vorschlag läuft darauf hinaus, Robert S. nicht als Objekt, sondern als handelndes Subjekt zu begreifen, das sich im Spiegel seiner Umwelt selbstreflexiv betrachtet und in einer präzise geplanten Aktion das Bild korrigiert, das ihm aus diesem Spiegel entgegenkommt: Er ist dann nicht mehr der überforderte Versager, nicht länger der verkannte, übersehene, missachtete und schließlich unter demütigenden Umständen der Schule verwiesene Außenseiter, sondern eine mächtige Figur, die Schrecken und Tod verbreitet. Im korrigierten Bild beherrscht er nun die Szene, die vorher ihn beherrschte. Und nicht nur das. Er hinterlässt in diesem furiosen Finale auch der Nachwelt eine Erinnerung, ein gewaltiges Schauspiel der entgrenzten Rache, das ihm einen Platz in den Annalen der Zeitgeschichte sichern wird. Nun hat er postum die Berühmtheit, nach der er sich immer sehnte – mehr Tote als in Littleton, Stadtgespräch in Erfurt, globales Aufsehen, Indizierungsanträge, Gesetzesnovellen, Kanzlerrunden, Großdebatte im Feuilleton. Eine phantastische Installation mit ihm selbst im Zentrum, eine soziale Plastik der narzisstischen Art: *Ich, Robert S., kehre an den Ort meiner unerträglichen Schande zurück und verwandele ihn zum Heldenplatz – und die ganze Welt schaut zu!*

An diesem grandiosen Akt der Selbsterschaffung haben freilich andere mitgearbeitet. Das spektakulär inszenierte Werk ist eine Co-Produktion, an der neben dem interessierten Publikum vor allem die Medien beteiligt sind. Nicht etwa, indem sie die Vorbilder lieferten, sondern weil sie durch zirkuläre Rückkoppelung dem Stückeschreiber ein narzisstisches Feedback verschaffen. Bei Strafe ihres Untergangs können sie freilich gar nicht anders, sie müssen zeigen: aufmachen, vergrößern, verstärken. In der Konkurrenz um die knappe Ressource Aufmerksamkeit brauchen sie das Besondere, das Außergewöhnliche, das Einzigartige, um ihre Kunden festzuhalten. Unter der glatten Oberfläche des Unechten, bloß Gespielten suchen sie deshalb unaufhörlich das Authentische, hinter den langweiligen Fassaden der Anpassung das Unangepasste und Rebellische, in der flüchtigen Bilderwelt, die alles gleich macht, das Markante und Bizarre – um den kostbaren Fund quotenfördernd anzubieten. So stellen sie wiederum Resonanzräume zur Verfügung, vermitteln reflexive Spiegel- und Echowirkungen für das unstillbare Bedürfnis nach dem Gesehen- und Gehörtwerden, das im globalen Maßstab zunehmend von den Medien befriedigt wird. Auch dem Namenlosen wird auf diese Weise Beachtung gesichert und Bedeutung verliehen, wenn er nur spektakulär genug auftritt – und das tut er, nicht nur in den grassierenden Talk-, Spiel- und Quizshows des interaktiven Fernsehens.

Rampage-killing nennen sie in den USA jenen Typus öffentlichen Mordens, bei dem sich eine atavistische private Wut mit der zeitgenössischen Sehnsucht nach medialer Spiegelung zu einer explosiven Mischung zu verbinden scheint. Auf offener Bühne, im Lichte der Scheinwerfer, im Auge der Kamera werden hier gewaltige Aufführungen eines beschädigten Selbst gezeigt, das in der absoluten Vernichtung des Anderen erst eigene Größe gewinnt. Alle Ursachenforschung verfehlt diesen performativen Kern verzweifelter Identitätssuche in den Spiegelkabinetten einer durchmedialisierten Welt. In den Kostümen der Postmoderne erleben wir hier die Wiederkehr der romantischen Idee einer ästhetischen Selbsterfindung. Man konnte diese Idee schon in den frühen Inszenierungen der Roten-Armee-Fraktion entdecken, die den Terrorismus bekanntlich als eine künstlerische Aktion begriff, in der ihre Akteure zugleich sich selbst erschufen: durch die identitätsstiftende »Propaganda der Tat«, im narzisstischen Triumph der mörderischen Selbstzerstörung. Deshalb war der Täter von Erfurt nicht nur dem *Starbuck* Holger Meins (das war sein Kampfname innerhalb der RAF, sein im tödlichen Hungerstreik beendetes Künstlerleben ist unter diesem Titel verfilmt worden), sondern auch den apokalyptischen Fliegern von New York oder den palästinensischen Selbstmordattentätern in Israel näher, als wir glauben wollen. Auch wenn er eine private und keine politische Botschaft zu verkünden hatte: Robert S. war ein Kind seiner Zeit.

Rampage-Killing

Über das Töten auf offener Bühne

Angesichts der präzisen Planung und Durchführung war das makabre Unternehmen am Erfurter Gutenberg-Gymnasium alles andere als ein besinnungsloser Amoklauf. Es lässt sich sogar von einer Art Remake sprechen. Die Ursprungsversion stammt aus Amerika, einem Land, aus dessen Lebenswelt Europa so manche seiner alltagskulturellen Importe bezieht. Robert Steinhäuser hatte sich, wie wir inzwischen wissen, nicht nur von der virtuellen Welt der Computerspiele animieren lassen, sondern auch am realen Vorbild orientiert: am Columbine-Highschool-Massaker in Littleton/Colorado vom 20. April 1999. Damals hatten zwölf Schüler und ein Lehrer in einer zum Teil vom Fernsehen direkt übertragenen Schießerei ihr Leben verloren, darunter auch die beiden Schützen, die am Ende die Waffen gegen sich selbst richteten. Dieses Ereignis – der Titel von Michael Moores monomanischem Dokumentarfilm über die Gewalttätigkeit in den USA (Bowling for Columbine) bezieht sich darauf, seinem Material hat er von Überwachungskameras aufgezeichnete Originalszenen eingefügt – hatte in der erschütterten amerikanischen Gesellschaft eine langanhaltende Debatte über die nationale Vorliebe für Waffenbesitz, die Sicherheit an den Schulen und die Quellen der grassierenden Jugendgewalt ausgelöst. Es war bloß die erste in einer ganzen Reihe von Taten mit ähnlichem Muster, die folgen sollten. Ich betrachte sie als dramaturgisch mehr oder weniger ausgefeilte narzisstische Aufführungen, die den Tatort jeweils zur Bühne für grandiose Selbstinszenierungen machen. Sie laden zu jenen spektakulären Berichterstattungen und zeitdiagnostischen Betrachtungen ein, von denen der makabre Nachruhm ihrer Autoren wiederum profitieren.

Das amerikanische *Time-Magazine* brachte seine Titelgeschichte vom 19. März 2001 unter die Überschrift *The Columbine Effect* und stellte in einer »Trefferliste des Hasses« (*scorecard of hatred*) eine Reihe vergleichbarer Vorfälle nach Littleton zusammen. Den aktuellen Anlass für den reißerisch aufgemachten Bericht lieferte eine Schießerei an der Santana-Highschool von Santee/California. Dort erschoss am 5. März 2001

Charles Andrew Williams mit einem Revolver zwei seiner Mitschüler. Der Sheriff, der den fünfzehnjährigen Täter schließlich festnahm, verwies auf die Bedeutung des Rampenlichts, in das der Junge durch den spektakulären Polizeieinsatz und die anwesenden Medienvertreter geraten war: »*He was … I don't want to say enjoying, but he was not unhappy with the celebrity he was receiving*«. In Vorankündigungen seiner Tat, die ihn weit über die Grenzen seiner Kleinstadt hinaus berühmt machen sollte, hatte der als eher schüchtern und unauffällig geschilderte Schüler auf Columbine verwiesen. In den beiden Tagen, die auf die tödliche Schießerei an der Santana folgten, wurden alleine in Kalifornien sechzehn weitere Schüler verhaftet, weil sie Waffengewalt androhten oder Schusswaffen in die Schule mitbrachten. Nach einer Gedenkfeier für die Opfer von Santee schoss in der katholischen Highschool von Williamsport/Pennsylvania die Achtklässlerin Elisabeth Catherine Bush auf eine Klassenkameradin und war damit das erste Mädchen, das sich an den in Mode gekommenen Schießereien an amerikanischen Schulen beteiligte.

Die Antwort der Legislative – nachdem alle Versuche den Zugang zu Waffen gesetzlich zu kontrollieren an der mächtigen ›*National Rifle Association*‹ und ihrer Lobby gescheitert waren – hatte vor allem darin bestanden, auch jugendliche Gewalttäter nach dem Erwachsenenstrafrecht verurteilen und sie in allgemeinen Gefängnissen unterbringen zu können. Im Rahmen dieser Vorgaben bekam der 17-jährige Antoine Jones, der im Jahr 2000 das Feuer auf jugendliche Besucher des Nationalzoos in Washington eröffnet und sieben von ihnen verletzt hatte, eine 25-jährige Gefängnisstrafe. In der zweiten März-Woche des Jahres 2001 wurde der 14-jährige Lionel Tate von einem Gericht in Süd-Florida wegen Mordes zu lebenslanger Haft verurteilt. Ein paar Tage später erhielt der 15-jährige John Silva für das gleiche Delikt im gleichen Distrikt ebenfalls eine lebenslängliche Haftstrafe, sodass sich unter dem Protest der öffentlichen Meinung der zuständige Gouverneur von Florida und Bruder des Präsidenten, Jeb Bush, genötigt sah, über eine Umwandlung der Strafen nachzudenken, die doch dem Geist der von ihm selbst ausgerufenen »*get tough-campaign on teen violence*« entsprachen.

George W. Bush selbst, der seinen Wahlsieg nicht zuletzt der massiven finanziellen Unterstützung durch die Waffenlobby zu verdanken hatte, fiel zum Thema *Highschool-shooting* ein, dass man den Kindern wieder beibringen müsse, was recht und was unrecht, was gut und was böse sei; von der Allgegenwart und freien Zugänglichkeit von Handfeuerwaffen wollte er nicht reden. Mit dem Einzug des republikanischen Präsidenten ins Weiße Haus war zudem die in der Clinton-Zeit stark angewachsene Bewegung für Waffenkontrolle ins Stocken geraten. Auch die Gegner der Todesstrafe (wie die des nahezu unbeschränkten Rechts auf das eigene Gewehr seit einiger Zeit schon in der Mehrheit) befinden sich wieder in der Defensive. So hat der Gouverneur von Massachusetts eine Initiative zu ihrer Wiedereinführung unterstützt, die in dem liberalen Ostküstenstaat freilich noch an den parlamentarischen Mehrheitsverhältnissen gescheitert ist.

Beim *Highschool-shooting* handelt es sich um die schulische Variante einer im letzten Jahrzehnt zuerst in den USA aufgetauchten Kategorie von neuartigen Verbrechen, die inzwischen von Kriminologen unter dem nur allzu treffenden Begriff des »*Rampage-killing*« zusammengefasst werden. Sie sind durch einige situative Merkmale charakterisiert. Die Taten finden erstens am hellichten Tage statt, gewissermaßen auf offener Bühne, vor großem Publikum und manchmal sogar bei laufenden Kameras, als ob neben möglichst vielen Opfern auch möglichst viele Zeugen und möglichst viele Zuschauer beabsichtigt wären. Die Orte der Verbrechen sind zweitens so gewählt, dass das offenbar erwünschte Aufsehen auch gewährleistet ist; sie ereignen sich auf öffentlichen Plätzen, an Hauptverkehrsstraßen, in Betrieben, auf dem Universitätscampus oder dem Schulgelände. Es gibt drittens kein Bemühen der Täter, das Geschehen irgendwie zu verheimlichen; weder verstecken sie sich, noch versuchen sie, nach vollbrachter Tat zu entkommen. Im Gegenteil, sie legen es ganz offensichtlich darauf an, entdeckt zu werden, bevor sie, viertens, am Schauplatz des mal wahllosen, mal gezielten Tötens Suizid begehen, entweder mit der eigenen Waffe oder durch provoziertes Polizeifeuer. Fünftens schließlich, wirken die Taten merkwürdig unmotiviert, die psychosozialen Beweggründe – meist sind es weiße Einzeltäter aus Familien der Mittelklasse – liegen häufig im Dunkeln und lassen sich auch im Nachhinein selten aufklären. In den letzten Jahren haben sich solche Verbrechen beängstigend vermehrt und in der westlichen Welt allmählich verbreitet.

Die übliche Täterforschung scheint bei diesem Tatmuster an ihre Grenze zu geraten, sodass die ratlosen Experten gerne von »motivloser Gewalt« sprechen. In den meisten Fällen sind die Mörder vorher unauffällig, niemand aus ihrer Umgebung hätte ihnen die Taten wirklich zugetraut. Die Suche nach klassischen Motiven für Kapitalverbrechen oder nach Anzeichen einer manifesten Psychopathologie bleibt in der Mehrzahl der Fälle erfolglos. Selbst wenn in Einzelfällen seelische Erkrankungen diagnostiziert werden, haftet ihren Expressionen doch eine zeittypische Gestalt an; sie sind jedenfalls symptomatisch in eine auffällige Inszenierung eingebunden, zu der vor allem die Provokation gesellschaftlicher Erregung zu gehören scheint. Es sind pathologisch entgleiste Muster postmoderner Identitätsfindung, die wir in diesem Tatprofil entdecken können. Fast möchte man von einem verdeckten Kampf um finale Anerkennung sprechen: einmal mit einer spektakulären Tat aus der Namenlosigkeit auftauchen, um dann zu sterben.

Eben das scheint nun ein generelles Kennzeichen für diesen aufblühenden Typus von Gewaltverbrechen zu sein: dass seine Protagonisten sich nach den Regeln einer »Ökonomie der Aufmerksamkeit« verhalten. In solchen unbewussten Tauschakten spekulieren die Täter auf die Resonanzräume der Mediengesellschaft, die ihnen, auch wenn die Reaktionen negativ sind, Spiegel- und Echowirkung garantieren. Wenn sie das Licht der Scheinwerfer aufsuchen und sich dem Auge der Kamera anbieten, so tun sie das, um soziale Bedeutung zu erhalten und Prominenz zu erlangen. Gewiss, sie werden dabei innerlich von etwas getrieben, aber nicht von unbewältigten Triebspannungen, seelischen Traumata oder gesellschaftlichen Frustrationserfahrungen, sondern von einer unstillbaren Sehnsucht danach, gesehen zu werden, die sie freilich mit vielen Zeitgenossen teilen.

Der verhängnisvolle Zusammenhang von mörderischer Gewalt, medialer Resonanz und barbarischer Bestrafung lässt sich am Fall des rechtsradikalen Desperados Timothy McVeigh nur allzu gut verdeutlichen. Dieser hatte in einem öffentlichen Gebäude in Oklahoma City jene Bombe gelegt, die 168 Menschen das Leben kostete. Vor seiner Hinrichtung entwickelte sich eine Debatte mit exemplarischem Charakter. Viele Angehörige der Opfer wollten nämlich – das gestattet ihnen das amerikanische Recht – dem grausamen Schauspiel beiwohnen und konnten das nicht, weil im dazu vorgesehenen Nebenraum mit Blickfenster zu wenig Platz vorhanden war. Deshalb war eine Fernsehübertragung erwogen worden, und nicht wenige, bis ins liberale Lager hinein, fanden diese Idee gut. Sie bekannten sich zum moralischem Sadismus: »*We want to see him bruzzle!*« hieß es nicht nur an den Stammtischen. Auch der verurteilte Bombenleger selbst sah sich zu gerne im Mittelpunkt eines solchen Spektakels, das ihn noch einmal (und zum letzten Mal) auf die Bildschirme und in die Schlagzeilen bringen sollte. So schloss sich der Kreis, der Gewalt durch ihre mediale Spiegelung mit identitätsbildender Kraft ausstattet und *celebrity* erzeugt: Noch der Massenmörder genoss die Bühne seiner öffentlichen Hinrichtung – und das Publikum war ihm Partner bei der grandiosen Szene, seinem eliminatorischen Hass näher, als es ahnte.

Gewiss, in Deutschland, in Europa gibt es die Todesstrafe nicht mehr. Und man könnte einwenden, hier handele es sich doch um einen pathologischen Fall. Seit Freud wissen wir aber, dass sich in den Abweichungen von der Normalität deren verborgene Strukturen am besten erkennen lassen. So wie die Psychopathologie uns über die dynamische Funktionsweise des Unbewussten aufklärt, erfahren wir an den Rändern der Gesellschaft etwas über die mentale Verfassung in ihrer Mitte. Dort tun Menschen gegenwärtig vieles, wenn nicht alles, um in die Medien zu kommen und sich ihrer sozialen Existenz zu versichern. Unterschiede gibt es bei den Formen, in denen sich das zeitgenössische Bedürfnis nach medialer Resonanz Befriedigung verschafft. In den interaktiven Veranstaltungen des entfesselten Fernsehens etwa wird niemand umgebracht, höchstens symbolisch wird hier vernichtet. Von solchen mehr oder weniger harmlosen Formen postmoderner Menschwerdung, wo Amerika uns immer zwei Schritte voraus scheint, unterscheidet sich das *Rampagekilling* vor allem durch den Akt der physischen Vernichtung des Anderen.

II.
Deutsche Debatten –
Rechtsradikalismus, Linksradikalismus
und die Tabus der nationalen Geschichte

Im Sommer des Jahres 2000 registrierten die Medien eine neue Welle fremdenfeindlicher Gewalt in Deutschland. Es gab Brandanschläge gegen Asylbewerberunterkünfte und Verfolgungsjagden auf Immigranten. Insbesondere Menschen dunkler Hautfarbe, aber auch Obdachlose, Punks und Behinderte wurden Opfer von »Hassverbrechen«, bei denen rechtsradikale Motive zu vermuten waren. Die Forderung wurde erhoben, die NPD vom Bundesverfassungsgericht verbieten zu lassen. Eine öffentlichen Debatte über deutsche Geschichte, nationale Identität und politische Gewalt setzte ein.

Im Verlauf dieser hitzigen Auseinandersetzung tauchten im Dezember desselben Jahres auf einmal Fotos auf, die Joschka Fischer, den grünen Außenminister, zeigen, wie er auf einer Demonstration in den siebziger Jahren aus einer Gruppe vermummter Straßenkämpfer heraus Polizisten angreift. Jetzt wurde über die Gewalt der Linken diskutiert, über die Militanz der Studentenbewegung, über den Terror der sogenannten Baader-Meinhof-Gruppe, die als Rote-Armee-Fraktion (RAF) Spuren (auch Blutspuren) in Deutschland hinterlassen hatte. Die Debatte entwickelte sich zu einer späten Abrechnung mit der rebellischen Achtundsechziger-Generation, die zwei Jahre zuvor endlich in die Regierung gewählt worden war. Einige ihrer Repräsentanten sahen sich inquisitorisch mit ihrer revolutionären Vergangenheit konfrontiert. Hartnäckig – wenn auch letzten Endes vergeblich – wurde bis ins Frühjahr 2001 Fischers Rücktritt gefordert. Zu dieser Zeit war in den USA auch die Impeachment-Kampagne gegen Bill Clinton auf ihrem Höhepunkt angelangt: Der amerikanische Präsident, ebenfalls den Achtundsechzigern zuzurechnen und wegen seiner freizügig gelebten Sexualität an den moralischen Pranger gestellt, sollte aus dem Amt entfernt werden – was ebenfalls nicht gelang. Die Parallelen waren unverkennbar.

In den folgenden Beiträgen (der erste zusammen mit Daniel Cohn-Bendit geschrieben) wird der mentale Untergrund dieser Debatten ausgeleuchtet, einschließlich der triebhaften Motive, die schließlich ihren Erregungscharakter ausmachen. Zugleich wird deutlich, dass wir unbewusst immer wieder »Vergangenheitsbewältigung« betreiben, wenn wir über rechte oder linke Gewalt streiten. Immer noch liegen historische Tabus, Erinnerungsverbote also, auf unserer Nationalgeschichte, die im faschistischen Zivilisationsbruch ihre Wurzeln haben. Nicht zuletzt *deshalb muss man die Patriotismusdebatte zu einem multiethnischen und interkulturellen Projekt der Selbstverständigung über Formen des gesellschaftlichen Zusammenlebens in Deutschland weitertreiben. Was sonst als eine republikanische Verfassung sollte den Rahmen eines solchen Projekts bilden? Und was anderes als eine durch Vernunft gebrochene Zuneigung zum Grundgesetz sollte die nötige emotionale Bindung herstellen. Noch in der verräterischen Rede vom »blutarmen(!)« Verfassungspatriotismus äußert sich etwas von der nationalen Tiefensehnsucht, die in den völkischen Resten unseres Staatsbürgerrechts überlebt hat.*

Dass Deutschsein immer noch etwas mit dem Blut zu tun haben soll, wäre gewiss Anlass für aufgeklärte Scham. Stolz können wir dagegen sein auf eine inzwischen gewachsene liberale Gesellschaft mit funktionierenden demokratischen Institutionen, multikultureller Vielfalt und interkultureller Toleranz, gemäßigtem Nationalismus und europäischer Ausrichtung – und der wachgehaltenen Erinnerung an die Zeiten der Barbarei. Im Rückblick auf diese »deutschen Debatten« wird ihr innerer Zusammenhang erkennbar: Er lässt auf der Rechten keinen Raum für nationale Wiedererweckungsträume, aber auch keinen Raum für Selbstgerechtigkeit und moralischen Narzissmus bei der Linken. Ans Ende habe ich einen Beitrag gestellt, der sich mit der Geschichtsbewältigung der deutschen Psychoanalyse in der Nachkriegszeit befasst; auch hier gibt es Nachholbedarf an reflexiver Selbstaufklärung.

Blut, Schweiß und Feuer

Identitätsspuren in den Inszenierungen rechter Gewalt

(gemeinsam mit Daniel Cohn-Bendit)

Die anhaltende Debatte um die Eindämmung des neuen Rechtsradikalismus hat mindestens drei Schwächen. Erstens folgt sie mit der pädagogischen Doppelstrategie von Repression und Prävention einem fragwürdigen Erziehungsmodell – und betrachtet den Protagonisten der rechten Gewalt vorwiegend als missratenen Zögling, der zum Objekt »schwarzer« Pädagogik in Gestalt von *law and order* oder von Sozialpädagogik in Gestalt von akzeptierender Jugendarbeit gemacht wird. Zweitens übersieht sie die alltagskulturelle Verankerung des rechten Denkens – und verfehlt damit die Dimension eines vormodernen Menschen- und Weltbildes, das sich in Teilen der Gesellschaft gehalten hat. Und drittens überdeckt sie mit den Ausgrenzungs- und Verbotsforderungen den Verzicht auf eine diskursive Auseinandersetzung mit zentralen Fragen der Gegenwartsgesellschaft wie Einwanderung und Asyl – und offenbart damit mangelndes Vertrauen in die parlamentarische Demokratie und die Möglichkeiten der Veränderung von Mentalitäten.

Der rechte Gewalttäter ist ein Subjekt: er agiert

Auch der junge Rechtsradikale, selbst wenn seine Lebensgeschichte uns trostlos und seine Persönlichkeitsbildung irgendwie misslungen scheint, ist sprach-, verhandlungs- und rechtsfähig. Er genießt nicht etwa den vorgesellschaftlichen Status eines Kaspar Hauser oder den nachgesellschaftlichen einer Person mit aberkannter Zurechnungs- und Schuldfähigkeit. Aber er spricht nicht, er verhandelt nicht, er rechtet nicht – er agiert. Im »Abfackeln« von Asylantenwohnheimen, im »Abklatschen« von Obdachlosen und in der mörderischen Jagd auf den schwarzen Mann hat er eine Form der heiligen Aktion gefunden, in der er sein inneres Gleichgewicht sichert und sich öffentliche Aufmerksamkeit verschafft. Die Hilflosigkeit und Ohnmacht seiner Opfer vermittelt ihm ein überlegenes Gefühl von Macht und Männlichkeit.

Im Kampf gegen die Komplexität der Moderne und die kosmopolitische Offenheit der Welt erleben wir das Aufleben neuer Männerbünde und Bruderschaften, die sich an archaischen Bildungsmustern orientieren. Die gemeinsam begangenen Verfolgungsjagden, Mordtaten und Brandstiftungen, schaffen sie nicht eine elementare Verbindung in Blut, Schweiß und Feuer? Es sind die Kinder unserer Gesellschaft, die hier den starken Mann markieren und die Grenzen des Staates austesten. Aber nicht nur die Grenzen von Repression und Fürsorge, sondern auch die Grenzen unserer Kommunikationsfähigkeit und der Bereitschaft, eine Zivilisation zu verteidigen, welche Konflikte friedlich austrägt und das Gewaltmonopol an den Staat delegiert hat. Gleichzeitig haben wir zu prüfen: Sind unsere legitimierten Organe staatlicher Gewalt denn frei von ihrer diskriminierenden Ausübung – oder behandeln auch sie gelegentlich Ausländer und Andersfarbige wie Menschen zweiter Klasse? Und wie steht es mit der Bundeswehr?

Gesellschaftlich verankerte Männerphantasien

Das vormoderne Welt- und Menschenbild der rechten Szene ist kein Randphänomen, das sich ohne weiteres ausgrenzen oder reintegrieren ließe – es ist mittendrin in der Alltagskultur. Ein Beispiel. Als mit dem desaströsen Abschneiden der deutschen Fußball-Nationalmannschaft bei den Europameisterschaften 2000 der Verfall von Spielkunst und -kultur gegenüber anderen Mannschaften offenkundig wurde, begann zur Entlastung gleich ein nationaler Erregungsdiskurs über die verschwindenden »deutschen« Tugenden von Kampf, Einsatzbereitschaft und Siegeswillen. Felix Magath, ein vom ehemals filigranen Ballkünstler zum autoritären Trainer verwandelter Fußballer, durfte unwidersprochen seine These von der genetischen Bedingtheit der Ballfertigkeit mit seiner eigenen halbkaribischen Herkunft begründen und dem einheimischen Treter bescheinigen, dass er nur mit autoritärer Führung und martialischem Drill zu Leistungen zu motivieren sei. In diese vormoderne Philosophie hatte der leitende Angestellte (damals Trainer von *Eintracht Frankfurt*, später zum *VFB Stuttgart* gewechselt) uns früher bereits Einblick verschafft, als er darüber aufklärte, dass erst unter Todesangst die vollen Leistungsreserven mobilisiert würden. Dazu passend und ebenfalls ohne öffentlichen

Widerspruch betrieb sein Verein, in dem früher Okocha, Yeboah und Uwe Bein die hohe Kunst des Spiels zelebrierten, jetzt großflächige Werbung, auf der das kampfverschmierte Trikot eines für seine robuste Spielweise bekannten Hünen im Zentrum stand und die Benetton-Reklame aus dem Bosnienkrieg in Erinnerung rief. Der Text rechnete einerseits mit den »geborenen« Weicheiern, Heulsusen und Drückebergern ab, und pries andererseits die Kampftugenden des ebenso »geborenen« virilen Recken – Kriegsmetaphern, Männerphantasien.

Rechtsradikalismus als diskursive Herausforderung

Wegen der Verankerung des rechten Denkens in Teilen der Gesellschaft werden wir wohl hinnehmen müssen, dass es sich auch in Deutschland als Partei formiert, die ihre Wähler findet. Die historische Erfahrung mit dem Nationalsozialismus immunisiert gegen die Wiederholung des faschistischen Zivilisationsbruchs hier ebenso wenig wie die Erfahrung mit Kollaboration und Vichy-Regierung in Frankreich dort ein Antidot gegen den *Front National* von Le Pen gewesen ist. Man muss aber von diesen Parteien verlangen, dass sie sich an Recht und Verfassung halten und keine brandschatzenden und mordenden Banden aushalten. Ein Verbot solcher Organisationen würde das dezentralisierte rechtsradikale Vagantentum eher fördern. Der Staat sollte aufmerksam und »stark« sein, die Opfer schützen, die Täter verfolgen – aber im Rahmen des liberalen Rechtsstaats: keine Verbote, keine Schnellgerichte, keine Einschränkungen des Demonstrationsrechts.

Man muss die politische Auseinandersetzung mit diesen Parteien stattdessen auf der Ebene der parlamentarischen Demokratie suchen. Die Erfahrung zeigt, dass eine rechtsradikale Partei diese Herausforderung, wenn sie auf der Höhe der Zeit geführt wird, nicht bestehen kann. Das vormoderne Denken bietet keine Optionen zur Lösung gesellschaftlicher Probleme der Gegenwart. Deshalb ist es fatal, wenn die demokratischen Parteien, das völkische Ressentiment fürchtend, die Frage der Migration nicht offensiv als Frage der ökonomischen, sozialen und kulturellen Realität diskutieren. Man kann sich nämlich mit Xenophobie und Rassismus in der Gesellschaft nur angemessen auseinandersetzen und die autoritären Potentiale erst dann zurückdrängen, wenn man beide

Verkürzungen vermeidet: die der Einwanderungsdebatte auf die Nützlichkeit des Einwanderers und die der Asyldebatte auf den »edlen Asylbewerber«.

Schwarze Pädagogik oder Sozialpädagogik?

Hilflosigkeit im Umgang mit dem »weißen« Rassismus

Diskursive Herausforderung und parlamentarische Zivilisierung der Rechten, entschiedener Verfassungspatriotismus und offensive Einwanderungsdebatte, Ächtung der Xenophobie und zivilgesellschaftliche Nacherziehung, sozialpolitische Maßnahmen der Prävention und Rückeroberung des staatlichen Gewaltmonopols – all diese politischen Antworten auf das Anwachsen rassistischer Strömungen in der deutschen Gesellschaft sind notwendig, aber nicht hinreichend. Schon deshalb nicht, weil die rechtsradikal drapierte Gewalt, das ethnische Ressentiment, der mörderische Rassenhass, tief in die soziale Wirklichkeit hineinragen und die neue Barbarei ihre Wurzeln auch in Lebensweltpathologien hat. Dieser Nährboden ist freilich im Osten ein anderer als im Westen, auch wenn selbst hier zusammenwächst, was zusammengehört.

Gewalt-Ost

Die Bevölkerung der DDR hat mit der Wiedervereinigung genannten Angliederung an die Bundesrepublik sozialpsychologisch ihre eigene Kultur und Geschichte verloren. Eine ganze Generation, im Geiste von Klassenkampf, Antifaschismus und sozialistischer Autorität erzogen, sah sich genötigt, unter den Verlockungen der Marktwirtschaft, unter den Drohungen der Gesinnungsüberprüfung und unter dem Zwang zur gemeinen Anpassung ihre Biographie umzuschreiben und sich zum Opfer einer Gesellschaftsordnung zu machen, die sie doch in ihrer großen Mehrheit mitgestaltet hatte. Es sind die verlorenen Kinder der Nachfolge-Generation, die sich im Osten jetzt als Herrenmenschen aufspielen, ihrer trostlosen Existenz einen nationalen Sinn geben und mit der klammheimlichen Zustimmung ihrer Eltern nicht-weiße Nicht-Deutsche jagen. In dieser projektiven Form von mörderischer Selbstvergewisserung demonstrieren sie den undurchschauten Zusammenhang zwischen narzisstischer Kränkung und Wut, zwischen Selbst- und Fremdenhass und lassen uns an der intergenerationellen Bewältigung eines kollektiven Identitätsverlustes teilhaben. Es wirkt wie eine zynische Parodie auf die

Fruchtbarkeit des realen Sozialismus, wenn kaum ein Jahrzehnt nach seinem Zusammenbruch aus seinem Schoße etwas kriecht, das doch nach der Legende nur dem Kapitalismus entspringen durfte.

Gewalt-West

Aber auch der Westen bietet den Gewaltexzessen einen lebensweltlichen Rahmen. Respektable Kommenatoren reden bei der Analyse der zunehmenden gesellschaftlichen Brutalisierung von einer ›Gewalt ohne Motiv‹ (Harry Nutt in der *FR*), vom ›Totschläger als Existenzialisten‹ (Michael Jeismann in der *FAZ*), vom ›Eventcharakter‹ (Micha Hilgers in der *TAZ*) einer rauschhaft erlebten Gewalt und warnen vor einer schnellen Einordnung in das politische Koordinatensystem. Sie suggerieren einen Zusammenhang mit der Spaß- und Erlebnisgesellschaft. Vieles spricht für die These, dass sich die Täter des nationalsozialistischen Jargons nur bedienen. Der neofaschistische Mummenschanz wäre dann eine Verkleidung, die den bloßen Tabubruch symbolisiert und psychische Leerstellen plombiert. Tragen sie ihre Glatzköpfe, Runen-Tattoos, Springerstiefel und Baseball-Clubs nicht wie Signaturen eines phallischen Narzissmus? Handelt es sich nicht um Formen der Perversion (die zunehmend aus dem privaten in den öffentlichen Raum treten und ohne begleitende Schuld- oder Schamgefühle auskommen), wenn sie sich an der Angst und Hilflosigkeit ihrer Opfer weiden? Die perversen Derivate der narzisstischen Spiegelung, wie uns sozial- und sexualwissenschaftliche Untersuchungen der neuen Gewaltphänomene zeigen, sind auch in anderen Szenen zu beobachten, wo sie jeder politischen Konnotation entbehren.

Gewalt als Inszenierung

Diese Analysen sind triftig, aber treffen sie auf das faschistische Original nicht genauso zu? Trug der braune Straßenterror nicht ebenfalls Züge eines »sozialisierten Narzissmus« (Adorno)? Wütete der Sadismus nicht auch in den Konzentrationslagern und bei den Mordaktionen der Wehrmacht (Goldhagen)? Es wäre deshalb fatal, den verirrten Trieb vom sozialen und politischen Kontext zu isolieren, der ihm erst Sinn verleiht und Wege bahnt. Wenn sich die Vernichtungsphantasie in die schwere Körperverletzung, den brutalen Totschlag oder den gemeinen Mord umsetzt, ist das mehr als das Ausagieren einer individuelle Psychopathologie. Der mutige Kämpfer gegen das Fremde braucht den Kameraden an seiner Seite, er braucht die Ohnmacht des Opfers, und er braucht die phantasmagorische Verbindung mit seiner Nation oder Rasse.

All das stiftet Zugehörigkeit und Differenz, kurzum das, was wir Identität nennen. Es agieren hier nicht einfach Modernisierungsverlierer und Globalisierungsopfer, wie es die postmoderne Variante der Verelendungstheorie gerne sehen würde. Aber eben auch keine persönlichkeitsgestörten Einzeltäter mit milieubedingten Traumatisierungen, die zwecks Behandlung der forensischen Psychiatrie zugeführt werden müssten, oder gar hirnorganisch beeinträchtigte therapieresistente Monster, die lebenslang in Sicherungsverwahrung gehören. Es ist die brisante Verbindung von gescheiterten Lebensläufen mit sozialen Pathologien und vormodernen Weltdeutungen, die im gewalttätigen rechtsradikalen Milieu inszeniert wird.

Faschismus ist die Ästhetisierung der Politik – dieser Diagnose Walter Benjamins müssen wir hinzufügen: Er ist, mit seelischer Enthemmung, körperlicher Entgrenzung und sozialer Formlosigkeit einhergehend, auch die politische Inszenierung von Gewalt auf der Höhe der jeweiligen Zeit. Es geht um abweichende Formen von Identität, die immer in intersubjektiven Anerkennungsverhältnissen verankert ist. Was folgt nun daraus? Was sind die praktischen Konsequenzen aus diesen Einsichten? Was ist die »Therapie« bei dieser »Diagnose«? Im mentalen Untergrund einer Gesellschaft helfen schließlich keine Rezepte nach dem Motto: Gefahr erkannt, Gefahr gebannt!

Veränderungen in den soziokulturellen Tiefenschichten verlangen den langen Atem einer kommunikativen Strategie, bei der sich die Gesellschaft über sich selbst verständigt: über ihre gegenwärtige Verfassung, über ihre kulturellen Grundlagen, über ihre sozialen Werte, über ihre Zukunftsentwürfe – und eben auch über das, was sie ihren Kindern bietet und abverlangt. Diese Selbstverständigung ist ein öffentliches Gespräch, das in den unterschiedlichsten Feldern zu führen ist. Wir beginnen es zum Beispiel, indem wir über die Realität einer Einwanderungsgesellschaft sprechen oder über den kollektiven Identitätsverlust im Prozess der Wiedervereinigung. Aber wir führen es auch dort, wo wir über die Funktion von

Kampfhunden, über die Visionen der Biotechnologie oder über die Geschwindigkeitsbegrenzung auf unseren Straßen kommunizieren. Der Parteispendenskandal, solange er unaufgeklärt bleibt, ist ein Musterbeispiel für das Misslingen eines solchen Gesprächs.

Das Besondere am Prozess der Selbstreflexion ist gerade, dass er bereits das Veränderungspotential in sich birgt, wenn die Analyse tief genug reicht: weil die kommunikative Verständigung keine objektive Betrachtung eines äußerlichen Phänomens ist, sondern (vergleichbar dem psychoanalytischen Prozess) eine Selbstbetrachtung im Spiegel des Anderen. Weil wir nicht über dem Verhängnis stehen, sondern mittendrin, können wir uns nur aneignend aus ihm herausarbeiten. Wenn die gesellschaftliche Mehrheit sich im Spiegel ihrer Minderheiten betrachten lernt, wird sie erkennen, dass das Fehlen einer Kultur der Anerkennung nicht ihr geringster Mangel ist. Das wäre das »Therapie«-Modell, das auch gegen den Rechtsradikalismus hilft – jenseits einer schwarzen Pädagogik in Form unnachsichtiger Repression oder einer milden Sozialpädagogik in Form nachsichtiger Betreuung.

Nationalstolz und Leitkultur

Die deutsche Patriotismusdebatte entwickelt sich

Der nationale Affekthaushalt ist in heller Aufregung. In Deutschland reiht sich ein moralischer Diskurs an den nächsten. Die politische Gefühlslandschaft wird immer wieder durch Beben erschüttert, die aus den tektonischen Tiefenschichten der deutschen Vergangenheit ihre Energien schöpfen. Neue Bewegungen sind an den kaum verwachsenen Bruchspuren aus der Walser-Debatte um die »Moralkeule« Auschwitz entstanden. Sie hatte in der Kontoverse über das Finkelstein-Buch zum angeblichen Holocaust-Business ihre Fortsetzung gefunden. Dann setzte die Diskussion um die »humanitäre Intervention« im Kosovo ein, deren Befürworter und Gegner sich im hochmoralischen »Nie wieder!« jeweils auf verschiedene Lehren aus dem Faschismus beziehen konnten: »Nie wieder Krieg!« »Nie wieder Auschwitz!«. Anschließend begann die öffentliche Suche nach einer »deutschen Leitkultur«, die zwar das Feuilleton zu kreativen Höchstleistungen bei der probeweisen Konstruktion von nationaler Identität, aber die Politik eher in die Niederungen der Stammtische trieb. Danach der Generationendiskurs über die Achtundsechziger, bei dem versucht wurde, die Militanz der Studentenrevolte mit dem gewalttätigen »Geist der Väter« im Nationalsozialismus zusammenzubringen. Diesmal ist es der Nationalstolz, an dem sich die Gemüter entzünden und die Geister scheiden.

Das provokative Bekenntnis des CDU-Parteisekretärs (Laurenz Meyer), stolz auf Deutschland zu sein, hatte ihm wie erwartet den Vorwurf eingetragen, eine Parole der Neonazis aufgenommen und gesellschaftsfähig gemacht zu haben. Mit dem prompten Vorwurf eines grünen Ministers (Jürgen Trittin), dieser sei ein »geistiger Skinhead«, war der Skandal in der Welt und die Empörung groß. Die Opposition witterte ihre Chance für ideologischen Raumgewinn auf der Rechten, attackierte die vaterlandslosen, national unzuverlässigen Gesellen auf der Linken und verlangte die Entlassung des Ministers. Die Regierung schützte ihr Kabinett vor weiterer Erosion und stellte sich vor den Minister, bangte aber um die von ihr besetzte Mitte. Mit philologischen Finessen bemühte sie sich um Schadensbegrenzung: Stolz sei nicht das richtige Wort, sondern Freude – kein

Nationalismus, aber Patriotismus. Und während nur noch eine linke Nachhut die Nation angesichts ihrer Jahrhundertverbrechen auf historische Schuld und Scham verpflichten möchte, präsentieren sich ausgerechnet die Liberalen als Vorhut einer unbekümmerten und von neurotischen Verklemmungen endlich befreiten Vaterlandsliebe.

»Ich bin stolz darauf, ein Deutscher zu sein!« Die nationale Emphase lassen wir einem Franzosen oder einem Engländer ohne weiteres durchgehen, auch dem Brasilianer, Ungarn oder Nepali. Beim Deutschen tun wir das nicht. Mit guten Gründen haben wir für uns die umstrittene Parole tabuisiert und sie als symbolischen Ausdruck einer historisch diskreditierten nationalen Selbstüberhebung aus der Kommunikation verbannt. Die sprachliche Leerstelle dokumentiert eine traumatische Kollektiverfahrung, nämlich den einzigartigen Zivilisationsbruch, der mit der Epoche des Nationalsozialismus verbunden bleibt. Aus eben diesem Grund hat die neue militante Rechte diese Parole übernommen, im Tabubruch sucht sie gewissermaßen Anschluss an eine als grandios phantasierte Vergangenheit, die durch das Tabu gerade aus der deutschen Geschichte ausgegrenzt werden sollte. Der Tabubruch setzt die Normalisierung Deutschlands auf die politische Agenda, die uns – mehr als ein halbes Jahrhundert nach der von außen gekommenen Befreiung vom Faschismus und mehr als zehn Jahre nach dem Fall der Mauer – endlich die Gleichberechtigung mit anderen auch in der Frage des Nationalgefühls bringen soll.

Wenn das so einfach wäre! Normalität ist immer etwas unausgesprochen Selbstverständliches. Wenn man sie erst – »unverkrampft« – beschwören muss, ist das eine sichere Indikation für ihr Fehlen. Im verkrampften Bemühen um Normalisierung lässt sich der Ausschluss der historisch kontaminierten Stolz-Parole aus der nationalen Selbstverständigung gerade nicht rückgängig machen. Ohne Folgen ist der durch das Tabu markierte semantische Leerraum nicht wieder zu besetzen. Das Tabu, das sprachlos die Erinnerung gegen das Vergessen festgehalten hat, zeigt seine Macht noch, wenn es gebrochen wird. Das nationale Trauma, das – wie jedes individuelle seelische Trauma auch – affektiv versteinert am Boden der kollektiven Psyche ruht, wird durch den Tabubruch geradezu reaktiviert. Dabei wird eine eigentümliche Dialektik der Aufklärung entfaltet: Die von der extremen Rechten demonstrativ gepflegte und von der gemäßigten jetzt vorsichtig übernommene nationale Konfession weckt unvermeidlich die lebendige Erinnerung an die Zeiten der Barbarei, welche die stolzen Bekenner eigentlich doch hinter sich lassen wollen. In der wieder hergestellten historischen Kontinuität erzeugt gerade der Stolz auf Deutschland die Rückkehr der Scham.

Diese paradoxe Dynamik führt nun auf direktem Wege in die Sackgasse einer Kommunikationsstörung, die Bodo Morshäuser in seiner Studie über rechtsextremistische Jugendliche (*Warten auf den Führer*, Frankfurt/M. 1993) einmal als entgleisenden Generationendialog beschrieben hat: »Die berühmteste Parole dieser jungen Menschen, Kinder der Nachkriegskinder, ist, sie seien stolz, Deutsche zu sein. Wenn einer das behauptet, weiß er, dass er auf Widerspruch stoßen wird. Möglicherweise ist dies der Grund, warum er seinen Stolz-Satz aufsagt. ... Wie wird widersprochen? Wegen der Opfer der Deutschen dürfe man nicht stolz sein, Deutscher zu sein. Der »Stolze« bemerkt, dass die anderen sich schämen. Er treibt sie in jene Ecke, aus der sie sich nur befreien können, wenn sie ihn mit einer Übertreibung (›Nazi!‹) beleidigen, worauf er ebenso übertreibt – und der Dummdialog der einschnappenden Reflexe kann beginnen.«

Die Antagonisten sind sich freilich näher als sie glauben. Stolz und Scham sind auch im Diskurs über die Nation ein affektives Geschwisterpaar. Beide entstammen sie entwicklungspsychologisch dem Narzissmus und dem Gesehenwerden aus der Perspektive des Anderen, das sich im jeweiligen Selbstbild niederschlägt. Während im offenen Stolz mehr oder weniger sublim die Anerkennung der eigenen Großartigkeit gefordert wird, zeigt sich in der Scham die exzentrische Sicht auf ein Gefühl der Kleinheit und Minderwertigkeit. Die Kultivierung einer nationalen Scham, wie sie sich im Sozialcharakter der Achtundsechziger festgesetzt hat (und wie sie von Martin Walser so obsessiv attackiert worden ist), sie enthält – wenn auch verdeckt – ebenfalls eine grandiose Seite, wie ihre Herkunft zeigt. Sie verdankt sich nämlich der demonstrativen Abgrenzung gegenüber den Nazieltern, die sich ihren Schandtaten nicht stellen wollten. Insofern enthält das stellvertretende Bekenntnis zur Scham ein narzisstisches Moment, eine Art Stolz auf die Scham: Eigentlich schämen wir uns für *Euch*, die Ihr die Schuld nicht annehmen wollt – damit sind *wir* aber die besseren Deutschen! Diese Doppelbotschaft an die Welt – die eitle

Verpflichtung auf ein der Geschichte geschuldetes deutsches Schamgefühl – entpuppt sich sozialpsychologisch als moralischer Narzissmus. Sie ist gewissermaßen das Negativ eines Nationalgefühls, das sich für seinen neuen Stolz nicht mehr schämen will.

Kennzeichnend für den deutschen Sonderweg in dieser Frage ist freilich noch etwas anderes. Auch wenn in unserem Nachbarland Frankreich Begriffe wie »*gloire*« und »*grandeur*« gewiss der chauvinistischen Verherrlichung der Nation dienten, war diese niemals durch den Mythos des gemeinsamen Blutes definiert, wie er der biologisch konstruierten Vorstellung vom Deutschtum innewohnt. In ihrer Totalitarismusstudie hat Hannah Arendt (*Elemente und Ursprünge totaler Herrschaft, 1955*) präzise auf diesen historischen Unterschied verwiesen: »Die völkische Arroganz ist größer und schlimmer als der chauvinistische Größenwahn, weil sie sich auf innere unmessbare Eigenschaften beruft.« Die aktuelle Debatte über den Nationalstolz der Deutschen – ebenso wie die über ihre »Leitkultur« – beruft sich immer noch auf solche imaginären »inneren, unmessbaren Eigenschaften«, wie sie zur kollektiven Imago der Nation gehören. Weil er sich mythologisch mit der Fiktion einer ethnisch homogenen Nation verbinden kann, ist der Nationalismus in Deutschland so gefährlich. Solange wir die Staatsbürgerschaft nach wie vor an ein vordemokratisches Blutsrecht binden – auch wenn es nun durch einige Elemente des republikanischen *ius soli* erweitert worden ist – bleibt diese Gefahr virulent.

Das beweisen uns die rechtsradikalen Veganten, welche die Stolz- mit der Hassparole legiert haben. Sie verstehen sich inzwischen als eine Vollzugsgemeinschaft, die angetreten ist, um die »weiße« Überlegenheit zu sichern. Der »weiße« Rassismus ist die Triebkraft ihrer Aktionen – und nicht die Ausländerfeindlichkeit. Oder haben wir je davon gehört, dass Norweger, Dänen oder US-Amerikaner weißer Hautfarbe Opfer von Brandanschlägen, Verfolgungsjagden oder Messerattacken geworden sind? Kommt es bei Skinhead-Angriffen auf eine türkisch-stämmige Familie oder farbige Jugendliche darauf an, ob die Opfer womöglich einen deutschen Pass besitzen? Zusammen mit ihren französischen oder italienischen Gesinnungsgenossen träumt die deutsche Rechte von einem »weißen Europa«.

Moral, Gewalt, Joschka (I)

Die Achtundsechziger reflektieren ihre politische Sozialisation

Die These von der fälligen Historisierung der alten Bundesrepublik klingt nicht überzeugend. Sie wird schon durch die Affekte widerlegt, welche die Rückschau auf die Achtundsechziger-Bewegung und ihre Vorgeschichte hervorruft. Es ist beileibe nicht nur eine versprengte Nachhut der Vorgängergeneration, sondern auch die übereifrige Vorhut einer glatten Nachfolgergeneration, welche sich im Jagdfieber den sprachlosen Hass zurückwünscht, der vor dreißig Jahren die Fronten miteinander verband. Im allgemeinen Stimmengewirr ist aber ein Gespräch herauszuhören, das die Achtundsechziger unter sich führen. Eine Generationendebatte findet statt, die gerade deshalb historische Wahrheit zutage fördert, weil sich auch Gewandelte und Geschädigte, Verräter, Renegaten und diverse Racheengel an der Selbstverständigung beteiligen.

Im imaginären Gerichtsverfahren gegen Joschka Fischer geht diese Generation vor allem mit sich selbst ins Gericht. Einer auffällig verlängerten Adoleszenz inzwischen mühsam entwachsen, bestimmt sie die Reife der Diskursqualität – entgegen dem lange gepflegten Selbstbild einer Daueropposition, die im chronifizierten Blick von unten gerne auch den Blick der Jugend auf die Welt der Erwachsenen, den Blick des unschuldigen Kleinen auf die schuldigen Großen eingenommen hat. Die Nachkriegskinder sind als Kohorte der jetzt Fünfzigjährigen dabei, öffentlich ihre Bildungsgeschichte als die der Bundesrepublik zu rekonstruieren und die Amnesie aufzuheben, die über beidem liegt: Aufklärung als Selbstaufklärung.

Welche Reminiszenzen bewegen wohl Thomas Schmid – heute politischer Redakteur der *FAZ* und einst selbst kreativer Kopf im legendären Frankfurter *»Revolutionären Kampf«* –, der Revolte eine Nähe zum »Geist der Väter« zu bescheinigen. Weshalb bastelt er an der interessierten Legende einer intakten Gesellschaft, die – als historische Antwort auf die faschistische Barbarei aufgebaut – »den Ansturm der neuen Barbaren überlebte«? War die Bundesrepublik in ihren ersten beiden Jahrzehnten ein Hort der liberalen Demokratie, der lebendigen Auseinandersetzung, der diskursiven Konfliktregelung? Funktionierte die Gewaltenteilung denn? Erfüllte das Parlament seine Aufgabe? War die Justiz unabhängig? Verhielt sich die Polizei angemessen und im rechtsstaatlichen Rahmen, als die Jugend auf die Straße ging und sich die ungewohnte Freiheit zur Demonstration gegen die Übel der Welt nahm? Musste nicht einiges geschehen, »um aus Kindern des Bildungsbürgertums Anhänger gewaltsamer Aktionen« zu machen (so Christian Semler in der *taz*)? War die Wahl der Mittel nicht auch eine Folge der Mittel der Wahl? Noch der historische Rückblick auf die angeblich »paranoid engen Augen, die fanatisch finsteren Intellektuellen-Visagen mancher damals dominierender Apo-Heroen« (so Joachim Kaiser in der *Süddeutschen Zeitung*) weckt in uns die keineswegs paranoide Erinnerung an die Pogromstimmung jener Zeit, der Rudi Dutschke zum Opfer fiel.

Ob mit den außer- und antiparlamentarischen Attacken des »roten Jahrzehnts« (so der Titel eines Buchs von Gerd Koenen: *Das rote Jahrzehnt*, 2001) das demokratische Potential der Bundesrepublik Deutschland nicht erst entfaltet worden ist, das unter einer autoritären Formierung weitgehend noch in der Verfassung schlummerte – das ist die erste große Frage der aktuellen Auseinandersetzung, die man versöhnlich so beantworten könnte: Das staatliche Gewaltmonopol wird nicht mit der Muttermilch aufgesogen, seine Anerkennung ist eine kulturelle Leistung und mit dem Vertrauen verbunden, dass es zur Zivilisierung sozialer Konflikte beiträgt und nicht missbraucht wird. Die Abwendung vom Linksradikalismus hatte bei seinen Anhängern eine Veränderung der Republik, ihre Demokratisierung zur Voraussetzung. Sie war nur möglich, weil (so Joscha Schmierer in der *FAZ*) »die politische Einkehr nur selten den Kniefall erzwang«, der mit der Biographie auch die Persönlichkeit gebrochen hätte. Diese dialektische Sicht der Dinge würde einen Lernprozess auf beiden Seiten dokumentieren: auf unserer nicht zuletzt die Erleichterung darüber, dass das utopische Projekt einer »befreiten Gesellschaft« in all seinen Varianten gescheitert ist. Zum Glück (und mit guten Gründen) haben weder die terroristische Strategie des bewaffneten Kampfes *(RAF)* zum Ziel geführt, noch die maoistische der revolutionären Volksdemokratie, wie sie Schmierer, Koenen oder Semler mit ihren ehemaligen Organisationen vertraten, – und auch nicht die anarchistisch-spontaneistische Strategie des *»Wir wollen alles!«* mit ihrem antiautoritären Kadertum, dem Joschka Fischer, Daniel Cohn-Bendit und eben auch Thomas Schmid entstammen.

Ein zweiter Komplex reicht tief in die seelische Verfassung der Achtund-sechziger-Generation, unter die Oberfläche ihrer Militanz in den morali-schen Rigorismus, der sie speiste. In den ersten zwanzig Jahren seines Bestehens hatte das kapitalistische Deutschland/West – nach der von den Siegermächten aufoktroyierten und widerwillig hingenommenen Entna-zifizierung – alles andere getan als sich seiner faschistischen Vergangenheit zu stellen. Das sozialistische Deutschland/Ost hatte sich dieser Vergan-genheit kurzerhand entledigt, indem es sich zu einer Nation von Wider-standskämpfern erklärte, das im Grunde genommen mit der Sowjetunion zusammen von Hitlerdeutschland angegriffen worden war. Die histori-sche Aufgabe der Erinnerung hatte man sozialpsychologisch auf beiden Seiten der Nachfolgegeneration hinterlassen. Während im Osten die Enkelgeneration gerade das »antifaschistische Erbe« der DDR auf ihre Weise verwaltet (indem sie nämlich im nostalgischen Bündnis mit den Großeltern das alte Deutschland wieder aufleben lässt), versuchte die rebellische Jugend im Westen, die nationale Vergangenheit im Kampf mit der kollektiven Imago der Nazieltern zu bewältigen. Ist es da verwunder-lich, dass sich in die politischen Auseinandersetzungen jener Zeit auch die projektiven Verkennungen eines Generationenkonflikts hineinschoben oder umgekehrt: dass auch der familiäre Ablösungskonflikt der Nach-kriegsgeneration unbewusst an gesellschaftlichen Themen ausgetragen wurde? Die allfällige Identifikation mit den Befreiungsbewegungen ver-dankte sie gewiss auch einem offenen Blick für die dritte Welt – mit allen moralischen Illusionen, romantischen Irrtümern und grotesken Fehl-einschätzungen –, aber im Kult um Che Guevara, Ho Tschi Minh oder Mao-Tse-Tung war auch eine jugendliche Sehnsucht nach Idealisierung zu erkennen, für welche die wirklichen Eltern nicht zur Verfügung standen.

Die unaufgeklärte Moralschicht im Sozialcharakter der Achtundsech-ziger hat Auswirkungen auch auf die nächste Generation – das müsste eine dritte Frage im mehrschichtigen Diskurs der Vergangenheitsbewältigung sein. Als »*Die Unfähigkeit zu trauern*« (erschienen 1967) hatten Alex-ander und Margarete Mitscherlich den scheinbar spurlosen Verlust des kollektiven Ich-Ideals der Deutschen in Gestalt des geliebten Führers beschrieben. Die fehlende Trauerarbeit ihrer Väter und Mütter war für die revoltierende Jugend eine entscheidende Triebkraft bei ihrer politischen Sozialisation, die so ein eigenes Ich-Ideal hervorbrachte: *Wir* übernahmen die Schuld unserer Eltern, der *sie* sich nicht hatten stellen wollen (oder können, weil sie so unsäglich groß war). Unseren Stolz bezogen wir aus der unausgesprochenen Gewissheit, die besseren Deutschen zu sein, indem wir uns unserer Herkunft schämten. Nun sind die jungen Rechtsextremisten mit dieser nationalen Schamkultur konfrontiert, und sie provozieren uns mit dem Bekenntnis, dass sie stolz darauf sind, Deutsche zu sein. Ein eitler, negativ fixierter Nationalismus: »Nie wieder Deutschland!« erhält seine seitenverkehrte Antwort mit ihren barbarischen Konsequenzen: »Deutschland den Deutschen!«. Bodo Morshäuser hat in seinen Streifzügen durch die Gedankenwelt der rechten Szene auf die Verhandlungsunfähigkeit hingewiesen, die der entgleisende Dialog auf beiden Seiten produziert. Selbst der tragische Feldzug der Meinhof-Tochter gegen die Linken gehört noch in diesen blinden Zusammenhang.

Es ist eine bittere Ironie der Achtundsechziger-Geschichte, dass die historische Berufung auf eine hochfahrende Moral im Streit über den Kosovokrieg Befürworter und Gegner miteinander verband. Die humanitäre Begründung der militärischen Intervention verlangte in Deutschland, ebenso wie ihre heftige Ablehnung, nach dem emphatischen »Nie wieder!«. Ob: »Nie wieder Krieg!« oder: »Nie wieder Faschismus!« – darauf konnte sich die Generation nicht einigen und blieb in ihrem moralischen Sonderanspruch gespalten. Außenminister Fischer hatte sich für eine Dämonisierung des Milosevic-Regimes entschieden, die Verteidigungsminister Scharping in seinem Heiligen Krieg gegen den neuen Hitler und das zweite Auschwitz zur symbolischen Rechtfertigung der wirklichen Kollateralschäden ermutigte. Dabei hätte die Berufung auf eine internationale Polizeifunktion mit dem Ziel einer Beendigung des grausamen Bürgerkriegs genügt, um zwischen die Fronten zu gehen, statt in einem pädagogischen Luftkrieg Belgrad zu bombardieren. Die eigentliche moralische Korruption des »robusten« Einsatzes bestand nicht in seiner fehlenden völkerrechtlichen Grundlage, sondern in der westlichen Strategie einer unbedingten Vermeidung eigener Opfer, die eine Entsendung von Bodentruppen zur Trennung der verfeindeten Gruppen gekostet hätte. Auch in diesem Feld wäre Selbstaufklärung über die fatalen Wirkungen eines Generationenphantasmas angebracht.

Joschka ist *der* Repräsentant dieser politischen Generation. Er verkörpert wie kein anderer ihre lebendige Geschichte, ihr krisenhaftes

Erwachsenwerden, ihre parlamentarische Zivilisierung und ihre gesellschaftliche Gegenwart. Wer in den siebziger Jahren in seiner Nähe war und genügend Distanz zu ihm hielt, konnte seine Begabung damals schon erkennen. Sie enthielt – neben Intelligenz, Machtgespür und einigen exzessiv ausgeprägten Sekundärtugenden – eine kommunikative Kompetenz besonderer Art: Er entwickelte eine suggestive Überzeugungskraft, die er je nach Situation in den verschiedensten Facetten schillern ließ und in öffentlichen Reden zu einer Brillanz steigern konnte, die seine Zuhörer aufs Höchste faszinierte. Diese enorme Wirkung verdankte sich nicht nur dem literarischen Wissen des Autodidakten und seiner in den endlosen Debatten jener Zeit geschulten Rhetorik, sondern auch einem moralischen Unterton, der den Geist dieser Epoche aufs Genaueste traf. Gerade deshalb konnte er der martialischen Hypermoral der *RAF* im Namen des Humanismus so überzeugend entgegentreten. Den Gegner, selbst den in den eigenen Reihen, mit einer guten Portion Aggression anzugreifen, war eines der mentalen Markenzeichen, mit denen er – selbst kein Meister der filigranen Spielkunst – in der Szene sogar im Fußball reüssierte. Ohne diese Lehrjahre der Militanz, ohne die moralische Schulung, ohne den Blick in den existenziellen Abgrund jener Zeit wäre Fischer nicht das, was er heute ist. Anerkannt noch im Hass seiner verspäteten Feinde, die ihn zu Fall bringen wollen – übrigens wegen seiner Gegenwart und Zukunft, nicht wegen seiner Vergangenheit.

Moral, Gewalt, Joschka (II)

Ein hysterisches Skandalmuster wird importiert

Trends werden in den USA gemacht. Was drüben in Mode ist, kommt mit einiger Verzögerung und immer kürzerer Nachlaufzeit über den großen Teich. Was *hip* ist, entscheidet sich meist zwischen New York City und Los Angeles, bevor es nach Paris, Rom oder Berlin driftet. So war es mit dem Körpertrend, der uns neben *body-shaping* auch die Trendsportarten für die Erlebnisgesellschaft brachte und mit *aerobic, jogging, power-walking* oder *roller-skating* alte Formen der bewegten Ertüchtigung zu neuem Leben erweckte. Und so war es mit dem Yuppie-Exportschlager *life-style*, der den Deutschen jene *lofts, four-wheel-drives* und *after-work-clubs* bescherte, in denen die aufsteigenden Schichten gerne ihren sozialen Erfolg demonstrieren. Am Import von Managementphilosophien und Firmenkulturen, Essgewohnheiten und Sprachfiguren, Filmproduktionen und Kulturspektakeln beweist sich die Amerikanisierung unserer Lebenswelt. Diese Art von Globalisierung nimmt unaufhaltsam ihren Lauf, und ein deutschtümelnder Sprachpurismus wird die Entwicklung ebensowenig aufhalten, wie die eifrige Behauptung der nationalen Besonderheit oder die philosophische Verteidigung der kulturellen Differenz.

Gegenwärtig zeichnen sich in der Gewaltdebatte um Joschka Fischer Züge eines hysterischen Skandalmusters ab. In der Sexaffäre um Bill Clinton konnten wir so etwas noch angewidert aus der Ferne beobachten und mit europäischer Überhebung als »typisch amerikanisch« bezeichnen. Nun hat die Hysterie auch bei uns Einzug gehalten. Die grelle Ausleuchtung einer Lebensgeschichte, das Aufstöbern kompromittierender Fotos, die eifernde Suche nach dem Anrüchigen – es gibt kein Halten mehr, seit die Jagd auf den grünen Außenminister eröffnet ist. Polizisten prügeln, Steine werfen, Terroristen beherbergen, Palästinenser unterstützen – seit Wochen werden wir mit immer neuen biographischen Details behelligt, die einer Zeit angehören, in der eine ganze Generation revoltierend sich selbst erschuf. Die Phantasien sind frei, wenn die assoziativen Verbindungen erst geknüpft sind: Mit wem hat Joschka vor dreißig Jahren gefrühstückt, an welcher Demonstration hat er teilgenommen, auf welcher revolutionären Veranstaltung geklatscht?

Was wird als nächstes enthüllt, welche intimen Bekenntnisse sind noch zu erwarten, welche eitlen Zeitzeugen zu ertragen? Hat er vielleicht doch mit Margit Schiller ...? Der an den triebhaften Verfehlungen Clintons ausgetragene Kulturkampf in den USA ist zum geheimen Vorbild für eine politische *rollback*-Strategie auch in Deutschland geworden. Das Ziel lautet heute wie damals, hier wie dort: *Impeachment*, Entfernung aus dem Amt, Wiedereroberung der usurpierten Macht.

Blicken wir ins Jahr 2000 zurück. Über quälende Monate waren wir mit dem außerehelichen Sexualleben des amerikanischen Präsidenten beschäftigt. Er war der erste Vertreter der 68er-Generation in diesem Amt, in das er – ehemaliger Kiffer, Vietnamkriegsgegner und Sympathisant der Friedensbewegung, Freund der Schwarzen, Befürworter des Rechts auf Abtreibung und der Gleichstellung von Homosexuellen, insgesamt also ein nach den Kriterien unseres politischen Spektrums fortschrittlicher Politiker – gegen heftigen Widerstand der ›moral majority‹ auf wundersame Weise gelangt war. Alle Versuche einer politischen Denunziation oder persönlichen Diskriminierung waren zuvor gescheitert. Nun hatte er das *oval office* dadurch entwürdigt, dass er dort mit einer Praktikantin Sex hatte. Endlich hatte ihn die Opposition unter Führung der ›christian coalition‹ in der Falle – und ließ ihn zappeln. Ein ganzes Volk durfte sich an der sexuellen Erregung seines Präsidenten erregen. Es raste die Psychodynamik des moralischen Rigorismus, der zwischen Versagung und Befriedigung bekanntlich den Kompromiss erlaubt: Das Triebhafte kam gerade dadurch zu seinem Recht, dass es so eifernd aufgespürt und so gnadenlos verfolgt wurde.

Die Abwehrfunktion dieses projektiven Mechanismus hatte Don DeLillo in seinem Epochenroman *Underworld* (1997) an der legendären Figur des ehemaligen CIA-Chefs Edgar Hoover demonstriert. Dieser hatte nicht nur Kommunisten jagen lassen, sondern – selbst homosexuell – auch Schwule und Lesben mit einem notorischen Hass verfolgt. Nun war, in Gestalt eines verklemmt-enthemmten Sonderermittlers namens Kenneth Starr, der Typus des paranoiden Verfolgers wieder auferstanden. Unter dem Mantel einer justizförmigen Ermittlung breiteten sich Voyeurismus und Pornographie aus, keine Intimität blieb unentdeckt und unerwähnt. Die pikanten Untersuchungsergebnisse wurden ins Internet eingespeist und über den Buchmarkt vertrieben, der perverse Redeschwall des Anklägers war im Fernsehen ebenso zu vernehmen wie die peinlichen Bekenntnisse des zerknirschten Angeklagten. Alle möglichen Formen identifikatorischer Teilhabe waren erlaubt, und man konnte sich ausgiebig und ungestraft mit dem schmuddeligen Sexuellen im Zentrum der Macht beschäftigen. Eine Nation, deren vorherrschende Sexualmoral in weiten Regionen noch vom Puritanismus bestimmt ist, wurde nicht müde, investigatorisch im Schmutz der präsidialen Sünde zu wühlen, um die sträfliche Lust dann vor Gericht zu genießen. Oraler Sex war in aller Munde.

In seinem Subtext thematisierte der Skandal um das anstößige Verhalten des Präsidenten gleich zwei unauflöslich miteinander verbundene Fragen, welche die amerikanische Gesellschaft nicht zu diskutieren bereit war: die alltagskulturelle Frage einer veränderten Sexualmoral und die nicht weniger brisante Frage eines Generationenwechsels (nach Ronald Reagan und George Bush) in seiner politischen Führung. Das unangenehme Medienspektakel um Sex im Weißen Haus war eine szenische Ersatzveranstaltung. Im kollektiven Unbewussten ersetzte sie den gesellschaftlichen Diskurs über Lebensentwürfe und politische Optionen einer neuen Generation am Ende des 20. Jahrhunderts. Bill Clinton eignete sich gut für die Behandlung beider Tabuthemen; an seiner Person konnte als Skandal agiert werden, was der bewussten Selbstverständigung einer kulturell verunsicherten und politisch gespaltenen Gesellschaft entzogen war. Noch in der unter fragwürdigen Umständen zustandekommenen Wahl seines Nachfolgers schien sich zu bestätigen, dass die Tabus ungebrochen sind: George W. Bush jr. dementierte den politischen Generationenbruch, indem er sich als jugendlicher Wiedergänger seines Vaters (von dessen Beratern umgeben) und christlicher Konvertit präsentierte.

Beim amerikanischen Präsidenten war auf dem Höhepunkt der erregten Jagd die entscheidende Frage, ob er gelogen hatte, als er den sexuellen Verkehr mit Monica Lewinsky bestritt. Was sollte beim deutschen Außenminister verfangen? Und wer eignete sich für die Rollen von Linda Tripp, der Kronzeugin, oder Kenneth Starr, dem Chefankläger? Die Konservativen, die sich bereits mit ihrer parlamentarischen Inquisition blamiert hatten, forderten einen Untersuchungsausschuss zur gewalttätigen Vergangenheit des grünen Medienlieblings. Die Staatsanwaltschaft – sie war im Opec-Prozess gegen das *RAF*-Mitglied Hans-Joachim Klein mit ihrer Strategie gescheitert, Fischer als ehemaligen Kumpel und

Mitwisser mit Hilfe einer denunziatorischen Zeugenvorführung zu entlarven – ermittelte ohne Erfolg wegen angeblicher Falschaussage vor Gericht. Aus dem Lager der Liberalen hieß es (und sie haben selbst das »amerikanische« Muster noch gar nicht erkannt, das sie hier wiederholten): Nicht die Jugendsünden Joschka Fischers stünden zur Debatte, sondern sein gegenwärtiger Umgang damit – er habe Parlament und Öffentlichkeit belogen und müsse deshalb zurücktreten. Politische Strategie und Dramaturgie waren formuliert, die Medien in Stellung gegangen. Das Szenario der Enthüllungen brachte mit »*Monicagate*« ein Ereignis ins Gedächtnis, bei dem es angeblich auch nicht um die Sache selbst, sondern um das öffentliche Bekenntnis zur Wahrheit gehen sollte. Beim *déja-vu* (oder *déja entendu*) gab es freilich eine auffällige Triebverschiebung vom Sexuellen zum Aggressiven: Während wir es bei Clinton mit Spermaflecken, Fellatio und Liebesbriefen zu tun hatten, galten bei Fischer Hämatome, Molotowcocktails und militanten Reden einer längst vergangenen Epoche als Indikatoren für die Existenz des Bösen.

Amerika ist durch Sex bekanntlich eher zu erregen als durch Gewalt. Diese gehört dort zum sozialen Alltag, bildet bei uns aber ein historisch kontaminiertes Reizthema, mit dem das öffentliche Fieber anzuheizen ist. Das ist der tiefere Grund, weshalb hier eine Vergangenheitsbewältigung der »dritten Art« von der 68er-Generation verlangt wurde, die sich ihrer revolutionären Jugend in den siebziger Jahren zu stellen hätte, wie ihre Eltern den Naziverbrechen und die Ostdeutschen ihrer Verwicklung in den Stalinismus. Eine bizarre Demagogie, gewiss, aber bei diesem geschichtsblinden Gemisch geht es bloß vordergründig um die militanten Lehrjahre einer Generation, wie es bei Clinton nur oberflächlich um die Lust am Sex ging. Dessen Verfolgung endete nur deshalb nicht mit der Amtsenthebung genannten Kastration, weil der Präsident den Schwanz einzog, sich vor laufenden Kameras für seine triebhafte Verirrung entschuldigte und um geistlichen Beistand für den armen Sünder bat. Diesen Weg der Verteidigung hatte er vorher bloß zögernd beschritten, als er das Sündhafte verharmloste, indem er beim Haschischkonsum das Inhalieren und beim Sex die Penetration bestritt. Die halbe Wahrheit hatte ihm freilich nichts genützt, am Ende musste er sich ganz unterwerfen und im Verlauf des kathartischen Prozesses um Vergebung für sein ungezügeltes Triebleben bitten. In Wahrheit zielte die als Wahrheitssuche getarnte und von öffentlicher Dauererregung begleitete Kampagne auf seine politische Potenz.

Dem deutschen Außenminister war ein vergleichbares Purgatorium zugedacht, an dessen Ende die bußfertige Aufgabe des rot-grünen Projekts stehen sollte. Es ging um die Politik, für die er und seine Partei angetreten sind: eine vernünftige Steuerung der enthemmten Ökonomie, eine diskursive Mäßigung der sozialen Konflikte, eine multikulturelle Öffnung der Gesellschaft, ein behutsames Verhältnis zur natürlichen Umwelt, ein solidarischer Ausgleich zwischen entwickelter und unter-entwickelter Hemisphäre, eine Zivilisierung der internationalen Beziehungen. Das kam bei der Verteidigung von Joschka Fischer, auch bei seiner Selbstverteidigung, zu kurz. Die Blöße, die er sich gegeben hat, lag weniger in der vergangenen Verführung zur revolutionären Gewalt, als im selbstgefälligen Gestus des kommunikativ hochbegabten politischen Popstars, der ihn mit Bill Clinton verbindet. Es ist nicht auszuschließen, dass er sich ausgerechnet bei seinem öffentlich vermarkteten »Lauf zu sich selbst« überholt. Von den USA haben auch die Vergesellschaftung des Narzissmus, die Medialisierung von Politik und die Politisierung des Privaten ihren Ausgang genommen. Es wäre eine bittere Ironie der Geschichte, wenn Joschka einmal über diese amerikanischen Importe stürzen sollte.

Deutsche Täter – deutsche Opfer: Das doppelte Schweigen

Zur psychohistorischen Dynamik eines zweifachen Tabus

Die von Martin Walser entfachte Debatte über das ritualisierte und zum Shoa-business verkommene Holocaust-Gedenken. Die Debatte über die Militanz der Studentenrevolte und ihr historisch kontaminiertes Gewalterbe. Die Debatte über Deutschlands wiedererstarkte Rolle in der Welt und seine Beteiligung an »humanitären Interventionen«. Und nun die im Jahr 2002 ausgerechnet von Günther Grass initiierte Debatte über das angebliche Tabu, das auf den millionenfachen deutschen Opfern am Ende des zweiten Weltkriegs liege. Haben wir es hier mit einer Kette von interessierten Versuchen zur Geschichtsrevision zu tun, die ein Tabu nach dem anderen abräumen und am Ende nichts mehr übrig lassen von einem »linken« Verständnis der jüngeren Geschichte Deutschlands? Es scheint so, als ob der kathartische Diskurs, der mit einigem Erfolg um die deutsche Täterschaft geführt worden ist, nun auf die andere Seite der historischen Wahrheit übertragen werden soll: Auch die Deutschen mussten leiden, und niemand wollte davon hören – lasst uns darüber reden!

Grass erzählt in seinem Roman vom Untergang der *Wilhelm Gustloff*, jenes ehemaligen »Kraft durch Freude«-Schiffes, das am 30. Januar 1945 auf dem Weg nach Westen von einem sowjetischen U-Boot versenkt wurde, an Bord mehr als 5000 ostpreußische Flüchtlinge (manche Quellen sprechen von 7000, andere von 9000, in der Mehrzahl Frauen und Kinder), von denen nur wenige überlebten. Im medialen Begleittext zur Bucherscheinung behauptet er: Die Bombenangriffe der Alliierten am Ende des zweiten Weltkriegs, die Schrecken der Vertreibung, das Elend der Flucht, all das hätte literarisch keinen angemessenen Niederschlag gefunden, zumindest nicht im öffentlichen Bewusstsein der Bundesrepublik. So pointiert Günter Grass seine These, die vor ihm schon W. G. Sebald in seiner Studie *Luftkrieg und Literatur* von 1999 aufgestellt hatte. Diese kollektive Verdrängung müsse nun aufgehoben, das Schweigegebot endlich gebrochen, eine verdunkelte Seite der nationalen Identität hell ausgeleuchtet werden.

Aber die Erinnerungsarbeit nach dem Muster der psychoanalytischen Kur hat ihre eigene Dynamik, bei der Wiederkehr des Verdrängten kommen unvermeidlich Sachverhalte ans Licht, von denen wir gar nichts wissen wollten. Der historische Wahrheitsgehalt dieser von Grass durchaus selbstkritisch vorgetragenen These ist nämlich vom deutschen Feuilleton überzeugend bestritten oder zumindest relativiert worden. Die Liste der literarischen Gegenbelege ist lang: der längst vergessene Hugo Hartung, aber eben auch Arno Schmidt, Alexander Kluge, H. E. Nossack, Ledig und andere – auch wenn sie wenig gelesen wurden, auch wenn ein großes Echo auf ihre Schilderungen deutschen Leids ausblieb. Amerikanische Autoren von Rang haben ebenfalls die Bombardierung deutscher Städte geschildert (wie etwa Kurt Vonnegut 1970 in *Schlachthof 5*) oder das Thema der Vertreibung von Deutschen am Ende des zweiten Weltkriegs aufgenommen (etwa Thomas Pynchon in seinem 1973 erschienenen Künstlerroman *Die Enden der Parabel*). Man kann auf Filme aus den fünfziger und sechziger Jahre verweisen, die das angebliche Tabuthema ausdrücklich behandelten: *Soweit die Füße tragen* von Fritz Umgelter, eine Fernsehserie über die dramatische Flucht eines deutschen Kriegsgefangenen aus einem sibirischen Lager, welche 1959 die Nation bewegte; Bernhard Wickis auch international erfolgreicher Spielfilm *Die Brücke*; Frank Wisbars *Hunde wollt ihr ewig leben*, ein drastischer Film über das Sterben vor Stalingrad. Wisbar hatte bereits 1957 einen Film vorgestellt (*Haie und kleine Fische*), der zeigte wie junge Seeleute auf deutschen U-Booten sinnlos geopfert wurden. Er war es auch, der den Untergang der *Wilhelm Gustloff* schon 1959 verfilmt hatte (*Nacht fiel über Gotenhafen*) – ein Film, der mit seinem Realismus und einer Garde damals in (West-)Deutschland bekannter Schauspieler wie Sonja Ziemann, Gunnar Möller oder Günther Pfitzmann sein durchaus interessiertes Publikum fand.

Die Legende vom verschwiegenen Leiden der Deutschen überdeckt ein ganz anderes Tabu

Vom Verschweigen deutscher Opfer in der Nachkriegszeit kann also keine Rede sein, schon gar nicht von einer Tabuisierung. Im Gegenteil, wer in den fünfziger und sechziger Jahren in der Bundesrepublik aufgewachsen ist, musste sich buchstäblich Augen und Ohren zuhalten, um von diesem

angeblichen Tabu verschont zu bleiben. Die schrillen Töne der Heimat-
organisationen und Vertriebenenverbände, die in den Adenauerregierung
en für ihre Anliegen einen eigenen Minister hatten, klingen heute im biographischen Langzeitgedächtnis noch nach. Sie übertönten damals – nicht
zufällig begleitet von der Larmoyanz über angeblich überzogene und un-
gerechtfertigte Reparationszahlungen an Israel –, ein ganz anderes Tabu,
das über der deutschen Geschichte lag: Das Nicht-reden-können und das
Nicht-reden-wollen über Faschismus und Nazi-Herrschaft, über Antisemitismus und Rassenwahn, über einen mörderischen Angriffskrieg und
über barbarische Vernichtungslager. Im Schweigen über diesen einzigartigen Zivilisationsbruch, welcher der Vertreibung vorausging, verschaffte sich diese Kommunikationsverweigerung beredten Ausdruck.

Das Tabu auf deutscher Schuld überlebte – nach außen durch die
neuen Allianzen der Blockkonfrontation, nach innen durch ein selekti-
ves Gedächtnis gesichert – die Wiederaufbauphase. Im Westen verband
es die Seilschaften der Eliten, die sich aus den Trümmern der nationalsozialistischen Gesellschaft gerettet hatten und trug zur ungeteilten Freude am deutschen »Wirtschaftswunder« bei. Fast zwei Jahrzehnte dauer-
te die komfortable Wirkung dieses Schweigegebots über das von
Deutschen begangene Unrecht an, das aufs Engste mit dem Reden über
erlittenes Unrecht verkoppelt war. In dieser Kombination verschaffte
man sich moralische Entlastung: Man wollte zunächst lieber zu den
Opfern gehören, bevor man sich spät, sehr spät zur Täterschaft bekannte. Es bedurfte der erschütternden Wirkung des Frankfurter Auschwitz-
Prozesses (von Peter Weiss in seinem dokumentarischen Theaterstück
Die Ermittlung festgehalten), bevor sich die Kriegsgeneration der tabu-
isierten Vergangenheit zuwandte – unter dem als inquisitorisch empfun-
denen Druck einer zunächst kritisch fragenden und schließlich auf-
begehrenden Jugend.

Walter Benjamins »Engel der Geschichte«, dessen Blick bekanntlich
rückwärts gewandt ist, würde Folgendes sehen: In den ersten zwanzig
Jahren ihres Bestehens verschleppte die Bundesrepublik die Aufklärung
der nationalsozialistischen Verbrechen juristisch bis an die Verjährungs-
grenze. Als »*Die Unfähigkeit zu trauern*« (1967 erschienen) hatten
Alexander und Margarete Mitscherlich diesen eigentümlichen Geschichts-
verlust in einer psychoanalytisch inspirierten Zeitdiagnose eingefangen.

Entgegen einem weit verbreiteten Missverständnis hatten die beiden aber nicht das ausbleibende Entsetzen über das Angerichtete – also die Unfähigkeit, sich dem zu stellen, was die faschistisch erregte Nation anderen angetan hatte – ins Zentrum ihrer Untersuchung gestellt, sondern das Schicksal jenes kollektiven Ich-Ideals, das die Deutschen in Gestalt des geliebten Führers aufgerichtet hatten. Scheinbar spurlos war dieses Ideal nach dem »Zusammenbruch« des Dritten Reichs aus dem nationalen Seelenhaushalt verschwunden, wo sein Verlust doch eigentlich hätte betrauert werden müssen.

Im Versuch, die fällige Trauerarbeit zu vermeiden, hatte die Kriegsgeneration freilich hohe psychische Kosten angehäuft, die schließlich von der nächsten Generation zu begleichen waren. Sie kündigte die Schweigevereinbarung, verhängt über die Verbrechen der Wehrmacht, den Massenmord an den Juden, die Verfolgung von Zigeunern, Homosexuellen, politischen Gegnern, den humangenetischen Feldzug gegen psychiatrische Patienten und andere »Untermenschen«, die Willfährigkeit der Justiz, die Beteiligung der Kirchen, die Gleichschaltung und Indienstnahme der Wissenschaften, kurzum über alle möglichen Untaten des totalitären SS-Staats, der bekanntlich nicht als Fremdherrschaft über die Deutschen kam. Dieses historisch erste Tabu konnte erst mit Hilfe eines zweiten gebrochen werden: Von deutschen Opfern wollten wir nichts mehr wissen, wo es doch um die Täterschaft ging. Seitdem erst gehört der deutsche Vertreibungsdiskurs, der vorher in der Mitte der Gesellschaft stattfand, zum Kernbestand einer marginalisierten Rechten, die ihn zur leidenschaftlichen Geschichtsklitterung bis heute verwendet.

Der Diskurs über die Vertreibung muss geführt werden – aber wie?

Diese intergenerationellen Zusammenhänge waren Gegenstand einer Großdebatte über die deutsche Nachkriegsgeschichte, die sich 2001 an den Mythen der Achtundsechziger-Bewegung und den politischen Sozialisationserfahrungen ihrer Protagonisten entzündet hatte. Um dieser Bewegung die legitimatorische Berufung auf die eklatanten Demokratiedefizite und historischen Erinnerungslücken der frühen Jahre zu bestreiten, musste das Tabu auf der deutschen Schuld erneut gerechtfertigt werden. Die Metapher vom brandgefährlichen »ideologischen Glühkern«

des Faschismus, der erst habe abkühlen müssen, wurde buchstäblich wieder aufgewärmt: Das kollektive Beschweigen der Nazi-Vergangenheit habe schließlich der Festigung einer zivilisierten Gesellschaft gedient, die später selbst dem antizivilisatorischen Sturm der Protestbewegung standgehalten habe. Aus diesem verqueren Blickwinkel erschienen die revoltierenden Studenten als die »neuen Barbaren«, die unbewusst mit ihren Nazieltern identifiziert waren und deren Gewaltparolen im revolutionären Pathos des Nationalsozialismus ihr phantasmagorisches Vorbild hatten. Die stumme Selbstbegnadigung der Kriegsgeneration ließ sich auf einmal als Akt der historischen Notwendigkeit deuten, während das Agieren der Protestgeneration in die Kategorie eines fatalen Wiederholungszwangs gepresst wurde.

Schon damals wurde an der Legende einer eigentlich intakten Nachkriegsgesellschaft gearbeitet, die angeblich ihre Lehren aus der faschistischen Barbarei längst gezogen hatte, bevor die Militanz der Revolte den schon in die Flasche gebannten Ungeist der Gewalt wieder freiließ. Nun wird die Achtundsechziger-Generation auch dafür moralisch angeklagt, dass sie von den Leiden der Deutschen genug hatte – als ob für diesen Widerwillen keine guten Gründe existiert hätten. Die faschistische Barbarei ging der Vertreibung voraus, der völkische Wahn produzierte auch den Hass, der den deutschen Volksgruppen entgegenschlug, als das Wahnsystem an allen Fronten zusammenbrach. Die Deutschen waren zuerst Täter, bevor sie auch Opfer wurden. Analoges gilt auch für die beiden Tabus: Das Schweigen über die Täterrolle ging der Tabuisierung der Opferrolle voraus, ohne die eine verdrängte Nazivergangenheit in der Nachkriegszeit nicht aus ihrer Verdrängung hätte hervorgeholt werden können.

Allerdings: Die millionenfache Vertreibung aus den »Ostgebieten« gehört zur deutschen Erfahrung ebenso dazu, wie die Opfer der Bombenkriege auf Dresden, Hamburg oder Halberstadt, auch wenn das erlittene Unrecht von der Vorgeschichte eines aggressiven Nationalismus nicht zu trennen ist, der seinen völkischen Größenwahn mit aller Macht zu exportieren versuchte und die halbe Welt mit Krieg überzog. Dennoch war es Unrecht, das auch durch die Lesart nicht ungeschehen gemacht wird, es sei die gerechte Strafe für die Täternation gewesen. Dafür waren die Opfer unter den Deutschen zu selektiv gewählt und die Lasten zu ungleich verteilt. Aber auch die Vertriebenenverbände müssen sich der ganzen Wahrheit stellen, wenn sie Anerkennung für ihre Leidensgeschichte erwarten. Die Verwicklung der Sudetendeutschen in den nationalsozialistischen Terror wird nicht nur auf ihren Jahrestreffen, sondern auch in ihren Geschichtsbüchern übergangen. Bis heute haben die Landsmannschaften ihr problematisches Verhältnis zur eigenen Tradition nicht geklärt, auch wenn sie ihren »Volkstumskampf« heute als Pflege »kultureller Überlieferung« ausgeben.

Zweierlei Trauerarbeit: Die historische Wahrheit ist unteilbar

Gewiss, die intensive Auseinandersetzung mit dem deutschen Faschismus hat erst in den sechziger Jahren begonnen. Seither wird das Thema aber an deutschen Schulen, in den Medien und auf der politischen Tagesordnung eingehend und vorbildlich behandelt. In dieser Breite und Tiefe hat eine aufklärerische Selbstverständigung über die nationale Vergangenheit nirgends stattgefunden, weder in Japan noch in Italien (dort erleben wir unter der Berlusconi-Regierung gerade eine gespenstische Mussolini-Renaissance), um die beiden anderen Mächte der alten »Achse des Bösen« zu nennen. Die Debatte über die Errichtung des Holocaust-Mahnmals in Berlin hat jenseits der Symbolkraft dieses öffentlichen Sühneakts gezeigt, dass Deutschland ein vergleichsweise selbstkritisches Verhältnis zu seiner Geschichte im zwanzigsten Jahrhundert gewonnen hat. Diesen Befund zu ignorieren halte ich für den Ausdruck eines interessierten Vorurteils, hinter dem eine geschichtsphilosophische Obsession der besonderen Art stecken mag: den Nationalsozialismus zur schicksalhaften Erfüllung der deutschen Nation erklären zu wollen.

Karl Heinz Bohrer hat dennoch Unrecht mit seiner Behauptung (in seiner *Gadamer-Vorlesung* erhoben), die Fokussierung des historischen Gedächtnisses auf die »Naherinnerung« verstelle das, was er die »Fernerinnerung« an die Geschichte Deutschlands nennt. Im Gegenteil, erst die anhaltende Aufklärung über den Rückfall in die Barbarei hat Deutschland wieder in die Lage versetzt, ein Fernverhältnis zu seiner eigenen Geschichte zu gewinnen. Die Blickverengung, die er moniert – also die mentale Fixierung auf die Zeit des Nationalsozialismus –, wäre dann zu erwarten gewesen, wenn das historische Trauma im Untergrund der deutschen Seelenverfassung verkapselt, d. h. unbearbeitet geblieben wäre. Erst die eingehende Beschäftigung mit dieser Phase der deutschen Geschichte hat jene Traumabewältigung ermöglicht, die nun ihre – intellektuellen und emotionalen – kathartischen Wirkungen zeitigt. Nur deshalb kann Deutschland aus der Rolle der ewigen Täternation heraustreten, die nur Schuld zu sühnen hat.

Auf der anderen Seite steht die Linke tatsächlich in der Gefahr, den faschistischen Zivilisationsbruch zur geschichtsphilosophischen Erfüllung der deutschen Nationalgeschichte zu erklären, während der Rest zur reinen Vor- und Nachgeschichte zusammenschnurrt. Dieser Fixierung ist entgegenzuhalten: Auch das gescheiterte sozialistische Projekt – wenngleich im Gegensatz zum Faschismus aus den Traditionen der europäischen Aufklärung stammend – stellt in seiner totalitären Konsequenz einen verheerenden Zivilisationsbruch dar, der ohne Vorbild ist. Das historische Gedächtnis braucht deshalb nicht länger nach Opportunität zu selektieren. Für eine aufgeklärte Linke gibt es heute keinen Grund mehr, die Vertreibung den Rechten als Thema zu überlassen.

Das gemeinsame Verdrängte

Ende der Nachkriegszeit – oder: Überwindet die deutsche Psychoanalyse ihre institutionelle Spaltung?

Wurde die Psychoanalyse in Deutschland während des Nationalsozialismus liquidiert, wurde sie bloß verschüttet oder wurde sie gar – durch Anpassung nämlich – gerettet? Die umstrittenen Legenden, welche die Umwandlung einer »jüdischen« Wissenschaft in das makabre Projekt einer »deutschen Seelenheilkunde« unter der Herrschaft der faschistischen Diktatur umranken, lassen sich nicht aufklären, ohne das Instrumentarium der Psychoanalyse auf sie selbst als Institution anzuwenden. Nur eine systematische Selbstreflexion wäre nämlich in der Lage, die dynamischen Prozesse der Verleugnung, Spaltung und Projektion, der Verdrängung und Verschiebung bei dieser Legendenbildung zugänglich zu machen und in der Geschichtsschreibung der eigenen Zunft jene kollektiven Abwehrmechanismen zu entschlüsseln, welche die Psychoanalyse als therapeutisches Verfahren in der individuellen Lebensgeschichte eines Patienten aufzuspüren gewohnt ist. Auch der Familienroman der deutschen Psychoanalyse bedarf einer im historischen Sinne wahrhaftigen Rekonstruktion.

Das gilt insbesondere für die Aufklärung über die unbewussten Motive ihrer Spaltung in zwei konkurrierende Organisationen, welche hierzulande das Erbe der Psychoanalyse seit einem halben Jahrhundert verwalten. Meine Deutung lautet: Die umstandslose Neugründung der *Deutschen Psychoanalytischen Gesellschaft* (DPG) im Jahre 1946 diente ebenso wie die Abspaltung der *Deutschen Psychoanalytischen Vereinigung* (DPV) im Jahre 1950 einer Abwehr von Gefühle der Schuld und der Scham. Diese waren als Folge der Selbstgleichschaltung der Psychoanalyse im Nationalsozialismus entstanden, konnten aber nach dessen Zusammenbruch nicht zugelassen werden. Die heftige und immer noch anhaltende Auseinandersetzung beider Organisationen, die erbittert um die Treue zur Freudschen Lehre und um die Standards der psychoanalytischen Ausbildung streiten, trägt Züge einer affektiven Ersatzveranstaltung. Die der Sache selbst völlig unangemessenen feindseligen Affekte verdanken sich einer Wiederkehr des gemeinsam Verdrängten: der eigenen Verstrickung in die Barbarei.

Für die These, dass die Psychoanalyse nach 1933 gründlich vernichtet worden ist, lassen sich gewiss hinreichend Belege finden. Ernest Jones hat in seiner Freudbiographie (1962) den Begriff der »Liquidierung« gewählt, den er mit der 1933 beginnenden Flucht und Vertreibung der meist jüdischen Psychoanalytiker begründet. Einen Eindruck vermitteln einige Zahlen: Von 36 ordentlichen Mitgliedern des renommierten *Berliner Psychoanalytischen Instituts* hatten 1934 bereits 24 Deutschland verlassen, die Dozentenzahl war von 12 auf 2, die Hörerzahl von 164 (1932) auf 34 (1934), die der Ausbildungskandidaten im gleichen Zeitraum von 34 auf 18 zurückgegangen. Dass die 1910 gegründete *Deutsche Psychoanalytische Gesellschaft* auf ihrer Tagung im November 1935 selbst ihre jüdischen Mitglieder ausschloss, gehört freilich mit zur historischen Wahrheit. Ebenso wie die Tatsache, dass Jones, der dieser Tagung präsidierte, im Namen der *Internationalen Psychoanalytischen Vereinigung* (IPV) den folgenreichen Beschluss billigte – auch wenn den Ausgetretenen hinterher die direkte internationale Mitgliedschaft angeboten, zur Flucht verholfen und bei der beruflichen Niederlassung in den Emigrationsländern Unterstützung gewährt wurde.

Die schleichend beginnende Arisierung der DPG hatte die wenigen nicht-jüdischen Mitglieder zuvor schon in führende Positionen gebracht. Insbesondere Felix Böhm hatte seit 1933 versucht, den zum »*Geheimen Komitee*« um Freud gehörenden Juden Max Eitington gemäß den Nazi-Verordnungen über die Führung ärztlicher Vereinigungen aus dem Vorstand des (damals bedeutenden) *Berliner Psychoanalytischen Instituts* zu drängen und den Psychoanalytikern jüdischer Herkunft den »freiwilligen« Austritt nahe zu legen. Eitington emigrierte schon 1933 nach Palästina, und Böhm übernahm die Institutsleitung. Zusammen mit Carl Müller-Braunschweig rückte er auch in den Vorstand der DPG nach, der nach dem Rücktritt von Eitington und Ernst Simmel neu zu besetzen war. Beide betrieben dann die Anpassung der Psychoanalyse: Die unter ihrer Führung 1936 vollzogene Integration der DPG in das *Deutsche Institut für psychologische Forschung und Psychotherapie* bedeutete zugleich die Teilnahme am Programm einer *Deutschen Seelenheilkunde*. Auf dem Fundament der nationalsozialistischen Rassentheorie begründet und in seiner Zielsetzung offen antisemitisch hatte dieses sog. »*Reichsinstitut*« (*Göring-Institut*, von einem Vetter des Generalfeldmarschalls geleitet) die anfangs noch für sich bestehende DPG gleichgeschaltet. Konsequenter Weise hatte sie sich 1938 dann völlig aufgelöst

Die Lesart von der »Rettung« der Psychoanalyse als unvermeidliche »Konzession« an die Machthaber – wie sie Böhm und Müller-Braunschweig in späteren Berichten rechtfertigen – ist vor diesem historischen Hintergrund ein Mythos der besonderen Art. Dahinter verbirgt sich der nur allzu durchsichtige Versuch der Ehren-»Rettung« derer, die ihn verbreiten.

Gleichermaßen fragwürdig ist aber auch die Legende von der »Zerstörung« der Psychoanalyse, insbesondere dann, wenn sie von denen übernommen wurde, die während des Nationalsozialismus selbst noch die Unterwerfungspolitik angeführt hatten. Ausgerechnet Müller-Braunschweig, dessen dubiose Rolle bei der versuchten Übernahme der *Wiener Psychoanalytischen Vereinigung* und deren Liquidierung durch das *Deutsche Institut* nach der Annexion Österreichs bekannt ist, bediente sich später dieser Geschichtsklitterung. Die auf sein Betreiben abgespaltene DPV, deren erster Vorsitzender er wurde, konnte – mit der Aura einer unbelasteten Neugründung gegenüber der kontaminierten DPG versehen – die Mittäterschaft ihrer eigenen Führung beschweigen. Gleichzeitig sicherte das Treuebekenntnis zur Psychoanalyse Freuds der DPV die Rückkehr unter das Dach der *Internationalen Vereinigung*, während die Konkurrenzorganisation ausgeschlossen blieb, die man der Abweichung von der wahren Lehre anklagen konnte, weil sie mit der Neo-Analyse Harald Schultz-Henckes verbunden war. Die zugleich inhaltliche wie organisatorische Aufspaltung war jedenfalls geeignet, die innere Ambivalenz in der Haltung zur eigenen Geschichte zu externalisieren. Mit der DPG als Symbol für Kontinuität *und* Dissidenz und der DPV als Symbol für Bruch *und* Orthodoxie wurde ein janusartiger Doppelmythos bedient: der Mythos einer durch den Nationalsozialismus hindurch »geretteten« (aber revidierten) und dem Gegenmythos einer aus der Asche »neu erstandenen« (aber unverfälschten) Psychoanalyse.

Das zunächst bruchlose Anknüpfen nach dem faschistischen Zivilisationsbruch zeigte sich vor allem in der personellen Kontinuität bei den Gründungsfiguren. Es war derselbe Personenkreis, der nach dem Austritt der prominenten jüdischen Mitglieder bereits in der alten DPG eine führende Rolle gespielt und die fatale Anpassungsstrategie betrieben hatte. Hinweise, dass damals eine selbstkritische Beschäftigung mit der eigenen kontaminierten Vergangenheit stattgefunden hätte, gibt es nicht. Im Gegenteil, dieser Gruppe ging es um den raschen Wiederaufbau der Psychoanalyse und um die Sicherung ihrer Existenz im Deutschland der Nachkriegszeit. Darin wurde sie unterstützt durch die *Internationale Vereinigung*, zu der man nach dem Krieg sogleich Kontakt aufgenommen hatte. Die Psychoanalyse unterschied sich darin keineswegs von anderen Disziplinen wie etwa der Medizin, der Justiz, den Naturwissenschaften, die alle nicht im Verdacht stehen, ihre unheilvolle Beteiligung am nationalsozialistischen Projekt nach dessen gänzlichem Scheitern freiwillig aufgeklärt zu haben: Die Amnesie hatte die Anamnese ersetzt, was es den Tätern erleichterte, sich ihrerseits zu Opfern zu erklären.

Jener Führungskreis von Psychoanalytikern, der bereits die Gleichschaltung und Arisierung der Psychoanalyse zu verantworten hatte, war aber nicht nur bei der Neugründung der DPG dabei. Aus ihm rekrutierten sich auch die Protagonisten der späteren Spaltung. Auf der einen Seite Felix Böhm, Werner Kemper und Harald Schultz-Hencke, die in der DPG nach 1950 dominierten (Böhm blieb ihr Vorsitzender bis 1958, Schultz-Hencke lieferte das theoretische Fundament). Auf der anderen Seite Carl Müller-Braunschweig und Gerd Scheunert, auf deren Betreiben die DPV als Abspaltung entstand und die sie lange Jahre im Vorstand repräsentierten. Es ist nun diese »Gründungsstörung«, wie sie der Kasseler Psychoanalytiker Eugen Mahler – in Anspielung auf Michael Balints Konzept der Grundstörung – einmal genannt hat, welche die beiden seit 50 Jahren miteinander konkurrierenden und gegeneinander sich abgrenzenden Organisationen aneinander gebunden hat. Der verweigerte Blick auf die gemeinsame unrühmliche Vorgeschichte der Kollaboration bildet den Kern dieser Grundstörung, als deren Folge man die Chronifizierung ihrer organisatorischen Aufspaltung in zwei Gesellschaften verstehen kann. Hinter den erbitterten Kämpfen um psychoanalytische Positionen, Ausbildungsrichtlinien, Kassenregelungen usw. konnte die politische Entlastungsfunktion verschwinden, die der vereinspolitische Kleinkrieg zwischen ihnen über Jahrzehnte gruppendynamisch erfüllte. Das gemeinsam Verdrängte kehrte bloss in den wechselseitigen Projektionen wieder, die um die Frage kreisten, wer sich mit einer »reinen Weste« und der »richtigen Lehre« präsentieren konnte.

Erst Ende der siebziger und dann beschleunigt in den achtziger Jahren trugen verschiedene Ereignisse in rascher Folge dazu bei, dass die projektiven Zuschreibungen allmählich zurückgenommen werden konnten. Erstens hatte im Jahr 1977 der Kongress der IPV in Jerusalem die von der DPV ausgesprochene Einladung nach Deutschland nach einer erregten Debatte mit dem Hinweis auf die verleugnete Nazivergangenheit abgelehnt. Zweitens hatte im Jahr 1980 eine Tagung in Bamberg die Rolle der Psychoanalyse im faschistischen Deutschland kritisch beleuchtet und Psychoanalytiker der Nachkriegsgeneration zu Forschungen angeregt. Drittens hatte die Zeitschrift PSYCHE im Jahr 1983 eine Schrift von Müller-Braunschweig aus dem Jahre 1933 (!) zugänglich gemacht, in welcher der in der DPV idealisierte Gründungsvorsitzende nationalsozialistische Auffassungen vertreten hatte. Die Enthüllung der NSDAP-Mitgliedschaft seines Mitstreiters und Nachfolgers im DPV-Vorsitz, Scheunert, führte viertens zu heftigen Eruptionen, die am Ende aber in ein realistischeres Selbstbild der DPV mündeten. Und fünftens schließlich machte der Kongress der IPV im Jahre 1985, der zum ersten Mal nach dem 2. Weltkrieg in Deutschland stattfand, die Gleichschaltung der Psychoanalyse während des Faschismus zum Thema einer intensiven historischen Selbstreflexion.

Als eine lange Zeit unbegriffene – und eben deshalb umso nachhaltigere – Erbschaft dieser Geschichte hat sich die seit einem halben Jahrhundert bestehende institutionelle Spaltung der deutschen Psychoanalyse erwiesen. Ihre (partielle) Aufhebung, die ein Ende der Nachkriegszeit signalisieren mag, stand auf der Tagesordnung der *Internationalen Vereinigung*, die 2001 in Nizza zu ihrem 42. Kongress zusammentrat. Dort kehrte die DPG – freilich unter Auflagen – auf einen Platz unter das gemeinsame Dach zurück, der ihr auf dem Amsterdamer Kongress 1951 verweigert und bloß der DPV gewährt worden war. Dem erfolgreichen Wiederaufnahmeantrag war ein mehrjähriger, vom scheidenden IPV-Präsidenten Otto F. Kernberg moderierter Diskussionsprozess vorausgegangen, der am Ende sein Ziel erreichte.

Was macht diesen Vorgang, der doch der organisatorischen Innenwelt der Psychoanalyse zu entstammen scheint, für die Außenwelt so interessant? Vielleicht die Hoffnung, dass die Wissenschaft vom Unbewussten ihre einstigen Züge einer hermetisch abgeschlossenen Geheimgesellschaft abzulegen beginnt und sich in ihrer notorischen Krise um Öffnung und Neuorientierung bemüht. Es muss freilich zu denken geben, dass die psychoanalytische Forschung zur deutschen Nazivergangenheit öffentlich mit dem Namen Alexander Mitscherlich verbunden bleiben wird – der in der psychoanalytischen Organisationswelt den Status eines Außenseiters hatte.

III.

Gewalt, Terror, Krieg – Überhitzungen im Glutofen der globalisierten Intimität

Als am 11. September 2001 die islamistischen Gotteskrieger in New York und Washington ein welthistorisches Beispiel mörderisch-selbstmörderischer Zerstörungsbereitschaft lieferten, meinten wir in den Abgrund der menschlichen Seele zu blicken, wo das »heilige Verbrechen« letztlich ausgebrütet worden war. In der Folge avancierte das Böse in der westlichen Öffentlichkeit zu einer Metapher, die nicht nur die Ungeheuerlichkeit des Angriffs aus einer fremden Welt markieren, sondern auch den radikalen Charakter des Gegenangriffs unterstreichen sollte: Die Dämonisierung des Feindes diente der Ankündigung seiner Vernichtung. Bezeichnend allerdings, dass im asymmetrischen »Krieg gegen den Terror« auch die andere Seite den »Kampf des Guten gegen das Böse« zu führen beanspruchte. Nur galt aus Sicht des fundamentalistischen Islam seine apokalyptische Attacke dem »Satan USA«, der als Führungsmacht eines moralisch verderbten Westens den eigentlichen Teufel verkörperte. Djihad gegen Kreuzzug – das Böse, und mit ihm das Gute, war jedenfalls wieder in der Welt.

Selbst unter Intellektuellen wurde eine Kategorie reanimiert, die doch aus den säkularisierten Diskursen einer aufgeklärten Welt längst verbannt und in die Dunkelkammern der Vormoderne eingesperrt schien. Hans Magnus Enzensberger, zum Beispiel, verglich in einem tiefendiagnostischen Parforce-Ritt die Triebstruktur des Selbstmordattentäters mit der des mordenden Skinhead, des todessüchtigen Junkies, des psychopathischen Highschool-shooters. In der wütenden Agonie des Islamismus wollte er eine historische Tendenz zur Selbstvernichtung erkennen, die auch im Verfallsprozess westlicher Gesellschaften am Werk sei: den Todestrieb im universellen Maßstab. Zeigt sich im religiösen Furor also das Magma einer brodelnden menschlichen Natur? Lässt sich das Erfurter Schulmassaker – ebenso wie seine zahlreichen Vorbilder in den USA – als besinnungsloser Amoklauf verstehen, an dem Verstehen und Einfühlung scheitern müssen? Ist das lustvolle Töten auf offener Bühne (»rampage-killing«) bloß Ausdruck einer Ur-Destruktivität, einer barbarischen »Gewalt ohne Motiv«, welche immer schon unter dem dünnen Firnis der Zivilisation lauert und jetzt endlich als Emanation des Bösen identifiziert werden kann?

Die Globalisierung hat neue Formen der Gewalt hervorgebracht. Sie verdanken sich einem rasanten Zusammenwachsen der Welt, das die

Menschen zwar einander näher bringt, aber gerade deshalb auch latente Differenzen verschärft, traditionelle Feindschaften wieder aufleben lässt, neue Spannungen zwischen ihnen erzeugt – und so dafür sorgt, dass wieder ausreichende Entfernungen voneinander entstehen. Nähe bietet einerseits die Chance zum einfühlenden Verständnis, zum kreativen Austausch, zur gegenseitigen Wertschätzung. Auf der anderen Seite evoziert sie – wenn nämlich Anerkennungsbeziehungen misslingen und stattdessen Verhältnisse der Missachtung und Demütigung herrschen – die Bereitschaft, Konflikte gewaltsam auszutragen. Auf diese Weise entsteht paradoxer Weise die nötige Distanz. Der globalisierte Terrorismus islamistischer Provenienz bringt diese archaische Dialektik von Nähe und Distanz im Weltmaßstab zum Ausdruck.

Der mit terroristischen Mitteln kämpfende Islamismus verkörpert politisch die Antithese zur liberalen Demokratie. Als totalitäres Projekt verfügt er freilich nicht nur über einen ideologischen Überbau (der homogen verfasste Gottesstaat, die religiös begründete Gesellschaft, die Ablehnung bürgerlicher Freiheiten), sondern auch über einen mentalen Unterbau. Dieser korrespondiert freilich mit der sozialen Realität in den Herkunftsländern des Terrors und weist Spuren einer interkulturellen Kränkung auf. Diesen hochvirulenten Unterbau auch mit den Mitteln einer relationale Psychoanalyse zu ergründen, ist das Ziel der folgenden Beiträge. Sie versuchen, insbesondere jenen Vernetzungen in der Innenwelt der Akteure nachzuforschen, die durch Phantasien über ihre Gegner entstehen. Das gilt allerdings für die Innenwelt auf beiden Seiten, also nicht nur für die Phantasmagorie des Islamismus, sondern auch für den mentalen Unterbau der anderen Seite, wenn sie ihren sogenannten »Krieg gegen den Terror« führt.

Die unmittelbar ereignisbezogenen Beiträge sind in der Woche nach dem 11. September 2001, während des Afghanistankrieges und zum ersten Jahrestag des monströsen Terrorakts erschienen. Sie werden durch zwei weitere Beiträge gerahmt, die ich gemeinsam mit Daniel Cohn-Bendit veröffentlicht habe. Der erste befasst sich mit den jugendlichen Globalisierungskritikern, er ist wenige Wochen vor den Angriffen auf New York und Washington geschrieben, im Anschluss an die Randale beim G8-Treffen in Genua. Der zweite setzt sich mit der Rolle Europas im neuen Glaubenskrieg auseinander, darin befassen wir uns kritisch mit den Zügen religiöser Gewissheit auch

im linken Weltbild, das durch die totalitäre Herausforderung zwar erschüt-
tert ist, zugleich aber Entschuldigungen für den Terrorismus bereithält.
Einleiten will ich aber mit einem Text, der sich psychoanalytisch mit der
Herkunft des »Bösen« befasst und metapsychologisch den zwischenmensch-
lichen Charakter menschlicher Destruktivität betont.

Nähe, Entgrenzung, Vernichtung

Ein Paradigmenwechsel im psychoanalytischen Diskurs über das Böse

Triebregungen seien »an sich weder gut noch böse«, befindet Sigmund Freud in *Zeitgemäßes über Krieg und Tod* (1915), die Zuschreibung ergebe sich erst aus den »Bedürfnissen und Anforderungen der menschlichen Gemeinschaft«. In *Das Unbehagen in der Kultur* (1930) führt er die »unleugbare Existenz des Bösen« zwar auf eine »angeborene Neigung des Menschen« zurück, unterstellt aber »fremden Einfluss«, der »bestimmt, was Gut und Böse heißen soll«. Wenn sich also die »angeborene Neigung« – in Freuds Todestriebkonzept eine anthropologische Universalie – mit den Kontingenzen sozialer Attribuierung arrangieren muss, wie lässt sich dann das Böse psychoanalytisch präzise noch fassen? Eine zeitgenössische Illustration für die von Freud hervorgehobene gesellschaftliche Definitionsmacht bei der Identifizierung des Bösen bietet die Renaissance eines manichäischen Weltbildes, die nach dem 11. September 2001 eingesetzt hat. Dieses Jahrhundertereignis liefert zugleich Material für eine intersubjektive Theorie menschlicher Destruktivität, wie sie sich im Gegenwartsdiskurs der Psychoanalyse abzeichnet.

Freud hatte bekanntlich in *Jenseits des Lustprinzips* (1920) seine befremdliche Hypothese vom Todestrieb entwickelt, welcher, einem »Nirwanaprinzip« gehorchend, die Rückkehr des Organismus in den ursprünglichen Zustand des Anorganischen bewerkstelligen sollte. Die Vorstellung einer dem biologischen Substrat eingeschriebenen Tendenz zur Selbstvernichtung – denn *Auto*aggression ist das Wesen des Todestriebs, die im Falle der *Fremd*aggression lediglich projiziert, also nach außen gerichtet wird – erschien den meisten Psychoanalytikern unheimlich. Zu eng schmiegte sie sich an jene Naturmythologie an, die eine der Aufklärung verpflichtete Psychoanalyse gerade dekonstruieren wollte. Im Zuge einer Entmythologisierung der Triebtheorie wurde die Aggression schließlich als evolutionär herausgebildete Verhaltensbereitschaft verstanden, die ihren Zweck im Dienste von Selbsterhaltung und Umweltanpassung erfüllt. Woher aber dann die maligne Aggression, wenn sie nicht mehr endogener Natur sein soll? Die klassische Gegenthese ihrer exogenen Entstehung im Sinne eines reinen Reiz-Reaktionsschemas konnte

121

psychoanalytisch jedenfalls nicht befriedigen. Zumal die grausamen Exzesse menschlicher Vernichtungswut in der Tierwelt unbekannt sind und sich nicht zum »sogenannten Bösen« (Konrad Lorenz) verharmlosen lassen.

Der zeitgenössische Diskurs einer inzwischen pluralisierten Psychoanalyse widmet sich gerade der Überwindung dieser ebenso klassischen wie schlichten Fragestellung, ob nämlich die bösartige Aggression des Homo sapiens dem Inneren des Trieblebens entstammt oder als Antwort auf äußere Frustrationen entsteht. Jenseits der obsoleten Alternative von *innen* oder *außen* wird inzwischen eine »dritte«, eine relationale Perspektive eingenommen, welche die reflexive Beziehung *zwischen* den Beteiligten – von unbewussten Übertragungen freilich mitgeprägt – in den Blick nimmt: Die gattungsspezifische Destruktivität wurzelt in Verhältnissen der Intersubjektivität. Hier zeichnet sich ein Paradigmenwechsel ab, der eine Verabschiedung monadologischer Aggressionskonzepte mit sich bringt und das prekäre Verhältnis von Selbst und Anderem neu bestimmt. Der auf Vernichtung zielende Zerstörungsakt entsteht demnach in einem Zwischenraum, einem Raum, in dem Individuen, Gruppen oder ganze Kulturen sich *aufeinander* beziehen, etwas *miteinander* austragen, *aneinander* gebunden sind – und gerade deshalb umso empfindlicher für Kränkungen sind.

Es ist empirisch gut belegt, dass an Wochenenden und Feiertagen mit der Heftigkeit von Familienauseinandersetzungen auch die Zahl psychiatrischer Aufnahmen ansteigt, dass Kindesmisshandlung und Vergewaltigung in der Ehe auf der Rangliste der Gewalttaten ganz oben stehen, dass bei vielen Mord- und Totschlagsdelikten Täter und Opfer aus dem gleichen Umfeld stammen. Kein Zufall auch, dass die grausamsten ethnischen Verfolgungen sich zwischen benachbarten und eng verwandten Bevölkerungsgruppen ereignen. Freud hat das einmal den »Narzissmus der kleinen Differenzen« genannt: Je näher man sich kommt, desto stärker wächst ein Fundus enttäuschter Glückserwartungen, uneingelöster Beziehungsansprüche und verletzter Selbstwertgefühle, bis auf der narzisstischen Dimension die tiefste Kränkung des Selbst in die äußerste Wut auf den Anderen (oder in Autoaggression) umschlägt. Es sind gerade Umstände intimer Verwicklung, nicht solche der Fremdheit, unter denen die Kommunikation entgleist und in jene fatale Sprachverwirrung mündet, die der bösartigen Gewalt in aller Regel vorausgeht.

Das fragwürdige Gattungsprivileg, so kann man die neueren Ansätze zusammenfassen, hat seinen Ursprung also in überstrapazierten Interaktionsstrukturen. Individuell entsteht die destruktive Aggression zum Beispiel im Rahmen einer problematischen Mutter-Kind-Beziehung, einer verzerrten Familienkommunikation, einer eskalierenden Partnerschaftskrise. Auf der kollektiven Ebene entspringt sie einer affektiv-moralisch aufgeladen Gruppenspannung, die sich entlädt, einem sozio-ökonomisch, religiös-kulturell oder politisch-weltanschaulich begründeten Konflikt, der unlösbar und nicht mehr verhandelbar scheint. Das Böse ist Ergebnis einer schließlich zusammenbrechenden Kommunikation. Aber selbst ihr Zusammenbruch enthält noch Botschaften, die keineswegs uneinfühlbar sind, sondern szenisch verstanden werden können. Es geht dabei um intersubjektive Formen der Selbstfindung und Selbstbehauptung, um das Verhältnis von Macht und Ohnmacht, um reziproke Anerkennung und ihre Verweigerung. Gewalt »spricht« unbewusst eben doch: Sie signalisiert die Entgrenzung des Selbst und die Zerstörung des Anderen, der im doppelten Sinne »entfernt«, nämlich durch Vernichtung distanziert werden muss (auch die Verschmelzung bedeutet im psychoanalytischen Sinne eine Vernichtung des Objekts als Gegenüber).

Die Grundlagen einer solchen Objektbeziehungstheorie der Destruktivität hat Donald Winnicott mit seiner Konzeption einer intersubjektiven Genese des Subjekts bereitgestellt. Er nimmt einen Übergangsraum (»potential space«) zwischen Subjekt und Objekt an, der – weil er Entgrenzungserfahrungen erlaubt – nicht nur für Spiel und Kreativität, sondern auch für Zerstörungsphantasien offen ist. Ursprünglich ist dieser Raum von der narzisstischen Fiktion des hilflosen Säuglings gefüllt, er könne über die Mutter verfügen. Durch ihr einfühlsames Verhalten wird diese Illusion zunächst bestätigt, im Zuge unvermeidlicher Frustrationen aber schließlich enttäuscht. Während der Säugling seine Allmachtsvorstellung nun zu retten versucht, indem er die Mutter angreift und »zerstören« will, muss diese, wenn sie »gut genug« ist, sich als »unzerstörbar« erweisen und den Angriff überleben. Im gekonnten Wechselspiel von mütterlicher Einfühlung und Versagung entdeckt das Kind eine widerständige, von ihm unabhängige Realität, auf die es seinerseits angewiesen ist, an der es aber wachsen und flexible Grenzen aufbauen kann. Der frühkindlichen Aggression kommt also eine Wirklichkeit herstellende und zugleich selbstkonstituierende Funktion zu. Paradoxer Weise erlangt das entstehende Selbst gerade dadurch Autonomie, dass es im Scheitern der Attacke seine kränkende Abhängigkeit vom Anderen anerkennt. Um aber diese Entwicklungsleistung zu erbringen, muss es sich seinerseits als eigenes Wesen anerkannt fühlen: erst die Reziprozität der Anerkennung lässt den Prozess der Identitätsbildung gelingen.

Diese aus der psychoanalytischen Erforschung der Mutter-Kind-Dyade gewonnenen Einsichten über Ursprung und Funktion der Aggression lassen sich nun für das strukturelle Verständnis menschlicher Destruktivität im Allgemeinen heranziehen. Das Selbst verletzt die Grenzen zum Anderen, auf den es doch angewiesen ist, um sich seiner eigenen Größe, Mächtigkeit und Unabhängigkeit illusionär zu vergewissern – die narzisstische Verleugnung einer unerträglichen Abhängigkeit ist die eigentliche Quelle des Bösen, die physische Vernichtung des Objekts die protosymbolische Antwort auf eine Kränkung, die psychisch nicht repräsentiert werden kann. Eine »Mentalisierungsstörung« nennt der englische Psychoanalytiker und Bindungsforscher Peter Fonagy diesen Defekt, der dem destruktiven Agieren zugrundeliegt. André Green, der Doyen der französischen Analyse, spricht vom »negativen Narzissmus« und sieht todestriebähnliche Kräfte der Entbindung am Werk, die sich des Objekts völlig entledigen wollen. Aber, muss man hinzufügen, dieser *Entbindungs*versuch beruht auf einer intimen *Verbindung*, er richtet sich gegen ein gefährlich nahe gerücktes Objekt, mit dem ein elementarer Anerkennungskonflikt besteht.

Auf dieser metapsychologischen Folie könnte man auch die Globalisierung als Nähe- und Anerkennungsproblem begreifen. Weil sich im psychosozialen Kosmos Selbst-, Fremd- und Weltdeutungen nicht unabhängig voneinander bilden, weil hier Interessen konfligieren, verschachtelte Identitätskonstruktionen ins Wanken geraten und Idiosynkrasien sich als unverträglich erweisen können, gerät das immer enger geknüpfte Netz symbolisch vermittelter Interaktion auch im universellen Maßstab an eine Belastungsgrenze. Mit anderen Worten: Das rasante Zusammenrücken der Menschen schürt die Spannungen untereinander. Der Glutofen einer globalisierten Intimität, so die These, gebiert mit der Nötigung zur wechselseitigen Anerkennung auch die totalitäre Kraft der Negation, die jede Differenz auslöschen und Unterschiedslosigkeit herstellen muss. Intersubjektiv, interreligiös oder interkulturell kontaminiert wäre das Böse nicht drinnen und nicht draußen, nicht unter oder über, sondern zwischen uns – und am Ende nur wirklich zu bannen, wenn eine selbstreflexive Distanz die Frage zuließe: Wer bin ich für den Anderen, und wer ist er für mich?

Genua und die Randale

Im Windschatten der Globalisierungskritik wächst eine neue politische Generation heran

(gemeinsam mit Daniel Cohn-Bendit)

Denen, die Realpolitik und Opportunismus immer schon für dasselbe gehalten haben, gilt die politische Biografie von Joschka Fischer geradezu als Beleg für ihre Auffassung: Wirkliche Macht verderbe den Charakter, sie fordere und fördere bloß die Anpassung an die herrschenden Verhältnisse – Veränderungen seien nur von außen oder von unten, als Widerstand und durch den Aufbau von Gegenmacht zu erreichen. Wenn der grüne Frontmann den jugendlichen und weniger jugendlichen Kritikern der Globalisierung nun – nach Genua – einen »abgestandenen Linksradikalismus« bescheinigt, sehen sich die Angesprochenen bloß in ihrem einschlägigen Verdacht gegen den realpolitischen Kurs der Grünen bestätigt. So erkennt man sich gegenseitig und redet doch scharf aneinander vorbei. Ein Gespräch kommt auf diese Weise nicht zustande.

Gewiss, unter den Globalisierungsgegnern gibt es eine Gruppe, die – der Tradition linksradikalen Denkens verpflichtet – in der Polizei immer noch den Büttel des Kapitals bekämpfen, im bürgerlichen Staat immer noch die Agentur der herrschenden Klasse erkennen und auf den Treffen der Industrienationen immer noch dem Imperialismus seine Maske vom Gesicht reißen wollen. Aber es ist eine Minderheit, die mit der Klassenfeindschaft auch den Hass wieder aufleben lässt, der in den siebziger Jahren zwischen den Fronten herrschte. Es sind wenige, welche die Plünderung von Geschäften, das Abfackeln von Autos oder den Angriff auf ein Polizeifahrzeug für ein Fanal des Widerstands der Entrechteten, Ausgebeuteten und Unterdrückten halten. Die religiöse Überzeugung (die einmal dem Exorzissmus der *RAF* zugrunde lag), man müsse der globalen Verschwörung des Bösen die Internationale der revolutionären Gewalt entgegensetzen, und der gute Zweck heilige jedes Mittel – Reste dieser Weltsicht haben lediglich bei den Autonomen des schwarzen Blocks überlebt, deren Auftreten freilich besonders medienträchtig ist.

Deren manichäisches Weltbild erhält allerdings Nahrung, wenn der demokratische Staat so handelt, als sei ihm jedes Mittel zur Aufrechterhaltung der öffentlichen Ordnung recht. Sein Gewaltmonopol, dessen Anerkennung uns bekanntlich nicht in die Wiege gelegt wird, basiert auf Prinzipien der Rechtsförmigkeit und Verhältnismäßigkeit bei der Wahl der eingesetzten Zwangsmittel. Was von den Genueser Vorgängen ans Licht der Öffentlichkeit gedrungen ist, rechtfertigt das schlimme Wort von den »chilenischen Verhältnissen«, das die italienische Opposition verwendet. Nicht weil Italien unter Berlusconi ein kryptofaschistisches Land wäre, sondern weil die aus einer Mentalität der Revanche geborenen Übergriffe der Polizei Angriffe auf die Demokratie selbst sind. Vandalismus, gezielte Körperverletzungen bis hin zu sadistischen Praktiken bei Festnahme, Verhör und Haftgestaltung, die zynische Verweigerung von medizinischer Hilfe und Anwaltsvertretung – falls sich der verheerende Verdacht bestätigen sollte, all das sei von der Polizeiführung angeordnet oder gar aus dem italienischen Innenministerium gesteuert worden, dann muss in einem demokratischen Europa eine politische Debatte geführt werden.

Blankes Unverständnis für Demonstrationen gegen die umstrittenen Folgen der Globalisierung aber gießt Wasser auf die Mühlen eines sozialkritischen Fundamentalismus, der entweder in die Indifferenz der Politikverdrossenheit mündet oder in einen verzweifelten Radikalismus der Tat. Die neue Jugendrebellion ist keineswegs jene Wiedergängerin der eigenen linksradikalen Vergangenheit, die so mancher ehemalige Straßenkämpfer in ihr gerne sehen würde. Ihr Protest richtet sich gegen einen undurchsichtigen Prozess der Globalisierung, der unter der Fahne einer neoliberal entfesselten Ökonomie zwar auch etliche Entwicklungsländer profitieren lässt, indem er sie in den Weltmarkt reißt, aber durch die ungleichen Regeln der internationalen Konkurrenz zugleich neue Armut erzeugt. Seattle, Göteborg oder Genua sind symbolische Orte, wo man der abstrakten Bedrohung konkret zu begegnen und im Zusammenschluss gegen das Auftreten der Reichen und Mächtigen sich Gehör zu verschaffen hofft: mit der vehementen Forderung nach globaler Gerechtigkeit. Diese Bewegung mit dem Vorwurf politischer Naivität oder radikaler Vorgestrigkeit zu diskreditieren ist realpolitisch verkleideter Opportunismus, der aber die Zustimmung nicht finden wird, auf die er spekuliert.

Die Kritik am rasanten Tempo, an den fragwürdigen Begleitumständen und negativen Wirkungen der Globalisierung ist durchaus populär. Die nachgeschobene Idee von Claudia Roth, die sog. Tobin-Steuer auf Spekulationsgewinne aus Finanztransaktionen noch als Forderung ins Grundsatzprogramm der Grünen zu hieven, konnte den Flurschaden nicht beheben, den Joschka Fischer vor laufender Kamera angerichtet hatte. Das zerknirschte Hinterhertraben hilft einer Partei wenig, die einmal zurecht Avantgardefunktion für sich beansprucht hat. Es verweist eher auf einen generellen Ideenmangel in der politischen Programmatik der Grünen, der auch durch das sozialphilosophische Lektorat Axel Honneths nicht ausgeglichen wird. Wo hört man die richtungsweisenden Stimmen der Grünen in der allfälligen Bildungsdiskussion, im Diskurs über die Kommunikations- und Mediengesellschaft, in der Großdebatte zur Biotechnologie (außer von Andrea Fischer)? Die Vorarbeiten der grünen Europafraktion zu den kritischen Fragen der Globalisierung werden in Berlin nicht wahrgenommen.

Wegen dieser Unklarheit des eigenen Profils hat die Partei ersichtliche Akzeptanzprobleme. Drei Gründe lassen sich zumindest nennen: Erstens hat sie – betriebsblind im politischen Alltagsgeschäft – den Kontakt zu den Intellektuellen abreißen lassen, ohne deren Potential und Multiplikator-funktion zukunftsträchtige Positionen in Zeiten der Unübersichtlichkeit schwerlich entwickelt werden können. Zweitens hat sie – nach innen Mitläufertum, Postengeschacher und Vereinsmeierei prämierend – eine provinzielle Organisationskultur gezüchtet, welche die kritische Jugend abschreckt. Und drittens hat sie – mit der Kontaminierung von Realpoli-tik durch Opportunismus – einen Teil ihrer moralischen Glaubwürdigkeit eingebüßt, auf die sie nicht ungestraft verzichten kann: Zu schwierigen Fragen vornehm zu schweigen, entsprang schon im Parteispendenskan-dal, der in seinem korruptiven Kern systematischer Verfassungsbruch war, keineswegs den Zwängen einer realpolitischen Vernunft, die etwa im Interesse der Sache kluge Zurückhaltung erfordert hätte.

Aus allen drei Gründen will die grüne Partei nicht erkennen, dass in den undurchsichtigen Verhältnissen einer globalisierten Welt eine politisch sensible, intellektuell anspruchsvolle und kosmopolitisch denkende Jugend nachwächst, deren feines Gespür für Ungerechtigkeit nach überzeugenden Zielen und deren ungebrochenes Engagement nach parlamentarischer

Repräsentation verlangt – bei allen Überschüssen adoleszenter Wucht und den unvermeidlichen Wirrungen der Identitätssuche, wie sie mitunter auch im Bedürfnis nach Randale zum Ausdruck kommt. Dieser Erkenntnis sollte sich eine Partei aber stellen können, die selbst, freilich eine Generation früher, aus einer moralisch ebenso radikalen wie militanten Protestbewegung entstanden ist.

Tödliche Kränkungen

Der Terror und die Renaissance zweier Welten

Auch wenn die warnenden Stimmen der Vernunft noch hörbar sind: Kriegsstimmung liegt in der Luft. Während sich in New York in die Staubwolken und Rauchschwaden nun auch der Leichengeruch mischt, der aus den Bautrümmern in Süd-Manhattan über die Stadt zieht, wird in Washington der Gegenangriff vorbereitet. Die Anzeichen häufen sich, dass es kein aus Rachegefühlen geborener Vergeltungsschlag sein wird, sondern ein von diplomatischen Bemühungen und ökonomischem Druck flankierter, möglicherweise lange anhaltender Feldzug. Zu seiner psychologischen Vorbereitung gehört eine öffentliche Sprachregelung, die aus dem barbarischen Terrorangriff auf die beiden Metropolen der USA mehr als eine Kriegserklärung an die Zivilisation macht – diese könnte schließlich nur mit den zivilisierten Mitteln des Rechtsstaats und im Rahmen des Völkerrechts unter dem Titel der Selbstverteidigung beantwortet werden –, wir haben vielmehr einen Angriff des Bösen auf das Gute miterlebt. Da das Partisanentum des Schreckens offenbar nicht mit Flugabwehr und Raketenschild von den eigenen Grenzen abgehalten werden kann, muss man den Terror an seinen entfernten Geburtsorten aufspüren, um ihn dort samt seinen Geburtshelfern auszulöschen.

Aber nicht nur Politik und Militär folgen dieser Logik des Exorzissmus. Josef Joffe *(DIE ZEIT)* nennt den monströsen Terror das Böse »an sich«, das zu verstehen immer schon auf seine Exkulpation hinauslaufe, und fordert seine Vernichtung. Thomas Schmid *(FAZ)* erklärt es gar zur »Erbsünde«. Michael Rutschky *(FR)* spricht gespenstisch von der »Formlosigkeit des Bösen«, als ob es sich um eine glitschige Masse aus einem Horrorfilm handele, um eine amorphe Sendung aus dem Jenseits. Die Dämonisierung des unsichtbaren Feindes, der sich irgendwo in der islamischen Welt versteckt hält, ist mit der Wiederbelebung eines manichäischen Weltbildes verbunden, dessen Suggestion sich kaum noch jemand entziehen kann. Wir sind Zeugen einer Renaissance der Zweiweltentheorie, an der wir als Interpreten zugleich mitarbeiten: Islam gegen jüdisch-christliche Welt, Morgenland gegen Abendland, Gottesstaat gegen westliche Demokratie, Finsternis gegen Aufklärung, die

Vor- und Gegenmoderne gegen eine mit ihrem postmodernen Ziehkind wiedervereinigte Moderne.

Die Form, in der solche bis zur Unversöhnlichkeit moralisch aufgeladenen Gegensätze ausgetragen werden, ist der Krieg, der zunächst in der semantischen Arena ausgetragen wird. Nichts wird mehr so sein, wie es war, lautet die unheilschwangere Verkündung. Die Zeitenwende, die nun überall beschworen wird, sie besteht vor allem in der kognitiven Entdifferenzierung einer komplexen Welt. Es ist kein Zufall, dass Huntingtons *The Clash of Civilisations (1997)* so häufig zitiert wird. Der Politikwissenschaftler hatte die griffige These aufgestellt, es sei im 21. Jahrhundert der Kampf der Kulturen, der zu Kriegen führe, nachdem es im 20. Jahrhundert die großen Ideologien und im 19. die Konflikte zwischen den Nationen gewesen seien. Dieses Buchs erhält nun die fatale Rolle einer geschichtsphilosophischen Prophezeiung, eines Manuals gar, in dem sich nachlesen lässt, wie wir die gegenwärtige Katastrophe zu sehen haben.

Aber solche glatten Analysen müssen sich sperren gegen die Beobachtung, dass sich mit der rasanten Globalisierung die Risse zunächst innerhalb der Kulturen auftun, wo sie zu gefährlichen Kulturbrüchen zu werden drohen, bevor sie nach außen getragen werden. Der militante Islamismus, ist er nicht eine Antwort auf Verwestlichungstendenzen im islamischen Kulturkreis selbst? Die atavistische »Gewalt ohne Motiv« gehört sie nicht zur gesellschaftlichen Realität innerhalb der entwickelten Demokratien? Dass es neben dem islamischen auch einen jüdischen Fundamentalismus gibt, der mit terroristischen Mitteln und einer aggressiven Siedlungspolitik den Friedensprozess torpediert hat, wer könnte das übersehen? Und der christliche Fundamentalismus: Würden die religiösen Eiferer in den USA nicht am liebsten die Spielhölle Las Vegas oder das Sündenbabel San Francisco mit Feuer und Schwert vernichten, wenn sie könnten, und – man wagt es kaum zu sagen – auch die Geldtempel in New York in Schutt und Asche legen? Gegenüber den ambivalenten Zumutungen einer zusammenwachsenden und doch mehrfach gespaltenen Welt haben freilich einfache Polarisierungen bessere Aussichten auf Rezeption. Der verheerende Terrorangriff auf New York und Washington verleiht dieser Neigung zur Retrogression auf dichotome Weltbilder einen gewaltigen Schub.

Das kann schon deshalb nicht verwundern, weil eine klare Gegenüberstellung in einer dramatisch angespannten Atmosphäre immer entlastend wirkt. Es entlastet vom Gefühl der diffusen Bedrohung, wenn der unsichtbare Feind auf einmal konkret wird und einen Namen bekommt. Es entlastet zu wissen, mit wem man es zu tun hat, nachdem man so heimtückisch angegriffen worden ist. Es entlastet schließlich, mit klarem Ziel selbst anzugreifen, nachdem das Urvertrauen in die eigene Unangreifbarkeit verloren gegangen ist. Hier sind elementare Mechanismen des psychologischen Selbstschutzes am Werk, die auch auf kollektiver Ebene funktionieren. Unter dem Schock der fürchterlichen Bilder vom Inferno bleibt der distanzierenden Vernunft wenig Raum. Bei der affektiven Mischung aus panischer Angst, unfassbarer Trauer und ohnmächtiger Wut arbeitet auch unser Verstand anders als in ruhigen Zeiten, und wir entdecken Einstellungen, die uns vorher fremd waren. Dass er auf Krieg hofft, gesteht unter der Überschrift ›Die Stunde der raren Empfindung‹ (FAZ) der Germanist und Stanford-Professor Hans-Ulrich Gumbrecht, der gerade erst die amerikanische Staatsbürgerschaft angenommen hat. Er bekennt sich zu überwältigenden Gefühlen des Patriotismus, der nationalen Scham und der Rache (»die selbstironisch Wallungen zu nennen ich mir verbieten muss«) und ist nur »wenig beunruhigt ..., aus der in Jahrzehnten eingeübten Selbstdistanz des Intellektuellen herauszutreten«.

Die These vom ersten postmodernen Krieg, der zwar ohne Gesicht und Bekennerschaft der Angreifer erklärt, aber vor allem um Identität ausgetragen wird, hat einiges für sich. Der Zeitpunkt des barbarischen Angriffs sicherte weltweit ein Maximum an medialer Aufmerksamkeit. Die signifikanten Ziele, Monumentalbauten der fremden Macht, waren zweifellos nach Kriterien der symbolischen Ordnung ausgewählt. Aber auch die operative Durchführung steckte voller bedeutsamer Botschaften: Eine logistisch enorm komplizierte Aktion auf dem Boden des Feindes mittels primitivster Waffen; die synchrone Kaperung von gleich vier Flugzeugen us-amerikanischer Linien; ihre Umwandlung aus Edelprodukten der Hochtechnologie in tonnenschwere Bomben – mit der in megalomane Dimensionen gesteigerten Attitüde des Überzeugungstäters wurde die Bereitschaft demonstriert, in vollkommener Hingabe an die religiöse Sache das eigene Leben zu opfern. Und weckte der Einsturz der beiden Türme des WorldTradeCenters nicht eine Erinnerung an die riesigen Buddhastatuen, die vom Talibanregime als Zeugnisse einer verhassten Kultur der Ungläubigen gesprengt worden waren?

Das Welthandelszentrum ein aufgetürmter Trümmerhaufen, das Pentagon schwer angeschlagen, das Weiße Haus geräumt, der Präsident auf der Flucht, die US-Regierung im atombombensicheren Bunker in Nebraska, die Bevölkerung in Chaos und Schrecken – umfassender konnte eine Supermacht vor den Augen der Welt nicht gedemütigt werden. Und man darf annehmen, dass genau diese Wirkung beabsichtigt war. Der Anschlag sollte tiefe Wunden in der seelischen Verfassung des amerikanischen Volkes hinterlassen. Er zielte auf kollektive Verunsicherung, Entblößung, Erniedrigung, Demütigung, auf eine Kränkung im Selbstwertgefühl einer Supermacht. Sie ist als der »Große Satan« identifiziert, verantwortlich für sämtliche Übel dieser Welt – insbesondere aber für die chronische Kränkung des Islam selbst, der sich durch die ökonomische Entwicklung der freien Welt ebenso herausgefordert fühlt wie durch ihre »verderbten« Lebensformen. Hier kann der narzisstische Kern vermutet werden, aus dessen maligner Dynamik sich etwas entwickelt, was sich in Weltbild und Aktionsformen des Terrorismus islamistischer Provenienz ausdrückt.

Narzissmus ist nämlich keineswegs jene eitle Form der Selbstbezogenheit, die vom Anderen nichts wissen will. Er hat damit zu tun, wie man sich von der Welt gesehen, beachtet und anerkannt fühlt. Als eine Antwort auf den gekränkten Narzissmus versteht die Psychoanalyse, neben den Formen eines beleidigten Rückzugs, auch die Äußerungen narzisstischer Wut. Diese Einsicht lässt sich auch zum Verständnis des terroristischen Fundamentalismus verwenden, der sich solcher Tiefenhermeneutik gerne entzieht. Im sozialpsychologischen Fundament des militanten Islamismus existiert – bewusst oder unbewusst – ein schmerzhaftes Gefühl, vom Westen ökonomisch dominiert, politisch erniedrigt, kulturell missachtet sowie an den Rand des Weltgeschehens gedrängt zu sein. Noch an der mörderischen Grandiosität der terroristischen Untat, am Fehlen jeglicher Empathie für die unschuldigen Opfer, an den abstoßend triumphalen Gesten in den palästinensischen Flüchtlingslagern lässt sich die Größe der narzisstischen Wut erkennen, welche die Wunde zu heilen verspricht. Die ganze Welt soll Zeuge sein, wie der eigenen Erniedrigung zu begegnen ist.

Diese tief sitzende Kränkung ist sicher eine nicht versiegende Quelle des islamischen Terrorismus, aus der Verzweiflung geboren und bei den Palästinensern durch eine fundamentale Hoffnungslosigkeit verstärkt, die jetzt schon in der dritten Generation weitergegeben wird. Aber diese Quelle, die durch Formen kultureller Anerkennung, durch Friedensverhandlungen, ökonomische Zugeständnisse und politische Kompromisse womöglich zu verstopfen wäre, ist nicht die einzige. Die zweite Quelle des terroristischen Furors ist die religiöse Obsession vom Gottesstaat, die zum unbedingten Angriff auf die Gottlosen nötigt und die Gotteskrieger mit einer unerschütterlichen Überzeugung ausstattet – bis hin zum Märtyrertod im apokalyptischen Kampf gegen das Böse. Dagegen hilft keine kommunikative Vernunft.

Innehalten im Kriegslärm

Wie die terroristische Dramaturgie ihre Gegner zum Mitspielen gewinnt

Moderation ist angebracht in Zeiten explosiver Spannung. Die uneingeschränkte Solidarität, die unsere Regierung den USA im Kampf gegen den Terrorismus versicherte, sie stand unter explizitem Vorbehalt des Kanzlers: an einem Abenteuer werde man sich nicht beteiligen. An die Grenze zum Abenteuer ist aber der Krieg in Afghanistan geraten, dem von Anfang an der erkennbare Gegner fehlte, mit dem man am Ende einen Frieden hätte verhandeln können. Der Vorrang der inneren Sicherheit, den unsere Regierung unter öffentlichem Druck ausrief, auch er sollte nicht absolut gelten: bei allen Maßnahmen müsse die Freiheit gewahrt und rechtsstaatlich garantiert bleiben. Inzwischen schnürt der zuständige Minister ein »Sicherheitspaket« nach dem anderen, um die Risiken der Freiheit gegen Null zu reduzieren. Eine schleichende Entwicklung zur Kriegsgesellschaft ist im Gange, bei der Opposition schnell in den Geruch gerät, die Sache des Feindes zu betreiben. Die Terrorismusbekämpfung nach innen und außen hat Dimensionen angenommen, die selbst beängstigend sind. Und sie droht das zu gefährden, was zu schützen sie beansprucht.

Das wäre schon der zweite Erfolg der terroristischen Strategie, die ihren ersten der gekonnten Dramaturgie der Anschläge selbst zu verdanken hatte. Wem es gelingt, vor den Augen der Weltöffentlichkeit Symbolbauten der westlichen Dominanz so spektakulär kollabieren zu lassen, der demonstriert mit diesem Akt zugleich, dass er die weltweite Bildersprache gut verstanden hat: Er wendet die medialen Regeln an, nach denen die Ökonomie der Aufmerksamkeit funktioniert. Der globalisierte Terrorismus, wer immer ihn orchestriert, beherrscht meisterhaft die Klaviatur jener Zivilisation, der er doch den Krieg erklärt hat. Die Fortsetzung in einem zweiten Akt, den der Westen immer noch als lineare Steigerung des ersten erwartet und den er mit seinen Abwehrmaßnahmen zu verhindern trachtet – sie hat mit der pandemischen Ausbreitung einer Mischung aus Angst und Hysterie längst begonnen, die sich, unverkennbar auch mit erregendem Thrill gepaart, als Angstlust ihre eigenen Quellen sucht. Dieser zweite Akt der Inszenierung, so ist es vorgesehen, wird vom Angegriffenen selbst aufgeführt.

Lediglich das Drehbuch scheint von einem weitsichtigen, die Reaktionen des Gegners kalkulierenden Angreifer geschrieben zu sein, der sich auf Beobachtung und gelegentliche Regieanweisungen beschränkt. Womöglich stammen die Milzbrandbriefe wirklich aus dem Waffenvorrat des islamistischen Terrrorismus (inzwischen wissen wir: sie stammten aus einheimischen Quellen; M. A.). Die Infektionen sind, soweit sie bakteriologisch wirken, jedenfalls medizinisch gut zu beherrschen. Ihre eigentliche Wirkung ist aber sozialpsychologischer Natur, die von Brandbriefen eben, in denen steht: Jeder kann das Opfer sein. Mit Hilfe von gelegentlichen Einblendungen aus Osama Bin Ladens Videoproduktion angeschoben, aber durch Muster der Selbstverstärkung und Rückkoppelung in der Medienlandschaft erst nachhaltig gesichert, entsteht ein Klima der allgemeinen Unsicherheit, Verdächtigung und Selbstverteidigungsbereitschaft, das den mentalen Untergrund der offenen Zivilgesellschaft zersetzt. Es erzeugt mit der alltäglichen Paranoia auch jenes psychosoziale Abwehrmuster, das bekanntlich die Urangst vor dem bedrohlichen Fremden bannt.

Ein solches Klima weckt schlummernde Phantasien einer archaischen Bedrohung – und ruft damit auch alle möglichen Figuren auf den Plan, die als psychopathische Schläfer unter dem Firnis der zivilisatorischen Anpassung auf solche Gelegenheiten zur paranoiden Selbstenthüllung nur warten. Was man der verhassten Gesellschaft immer schon mal sagen wollte, endlich kann man es loswerden. Es ist die Stunde der armen Sau, des spießigen Konformisten oder des frustrierten Systemgegners. Sie, die ihren alltäglichen Wahn unter den Zwängen des gemeinen Alltags halbwegs unter Kontrolle haben, wagen nun den Ausbruch. Auch die verdeckten Mitnahmeeffekte beim bunten Trittbrettfahren sind enorm. Der Waffenhandel floriert wieder in den USA, Terror-Experten sind gefragt, Sicherheitsdienste haben Hochkonjunktur, Gasmasken und Schutzanzüge gegen ABC-Verseuchungen sind ausverkauft, selbst Fallschirme zum Absprung aus Hochhäusern finden guten Absatz. Der Terrorismus als hochmoderne Handlungsstrategie, die sich auf Erkenntnisse der Chaosforschung und Systemtheorie stützt, ist an solchen Wirkungen interessiert und kann dann als erfolgreich gelten, wenn es ihm gelingt, im mentalen Grundgefüge einer Gesellschaft nachhaltige Risse zu hinterlassen.

Ein dritter Erfolg der globalen Strategie des hypermodernen Terrors zeichnet sich in dieser Hinsicht ab. Er hat bereits damit begonnen, dass der Westen die angebotene Aufteilung der Welt in Gut und Böse angenommen hat: Wer nicht für uns ist, ist gegen uns! Warum der Haß auf Amerika in der arabisch-islamischen Welt so verbreitet sei, wurde Bush jr. gefragt: Sie wissen eben nicht, wer wir sind, lautete seine hilflose Antwort. Helmut Dubiel hat die verpönte Frage nach den Motiven des mörderischen Selbstmordattentats so formuliert: Wer sind *wir für sie*, dass sie uns so hassen? Interkulturelle Perspektivenübernahme würde aber erst den Blick für die Botschaften eröffnen, die der islamistische Terror schickt und die verstanden werden müssen, wenn man sie angemessen beantworten will. Sonst bleibt im Kampf von Böse gegen Böse – so hat Botho Strauß die unheilvolle Duellkonstellation genannt, in welcher der westlichen »Aufklärungshegemonie« die »Zukunftsarchaiker des Islam« gegenüberstünden – nur der Wille zur gegenseitigen Vernichtung.

Terrorismus sei bloß eine Methode, so Peter Sloterdijk, die man schon deshalb nicht mit Bomben bekämpfen könne. Wahrscheinlich, dass die Amerikaner diese These, beim Versuch sie in Afghanistan zu widerlegen, bestätigen werden; die »Herberge des Terrors«, die man in den Hütten und Höhlen des Hindukusch vermutet, wird sich als reine Metapher erweisen. Aber, muss man ergänzen, es waren historisch immer politische Zielsetzungen, die mit der Anwendung dieser Methode verknüpft sind: die Provokation der Macht mit einem bestimmten Ziel. Freilich ist hier keine pervertierte Form schlichter instrumenteller Vernunft am Werk, sondern eine Art von symbolischer Sinnstiftung durch die »Propaganda der Tat«, bei der Mittel und Zweck ineinander fließen: Das Medium ist die Botschaft.

Auch der Terror, der den Westen gegenwärtig überaus effektiv in Angst und Schrecken versetzt, verfolgt ein politisches Projekt, das hier nicht ernst genommen wird. Es besteht in der Vernichtung einer gottlosen Welt, deren Dekadenz am Verfall der Moral zu erkennen und die beherrscht sei von Materialismus und Mammonismus, hemmungsloser Vergnügungssucht, ausufernder Kriminalität und sozialer Kälte. Von den evangelikalen Fernsehpredigern in den USA – sie haben das monströse Attentat als apokalyptische Antwort auf das selbstverschuldete Sodom und Gomorrha gedeutet – ist diese Botschaft sofort verstanden worden. Man verkennt den islamistischen Fundamentalismus, wenn man ihn als Ausdruck mittelalterlicher Rückständigkeit in den Bereich einer barbarischen Vormoderne bzw. als Erscheinungsform massenhaften Wahns in den Bereich der kollektiven

Psychopathologie zu verbannen sucht. Und man unterschätzt seine Dynamik, in der sich die (selbst)destruktiven Folgen einer kulturellen Kränkung mit der Unbedingtheit einer moralischen Obsession verbinden.

Den kulturellen Resonanzboden des totalitären Projekts hat Jürgen Habermas in seiner Paulskirchenrede kürzlich umrissen. Er wird einerseits gebildet durch eine entgleisende Säkularisierung, die der islamischen Welt die Schmerzen einer rapiden Modernisierung abverlangt, ohne für den Verlust traditionaler Lebensformen und religiöser Sinnstiftung eine Entschädigung in Aussicht zu stellen. Andererseits durch eine in Zeiträumen von Jahrhunderten im Westen vollzogene Aufklärung, welche die Religion schließlich zur Privatsache erklärt und ihren absoluten Anspruch auf Moral zurückgewiesen hat, ohne freilich »der schleichenden Entropie der knappen Ressource Sinn entgegenzuwirken«. Von einer gelungenen Säkularisierung müsse man aber verlangen, dass sie übersetzt und nicht vernichtet, was die religiöse Tradition einmal geboten hat. Ein wissenschaftlich aufgeklärter Common sense – er bewege sich als etwas Drittes zwischen Glaube und Wissen – könne sich schon deshalb dem objektivierenden Zugriff des Szientismus nicht beugen, weil er im vorwissenschaftlichen Selbstverständnis eines sprach- und handlungsfähigen Subjekts gründet, das normativen Orientierungen folgt. Der Westen erscheine in der arabischen Welt nicht nur als »Glaubenskrieger einer konkurrierenden Religion«, sondern schlimmer: als »Handlungsreisender einer instrumentellen Vernunft, die jeden Sinn unter sich begräbt«.

Dies ist eine höchst nachdenkliche und in ihrem aufklärungskritischen Tenor ungewöhnliche Diagnose, in der Habermas nicht nur gegenüber den kühlen Imperativen der Nutzenmaximierung und des ökonomischen Fortschritts skeptisch argumentiert und den Absolutheitsanspruch technisch-wissenschaftlicher Rationalität zurückweist, sondern auch die Religion unter dem Stichwort der Sinnvermittlung behutsam rehabilitiert. Seine eindringliche Skizzierung, eines auf tragische Weise interkulturell verknoteten Konflikts, enthält die kaum bemerkte Mahnung zur kulturellen Selbstreflexion im schlingernden Projekt der Moderne. Neben der politischen Reflexion wird das vielleicht die entscheidende Frage auf die Herausforderung des fundamentalistischen Islam sein: Was ist der aufgeklärte Westen in den Augen der nicht-westlichen Welt und wie betrachten wir uns selbst im Spiegel unserer kulturellen Hervorbringungen?

Die DNA der Stadt

New York vor dem Jahrestag von 9/11: am Rande der Erschöpfung

Auch wenn Ground Zero immer mehr einer gut gesicherten Riesen-
baustelle gleicht, auf der hinter den Zäunen bereits die Bauhütten, Kräne
und Lastwagen auf Entscheidungen zu warten scheinen – Lower Manhattan wirkt immer noch wie Kriegsgebiet. Die Hochhäuser um das inzwischen planierte Trümmerfeld herum sind erheblich beschädigt, dunkle
Schutzplanen verhüllen notdürftig die Mauerrisse. Nur der eigentümlich
flache, an der Ostseite gelegene Department Store von *Century 21* – gleich
am verbarrikadierten Abgang der zerstörten Subway-Station *Cortland
Street*, die unter den kollabierten Türmen lag – wirkt wie unversehrt. Hier
verkehren schon wieder, wie vor dem Anschlag, die Touristen auf der
Suche nach reduzierter Designerware aus den europäischen und amerikanischen Edelwerkstätten, freilich mit gedämpftem Jagdeifer und gebrem-
ster Kauflust. Wer sich dem einstigen Wallfahrtsort der Schnäppchenjäger
nähert, muss an den zahllosen Tischen und Buden vorbei, an denen die
Bilder des Schreckens, klein und groß gerahmt oder in Form handlicher
Alben, feilgeboten werden. Kaum jemand kauft, sogar das von den Klein-
händlern betriebene Geschäft mit der Erinnerung an 9/11 stagniert

Einen Block weiter, an der Ecke *Vesey Street* und *Broadway*, die *St.
Pauls Chapel*, von deren bescheidenem Friedhof man nun freie Sicht hat auf
den *Hudson-River*. Die schmiedeeiserne Umzäunung ist behängt mit vielfältigen Bekundungen der Trauer und Verzweiflung, aber auch Bekennt-
nissen nationaler Solidarität, unbeugsamen Durchhaltewillens, patriot-
schen Stolzes, aufgeschrieben auf bunten T-Shirts und alten Bettlaken; auf
den Zaunspitzen Hunderte von Baseballkappen und Fahnen aus aller Welt.
Hier errichten Pilger immer neue Schreine, versammeln sich noch verein-
zelte Trauernde, und viele Neugierige finden sich ein – nachdem der *Union
Square Park* an der 14. Straße, wo die Sperrzone begann und eine ständige
Mahnwache eingerichtet war, von den städtischen Behörden längst geräumt
und auch die Aussichtsplattform abgebaut worden ist.

Entfernt werden soll demnächst auch eine anderer Stätte des Gedächtnisses: *Chelsea Jeans*, ein Laden am *Broadway* auf der Höhe der *Fulton-
Street*. David Cohen, der jüdische Besitzer, hatte all die Sweaters und

Jeans, Shirts und Shorts vom grauen Staub säubern lassen müssen, der in der Stunde des Verhängnisses durch das zerschmetterte Schaufenster in die Auslagen gedrungen war. Einen Teil davon hatte er freilich von der Reinigung ausgenommen, die pulverisierten Überreste der Twin Towers auf den Waren im Regal gelassen und als *Ready made* – eine auf fünf Quadratmetern platzierte Installation, die den Augenblick der Katastrophe festhält und Assoziationen an Pompeii erweckt – in seinem Laden ausgestellt. Nun ist er pleite, muss sein Geschäft zumachen und sucht verzweifelt nach einem Käufer, der das Kunstwerk aufbewahrt. Aber kein Sammler, kein Museum ist interessiert.

Ganze Häuser stehen leer, überall Schilder: *Retail-store for rent, offices for sale, apartments to let* – Residuen einer Fluchtbewegung. Wie ausgestorben wirkt die Gegend um den unteren Broadway. Es fehlt nicht nur die gewaltige Anlage des *World Trade Center*. Die fünfzigtausend Menschen, die hier arbeiteten, sie waren Laufkunden eines wuseligen Geschäftslebens, das nun weitgehend zum Erliegen gekommen ist. Der Sushi-Imbiss um die Ecke in der *Liberty-Street*, früher ständig überfüllt – ich bin der einzige Gast nachmittags um fünf, um sechs Uhr wird zugemacht. Die kleinen Boutiquen, Bistros, Delis – schwach besucht oder leer, wenn sie nicht ganz geschlossen haben. Viele derjenigen, die nach den Aufräumungsarbeiten neu eröffnet hatten, mussten mangels Kunden wieder aufgeben. Ein *Starbucks Coffee*, von denen es in New York inzwischen an jeder dritten Straßenecke eines gibt – verriegelt; die Einrichtung vergammelt hinter Glastüren, als ob die schier unaufhaltsame Expansion dieses Kaffeehaus-Multis hier gestoppt worden wäre. Das *Battery Park*-Wohnviertel am Südzipfel von Manhattan ist zwar wieder bevölkert, nachdem Teile der Bewohnerschaft geflohen und monatelang ein enormer Leerstand zu verzeichnen war, aber es hat ein sozialer Strukturwandel stattgefunden: statt Familien mit Kindern nun Singles, die nur mit Sonderkrediten und Mietreduktionen zu locken waren.

Das hartnäckige Dauertief der Börse tut ein Übriges, um die sich ausbreitende Untergangsstimmung zu verstärken. Friedhofsruhe in der *Wallstreet*, diesem einst pulsierenden Zentrum des internationalen Finanzkapitals, entleert von Menschen und Autos, dafür patrouillieren *Security-guards* durch die gespenstische Stille. Von hier aus in nördlicher Richtung hatte 1783 die rasante Besiedlung New Yorks, nach der Übernahme durch die Engländer, ihren Ausgang genommen – die Holländer hatten während ihrer siebenjährigen Besatzungszeit in New Amsterdam bekanntlich kein einziges Gebäude errichtet, lediglich einen Palisadenzaun (*wall*) gebaut zur Verteidigung gegen die Indianer. Nun gehen von *Lower Manhattan* Signale einer schleichenden Depression aus, welche die gesamte Stadt erfasst hat.

2819 Menschen aller Hautfarben und Nationen sind nach der neuesten Zählung gestorben – verbrannt, verglüht, erstickt, erschlagen, zertrümmert. Die meisten wohnten nach einer gerade veröffentlichten Übersicht in der Upper East Side, in Brooklyn, in Hoboken, in Staten Island, also in den New Yorker Stadtteilen um das Epizentrum der Anschläge herum oder in Newark/New Jersey auf der gegenüberliegenden Seite des Hudson River. Sie hinterlassen Zehntausende von Familienangehörigen und Arbeitskollegen, Freunden und Bekannten. Aber es ist die gesamte Millionenstadt, die unter Schock steht und leidet, ein Ort der körperlich und seelisch Verletzten, ein Kollektiv der Überlebenden. Darüber kann auch nicht hinwegtäuschen, dass sich dieser Zustand hinter einer Fassade der manischen Geschäftigkeit, des optimistischen Ärmelaufkrempelns, des trotzigen Jetzt-erst-recht verbirgt und die Reklamewände am *Times-Square* leuchten, als ob nichts geschehen wäre. Wenn David Trump für 100 Millionen Dollar das wunderschöne, altehrwürdige und hoch verschuldete *Delmonico* am südlichen *Central Park* erwirbt und zum nächsten *Trump-Tower* ausbauen will, wird das in der *New York Times* keineswegs als Rettungstat gefeiert, sondern auf ihrer Metro-Seite mit einer Mischung aus bitterer Ironie und ungläubigem Erschrecken über den großkotzigen Investor kommentiert. Größere Aufmerksamkeit widmet man dagegen den 100 Millionen Dollar, welche die Hilfsorganisationen unter Führung des Roten Kreuzes für die psychiatrische und psychotherapeutische Behandlung posttraumatischer Belastungsstörungen bereitstellen.

Mit der Diagnose einer schweren Depression mit Angstsymptomen und paranoiden Zügen lässt sich – am Vorabend des Jahrestages der Katastrophe – der kollektive Zustand von Ökonomie und Psychologie gleichermaßen kennzeichnen, auch wenn viele Symptome larviert sind. Seit den Anschlägen liegt ein Klima der Diskontinuität, der Unvorhersehbarkeit über der Stadt, eine nervöse Hellhörigkeit, die sich gelegentlich zur paranoiden Katastrophenbereitschaft steigert. Jedes Alarmsignal, jede

Feuerwehrsirene, jedes laute Geräusch lässt den Blick sofort zum Himmel wandern – in Erwartung der nächsten Attacke. Die latente Wahnstimmung zu Ende gedacht hat die linksliberale *Village Voice* – jenes legendäre, von Norman Mailer in den sechziger Jahren mitbegründete Wochenblatt –, die den Kern des urbanen Unbewussten in ihrer Titelgeschichte enthüllt. *If we lost it all*, so ist die Geschichte überschrieben, und sie beginnt mit der Frage: »*Städte sterben. Sollte New York die erste sein, die sich klont?*« Die Grafik auf der Frontseite zeigt ein Einmachglas, in dem in Form der Skyline die architektonische DNA der Stadt eingeschlossen ist, welche unbedingt bewahrt werden muss: *In case of Armageddon, break this jar!*

Transatlantische Risse

Weshalb die Irakkrise einen Kompromiss zwischen den Positionen des Westens erfordert hätte

Ist der Krieg unvermeidlich und für eine friedliche Lösung zu wenig Zeit gewesen? Hätte ein Kompromiss vielleicht eine Chance gehabt? In der Irak-Frage ist es nicht einfach um Krieg oder Frieden gegangen. Die Situation war sehr viel komplizierter, und die Fragen sind es auch, die wir nun zu stellen haben, bevor wir uns wahlweise dem bellizistischen oder dem pazifistischen Lager zuordnen. Einfache Antworten haben unter den Friedensfreunden hierzulande nur diejenigen parat, die ihre Denkschablonen über die Weltkarte legen und so erkennen, was sie immer schon zu wissen glaubten: Die USA sind der notorische Kriegstreiber, motiviert von einem menschenrechtlich verbrämten Hegemonialdrang, der letztlich den Maximen des Profitstrebens folgt, besessen von der kryptoreligiösen Mission einer Pax americana, hinter der sich bloß der alte Imperialismus oder Neo-Kolonialismus verbirgt. Auch unter den Freunden des Krieges – darunter nicht wenige Konvertiten – kursieren die einfachen Antworten: Die transatlantische Partnerschaft gilt ihnen als sakrosankt und Widerspruch unter Freunden als unziemlich, das Vasallentum gegenüber der verbliebenen Supermacht ist ihnen in Fleisch und Blut übergegangen, und sie warten gerne mit historischen Vergleichen auf, bei denen sich Saddam Hussein zum neuen Hitler und der Irak zum weltbedrohenden Deutschland der dreißiger Jahre verwandelt, während die Kriegsgegner wieder einmal *Appeasement* betrieben. Beide Seiten stützen ihre jeweilige Position auf denkbar schlechte Argumente.

Schlechte Argumente für den Krieg – und schlechte für den Frieden

Was soll man von folgendem Dogma altlinker Selbst- und Weltgewissheit noch halten: Ein nach dauerhafter Suprematie strebendes ›Empire‹, das unter der universalistischen Fahne von Freiheit und Demokratie in Wirklichkeit immer schon partikulare ökonomische und geostrategische Interessen verfolgt hat, sinnt nun ein weiteres Mal darauf, seinen Herrschaftsbereich auszudehnen. Der Krieg gegen den Irak, ein bedauernswertes

Land der ohnehin vom Westen gedemütigten arabisch-islamischen Welt – so die aktuelle Stanzung dieses festgefügten Weltbilds – ,wird nur das jüngste (und gewiss nicht das letzte) Glied in einer historischen Kette von militärischen Interventionen sein, die letzten Endes der weltweiten Ausbreitung der kapitalistischen Raubökonomie dienen: Blut für Öl! Dass der Weltmarkt höchst aversiv auf einen bevorstehenden Krieg reagiert hat, dessen Ökonomie im Vergleich zum friedlichen Handel keineswegs Gewinn verspricht, sondern enorme Kosten verursacht – auch dadurch lässt sich ein solches Glaubensbekenntnis nicht irritieren. Es wird durch eine mit allen Raffinessen der Ideologiekritik ausgestattete Hermeneutik des Verdachts stabilisiert, die immer auf der Suche nach Bestätigung und von Zweifeln nicht befallen ist. Aus einer Mischung von latenter Amerikafeindschaft und manifestem Antikapitalismus, irrationaler Dritte-Welt-Romantik und realhistorischer Blindheit, aus einem tief sitzenden und rasch mobilisierbaren Ressentiment gegen die einzig verbliebene, offenbar zu jeder Schandtat bereiten, Weltmacht ergeben sich denkbar schlechte Argumente für den Frieden.

Wie es schlechte Argumente für den Frieden gibt, gibt es schlechte Argumente für den Krieg. Das schlechteste Argument, das uns vor allem die amtierende amerikanische Regierung in immer neuen Varianten liefert, ist die Aufteilung der Welt in Gut und Böse samt einer grotesken Personalisierung. Nachdem dieses infantile Schema bereits zur Dämonisierung von Osama Bin Laden mit seinem islamistischen Terrornetz Al Quaida gedient und dem bisher wenig erfolgreichen »Krieg gegen den Terrorismus« religiöse Züge verliehen hatte, ist nun Saddam Hussein der Anti-Christ, der neue Satan, der er im ersten Golfkrieg schon einmal war. Dieses vormoderne, im religiösen Wahn noch aufgehobene, aber in säkularen Gesellschaften längst überwunden geglaubte Denken entspricht durchaus dem manichäischen Weltbild des Islamismus. Nur eben seitenverkehrt: Kreuzzug statt Djihad! Wer nicht für uns ist, der ist gegen uns! Freund gegen Feind! Gewiss, unter solchen Parolen konnte George Bush jr. die weltweite Koalition für den Krieg in Afghanistan zusammenbringen. Das ist ihm freilich nur deshalb gelungen, weil auch der unter den Augen der Weltöffentlichkeit exekutierte Vernichtungsakt vom 11. September 2001 einen binären Code zu enthalten schien, der noch dem Gegenschlag anhaftete: Die oder Wir, Täter oder Opfer. Er nötigte zur

»unbedingten« Solidarität des Westens, der sich durch die Anschläge in New York und Washington als Wertegemeinschaft im Kern getroffen fühlen durfte.

Aber schon die Art der amerikanischen Kriegsführung und schließlich die Behandlung der kriegsgefangenen Taliban, die nicht nur den Menschenrechten und völkerrechtlichen Konventionen widerspricht, sondern auch allen Prinzipien des demokratischen Rechtsstaats, ließ Zweifel daran aufkommen, ob hier wirklich das Gute gegen das Böse kämpft und nicht etwa »das Böse gegen das Böse« (Botho Strauß). Hatte man bis dahin die manichäische Rhetorik noch als Symptom einer nationalen Traumabewältigung nachsehen können, erhielt sie mit der Rede von der »axis of evil« den Rang einer analytischen Kategorie zur Deutung potentieller Weltgefahren, denen in Zukunft mit entsprechenden Präventivschlägen begegnet werden sollte: Noch bevor das identifizierte Böse zur wirklichen Gefahr werden kann, muss es im Keim erstickt werden. Ein solches Denken, wie es der skandalösen neuen Militärdoktrin der USA zugrunde liegt, wird insgeheim vom gärtnerischen Vorbild der Unkrautvernichtung oder Schädlingsbekämpfung beherrscht und ist ebenso asymmetrisch wie die terroristische Strategie, auf die es antwortet. Die Skizze des Irakkriegs, wie sie in den Köpfen der amerikanischen Gärtner entstanden ist, wird – so muss man ernsthaft befürchten – die Blaupause für künftige Akte des bewaffneten missionarischen Humanismus bilden: Das Gute schaffen mit überlegenen Waffen.

Auf dem Weg zu einer neuen Weltordnung?

Nun ist der Weg zur Hölle bekanntlich mit guten Vorsätzen gepflastert. Oder, um Hannah Arendt zu zitieren: Das radikal Böse entsteht meist beim Versuch, das radikal Gute zu verwirklichen. Gibt es den »gerechten Krieg« also doch nicht, dessen klügster Theoretiker Michael Walzer den Irakkrieg – im Gegensatz zu den Kriegen im Kosovo und in Afghanistan – zwar für ungerecht hält, sich aber nicht ganz sicher ist? So einfach sollten es sich die Friedensfreunde nicht machen. Wer nämlich aus guten Gründen den Frieden will, muss sich dennoch aus der Perspektive der respektablen Kriegsbefürworter fragen lassen: Wie hätte der Krieg gegen den Irak verhindert werden können, ohne damit eine skrupellose Diktatur in Frieden zu lassen, die in der Vergangenheit bekanntlich den Genozid nicht gescheut hat, um ihre regionalen Machtansprüche zu sichern? Hätte es eine friedliche Lösung geben können, die nicht als Kapitulation der Völkergemeinschaft vor einem aggressionsbereiten Mitglied erscheint, das sich schließlich nur unter Androhung einer militärischen Intervention und zur Kooperation bei der eigenen Entwaffnung hat nötigen lassen? Und hätte ein militärischer Rückzug nicht andere Hasardeure der internationalen Politik ermuntert, eine bereits aus den Fugen geratene Weltordnung weiter ins Chaos zu treiben?

Wer einen Krieg aus guten Gründen zu befürworten meinte, sollte auf der anderen Seite vergleichbare Fragen beantworten: Wie soll der Westen ein totalitäres Herrschaftssystem in Schach halten oder gar seine Beseitigung erzwingen, ohne zugleich die Vermutung zu nähren, sein menschenrechtlich begründetes Konzept der »humanitären Intervention« – sei es in Gestalt eines »gerechten Krieges« (Michael Walzer), einer »interventionistischen Menschenrechtspolitik« (Jürgen Habermas) oder eines »militärischen Humanismus« (Herfried Münkler) – höchst selektiv und nach Maßgabe eigennütziger Kriterien zu verfolgen? Kann der Irak, im Zuge der angekündigten Nachkriegsordnung, zu einer arabischen Musterdemokratie umgestaltet werden, ohne die übrigen Diktaturen dieser Region auf ihre demokratischen Defizite ebenso zu verweisen wie auf den lähmenden Zustand der Traditionsgesellschaften, für den sie Verantwortung tragen und der den islamistischen Terror hervorbringt? Und übernimmt sich der Westen nicht, wenn er meint, das Patronat für die Demokratisierung und Entwicklung zunächst der arabischen, dann vielleicht der ganzen Welt übernehmen zu können?

Wie immer man diese Fragen beantwortet, in ihnen begegnen sich – an der Grenze von Recht und Moral – konfligierende Ansprüche einer universalistisch inspirierten Politik zur Ordnung der Welt. Sie erfordern eine sorgfältigere Betrachtung, als es die schlichte Alternative von Krieg oder Frieden nahe legt. Wir befinden uns offenkundig in einem politischen Dilemma. Indem man gegen den angekündigten Krieg lange Zeit bloß den Frieden predigte, ist die transatlantische Partnerschaft vergiftet worden. Auf diese Weise sind die zunehmenden Spannungen im westlichen Bündnis (die sich sichtbar auch innerhalb der europäischen Union ausgebreitet haben) auf eine moralische Polarisierung zugetrieben, welche die Kriegsbefürworter zum humanitären Waffengang geradezu herausgefordert hat, während für die Kriegsgegner die ohnmächtige Empörung bleiben musste. So paradox es klingt: Der Schlüssel zur Lösung der Irakkrise hätte darin gelegen, dass der Westen die falsche Alternative von Krieg oder Frieden überwunden und sich stattdessen seiner gemeinsamen Verantwortung für den Zustand der Welt gestellt hätte. Man hätte um die wirksame Ausübung einer Polizeifunktion durch die Völkergemeinschaft streiten müssen, die – wenn sie ernst genommen werden soll – gegen delinquente Mitglieder auch den Einsatz militärischer Mittel nicht ausschließen darf.

Wie aber könnte in Zukunft eine robuste Weltinnenpolitik auf der Basis internationalen Rechts aussehen, die Lehren aus dem Fall Irak zieht? Die strategische Spaltung des Westens – bezeichnender Weise ist die moralische Debatte in erster Linie eine innerhalb der westlichen Staaten – sollte man als Ausdruck zweier Strategien begreifen, die sich ergänzen und nicht ausschließen. Bereits die Resolution 1441 war Ergebnis eines strategischen Kompromisses, der die offensichtlichen Schwächen der alternativen Positionen eliminierte und ihre Stärken miteinander verband. Das alteuropäische »Nein zum Krieg« war eben keine wirkliche Alternative zum entschlossenen Kriegskurs der USA, die multilaterale Tatenlosigkeit kein Ersatz für den unilateral geführten Präventivschlag gegen das Regime von Saddam Hussein. Erst die Formel vom Krieg als »ultima ratio«, weil sie die militärische Lösung als Druckmittel glaubhaft einsetzte, erlaubte es, das Inspektionsregime wieder einzusetzen und wieder einen politischen Rahmen für Verhandlungslösungen zu schaffen. In der jüngsten Geschichte gibt es Beispiele für den langfristigen Erfolg einer solchen Doppelstrategie, in der die beiden Komponenten zusammenwirken: die Mischung aus Abschreckungs- und Entspannungspolitik im »Kalten Krieg« (an dessen Ende auch die von NATO-Nachrüstungsbeschluss und Friedensbewegung), die schließlich den Kollaps des realsozialistischen Ostblocks beförderte; die Befriedung des Kosovo durch eine militärisch begonnene und zivil fortgesetzte Intervention, welche die »ethnische Säuberung« verhinderte (im Gegensatz zum Bosnienkonflikt, bei dem insbesondere Europa zu lange zögerte und die Weltgemeinschaft unter Führung der USA zu spät eingriff) und die schließlich zum Sturz von Milosevic durch die Serben führte; die Befreiung Afghanistans vom

Taliban-Regime, bei der eine vergleichbare Arbeitsteilung zwischen Amerika und Europa zum (freilich immer noch prekären) Erfolg beitrug. Die durch 17 UN-Resolutionen legitimierte Intervention im Irak hat lange vor dem Krieg stattgefunden. Sie trug den Charakter einer weltpolizeilichen Erzwingungsmaßnahme, bei der – in Analogie zum Gewaltmonopol des Staates – die Verhältnismäßigkeit des Mitteleinsatzes bei der Zielerreichung hätte gewahrt werden müssen. Zu diesen Mitteln gehörte das anhaltende Wirtschaftsembargo ebenso wie das Regime der Waffeninspektoren und die militärische »Drohkulisse« (die eben keine bloße Kulisse war). Aber: Bereits die Resolution vom September 2002 wäre ohne die europäische Furcht vor einem amerikanischen Alleingang nicht zustande gekommen, die USA wären ohne die Furcht vor einer weltweiten Isolierung gar nicht erst in den Sicherheitsrat gegangen – und die Inspektoren wären ohne diesen Beschluss nicht ins Land zurückgekommen und hätten nicht wirkungsvoll an der Abrüstung arbeiten können.

Eine Strategie von weder Krieg noch Frieden hätte die bisherige Linie fortsetzen können, die aus einem Kompromiss zwischen Kriegsdrohung und Diplomatie entstanden ist. Allerdings durch einige zusätzliche Komponenten ergänzt bzw. korrigiert. Erstens hätte Saddam Hussein durch eine kluge Bündnisstrategie seine weltweite Isolierung vor Augen geführt werden müssen, um ihm zu erschweren, sein Volk gegen den »US-Imperialismus« zu mobilisieren – insbesondere die Beteiligung der arabischen Länder selbst wäre wichtig gewesen. Zweitens hätten die Waffeninspektionen unbefristet fortgesetzt werden müssen und zwar solange, bis die Inspekteure Vollzug gemeldet hätten – die Gefahr einer Wiederaufrüstung wäre durch ein effektives Waffenembargo zu begrenzen gewesen. Drittens aber hätte der Wirtschaftsboykott aufgehoben werden müssen, der das Regime keineswegs, wie geplant, die Unterstützung im Volk gekostet, sondern dessen Elend nur verschlimmert hat – eine selektive Sanktionspolitik hätte dazu beitragen können, die Loyalität zum Clan von Saddam Hussein zu unterminieren.

Alle drei Maßnahmen zusammen hätten die Gefahren verringert, die vom Irak ausgingen, und gegenüber einem kriegerischen Präventivangriff den Vorzug gehabt, mit weniger menschlichen Opfern, mit weniger materiellen Kosten und mit weniger politischen Risiken verbunden zu sein. Nun, da sich die amerikanische Strategie der »schwarzen Pädagogik«

durchgesetzt hat, wird auch ihr sozialpädagogisches Pendant in Europa wieder Auftrieb erhalten. Schlechte Zeiten für eine neue Weltordnung, zu der es keine Alternative gibt. Dabei hätte die Irakkrise den Weg bahnen können für eine Konferenz, die sich endlich den aufgestauten Problemen des Nahen und Mittleren Ostens widmet – einschließlich des Palästina-konflikts. Genau das wäre nämlich der Kollateralnutzen einer »kompromisslerischen« Doppelstrategie gewesen.

Europa im Glaubenskrieg

(gemeinsam mit Daniel Cohn-Bendit)

Die demokratische Gestaltung einer zusammenwachsenden Welt, die sich ihrer sozialen und ökologischen Verantwortung bewusst ist – sie braucht als Zugkraft ein starkes Europa, das sich seiner aufklärerischen Tradition besinnt, aber zugleich die Fehlentwicklungen dieser Tradition erkennt und korrigiert. Der europäischen Aufklärung entstammt auch das grandios gescheiterte sozialistische Projekt, dem wir immer noch nachtrauern. Es sollte einmal, so Zygmunt Baumann in seiner zu wenig beachteten Untersuchung ›Moderne und Ambivalenz‹ (1993) , das Projekt der Moderne vollenden: im totalitären Entwurf einer rationell durchgeplanten Weltgesellschaft. Freilich ist das gründliche Scheitern dieses Zukunftsentwurfs, der mit der Analyse seiner fatalen Konstruktionsfehler selbstaufklärerisch hätte wirken können, auf der Linken immer noch nicht zugestanden worden. Statt der Verabschiedung von einer säkularisierten Massenreligion zu dienen, droht die Trauerarbeit im protestantischen Dennoch stecken zu bleiben: Hier stehe ich und kann nicht anders. Schon Jean-Paul Sartre war nicht frei von dieser standhaft resignierten Haltung; auch Pierre Bourdieu nicht, dem wir so viel Wissen über die »feinen Unterschiede« der Klassengesellschaft und das »Elend der Welt« verdanken. Obwohl genügend historischer Stoff vorhanden wäre, ist das nachdenkliche Bilanzieren auf der Linken ausgeblieben.

Die Veränderung der Welt

Dieses intellektuelle Versäumnis lässt sich an der anhaltenden Debatte über den »Doppelkreuzzug«, wie Peter Sloterdijk den monotheistischen »Eifersuchtskrieg« zwischen Orientalismus und Okzidentalismus nennt, gut studieren. Ist die Verwandlung von Passagierflugzeugen in gigantische Vernichtungswaffen Angriff oder Gegenangriff? Handelt es sich wirklich um die symbolische Kriegserklärung eines neuen Totalitarismus gegen die freie Welt oder um eine Verzweiflungstat aus der Mitte einer postkolonial unterdrückten, ökonomisch ausgebeuteten, politisch marginalisierten und kulturell diskriminierten Weltgegend? Dient der Krieg in

Afghanistan der Befreiung vom Terrorregime eines selbsternannten Gottesstaats oder nicht doch dem notorisch hegemonialen Interesse der amerikanischen Supermacht, für die der monströse Terrorakt nur den willkommenen Vorwand bildet? Die Interpretation des »schwarzen Dienstag« und seiner Folgen hängt offenbar davon ab, wie wir Aktion, Reaktion und Gegenreaktion interpunktieren. Welchen Zusammenhang von Ursache und Wirkung, Täter und Opfer die politische Imagination aber konstruiert, ist eine Frage unserer Selbst- und Weltdeutung. An der moralischen Frontlinie von Gut und Böse ringen tief eingegrabene Überzeugungen um Deutungsherrschaft.

Hinter den Kulissen tobt ein ideologischer Partisanenkampf, der selbst religiöse Züge trägt. Dem neoliberalen Credo, das zur Rettung des Globus auf eine entfesselte kapitalistische Ökonomie setzt, wird eine Weltsicht entgegengehalten, die sich ihren heilsgeschichtlichen Glauben an die revolutionäre Erhebung der Völker bewahrt zu haben scheint. Wir behaupten: Solange die Globalisierungskritiker (und die Grünen und die Linke) sich in die chiliastischen Bahnen dieser Alternative zwingen lassen, können sie selbst nur moralische Bekenntnisse ablegen, aber der Weltgesellschaft keine Perspektive aufzeigen, die irgendeine Aussicht auf realpolitische Umsetzung hätte. Was bedeutet aber eine religionskritische Überprüfung linker Positionen in den Zeiten von Terror und asymmetrischem Krieg.

Das Bild, das wir uns von der Welt machen, hat sich mit dem 11. September geändert – die Welt selbst hatte sich bereits vorher geändert. Die Blutspur eines globalisierten Terrorismus zieht sich seit den 90er Jahren über die Erde, von Algerien bis Afghanistan, von Ruanda bis zu den jugoslawischen Kriegen, von Somalia bis zum Kaschmir.[1] Im Schatten der Globalisierung sind »schwarze Löcher« entstanden, in denen sich sozioökonomische, ethnische und religiöse Konflikten auftürmen. Ganze Regionen sind in eine Situation der zivilen Unordnung geraten, die durch den Zerfall staatlicher Strukturen und die Zunahme privatisierter Gewalt

---

[1] Einen erschreckenden Einblick in die sozialen Pathologien an den Rändern des Weltgeschehens vermitteln die Reportagen von Hans Christoph Buch: *Blut im Schuh – Schlächter und Voyeure an den Fronten des Weltbürgerkriegs* (Eichborn Verlag, Frankfurt/M. 2001).

gekennzeichnet ist. Die betroffenen Länder, von Dauerkonflikten strapaziert und chronisch erschöpft, sind alleine nicht mehr in der Lage, diese verheerende Entwicklung zu stoppen. Nicht zuletzt die offenkundige Überforderung dieser Krisenregionen setzt die Vision einer zukünftigen Weltinnenpolitik auf die Agenda der internationalen Staatengemeinschaft.

Ausgerechnet die weltoffene, antikolonial, kapitalismuskritisch und multikulturell eingestellte Linke gerät dabei in ein Dilemma, aus dem nur schwer herauszufinden ist. Ein Beispiel: Weshalb spricht Günther Grass von »5.000 weißen Amerikanern«[2], die er mit dem Tod von »800.000 Schwarzafrikanern« in anderen Konflikten verrechnet, um dem Westen im heiligen Zorn eine Doppelmoral vorwerfen zu können? Peter Körte hat (in der *FAZ*) auf das Makabre dieser Logik hingewiesen: Waren die Opfer im *WorldTradeCenter* nur Weiße ... und alle Amerikaner? Nein, es waren viele Hautfarben vertreten, und etliche Nicht-Amerikaner waren dabei. Waren etwa die USA der Schlächter im ruandischen Bürgerkrieg? Nein, sie waren es nicht. Aus einem fixierten Weltbild werden hier Denkfiguren ausgestanzt und als Analyse ausgegeben: Wir wissen schließlich, wo das eigentliche Übel sitzt und wie es aussieht. Diskurserprobt reklamieren wir die Position einer kritischen Vernunft und schöpfen gleichzeitig aus einem bewährten ideologischen Fundus, der allerlei Gewissheiten enthält und uns gelegentlich die Urteilskraft trübt.

Am Fuße dieser unbefragten Evidenz ruht eine opulente Welterzählung, deren dürrer narrativer Kern etwa so lautet: »Die Ursache des Elends in der Welt ist letzten Endes die kapitalistische Ökonomie, die auf der Ausbeutung des Menschen durch den Menschen beruht. Es liegt an dieser Wirtschaftsweise, dass der Norden reich und der Süden arm ist. Nach dem Verschwinden des Kommunismus unterwirft der globalisierte Kapitalismus die letzten Residuen des Gebrauchswerts einer kalten Tauschwertlogik und verwandelt die Welt in einen einzigen Arbeits- und Warenmarkt. Ökonomische Katastrophen, grausame Bürgerkriege und die Ausbreitung fundamentalistischer Gesellschaftsentwürfe sind die

---

[2] Diese Zahl von Opfern wurde unmittelbar nach den Anschlägen vom 11. September vermutet.

Folgen eines grenzen- und alternativlos gewordenen Entwicklungsmodells, dessen universeller Triumph auch den Terrorismus hervorgebracht hat.« An dieser Erzählung von der einen Schreckenswelt des Kapitals ist gewiss nicht alles falsch. Auf der Rückseite einer entfesselten Globalisierung häufen sich in der Tat deren soziale, kulturelle und moralische Kosten. Die schwierigen Fragen der neuen Weltordnung müssen beantwortet werden. Aber die Antworten liegen nicht herum. Dem neoliberalen Marktfundamentalismus lässt sich mit einem alternativen Glaubensbekenntnis nicht begegnen, dessen Mantra aus den Archiven des »wissenschaftlichen Sozialismus« stammt.

Religiöse Fixierungen im Weltbild der Linken

Beginnen wir mit der politischen Ökonomie. Hier lautet die Glaubensformel: »*Der Sozialismus mag praktisch gescheitert sein – seine radikale Kritik an der kapitalistischen Produktionsweise bleibt richtig.*« Also, die Vergesellschaftung der Produktionsmittel hat die Ökonomie in den ehemals sozialistischen Staaten zwar ruiniert. Die Produktivkräfte, die doch hatten entfesselt werden sollen, sind durch die Planwirtschaft zwar gelähmt worden. Der Internationalismus des sozialistischen Lagers hat sich zwar gründlich diskreditiert. Das versprochene kommunistische Paradies hat sich zwar als totalitärer Albtraum erwiesen. All das kann aber unserer Analyse des Kapitalismus nichts anhaben: Das Privateigentum an den Produktionsmitteln bleibt der eigentliche Skandal. Als ob aus den Ruinen des realen Sozialismus ausgerechnet dieser erratische Block in seinem Fundament zu retten sei. Dass schon der Idee einer ganzheitlichen Lenkung gesellschaftlicher Prozesse etwas Totalitäres anhaftet, dass die gezielte Verwandlung der Gesellschaft in ein einziges Arbeitslager eine obsessive Wahnvorstellung ist – zu solchen Einsichten haben wir uns mit Hannah Arendt mühsam durchgerungen, nachdem wir ihre Totalitarismus-Theorie lange Zeit für eine Ausgeburt der Rechten gehalten und die Renegaten-Literatur mit spitzen Fingern angefasst haben. Aber klammheimlich finden wir immer noch, dass der wahre Menschenfeind sich doch hinter der Charaktermaske des Kapitalisten verbirgt.

Diese fixe Idee steckt auch in einer weiteren Glaubensformel: »*Die Globalisierung ist ein bösartiges Unternehmen des internationalen*

Kapitals.« Immer noch schwingt Lenins Idee vom Imperialismus als höchster Form des Kapitalismus in solchen Analysen mit, und alle möglichen Verschwörungstheorien (immer dabei: der unverwüstliche Noam Chomsky) haben wieder Konjunktur. Als ob es einen identifizierbaren Agenten der Weltgeschichte gäbe, einen ideellen Gesamtkapitalisten, der die Fäden zieht und seine verwerflichen Profitinteressen durchsetzt. Mit einem ideellen Gesamtarbeiter auf der anderen Seite, dem gar nichts anderes übigbleibt, als sich gegen den Finsterling zur Wehr zu setzen. Durch unsere romantisierende Globalisierungskritik geistern immer noch die fahlen Gespenster des Klassenkampfs und die stille Hoffnung auf die Erhebung des revolutionären Subjekts: der alte Traum vom Aufstand des ganz Anderen. Bei der Globalisierung handelt es sich aber um einen evolutionären Prozess, der eine Vielzahl von Agenten hat, überall Gewinner und Verlierer kennt und nicht von einem Zentrum aus zu steuern ist. Zu seiner gerechteren Gestaltung wird die advokatorische Leidenschaft für die Unterdrückten und Ausgebeuteten dieser Erde wenig beitragen, wenn sie sich nicht mit einem unverstellten Blick auf die vielschichtige Wirklichkeit verbindet.

Das führt direkt zur nächsten Glaubensformel: »*Die Dritte Welt bleibt Opfer der ersten und zweiten, solange sie sich von deren Vorherrschaft nicht befreit.*« Diese Parole, die in den Zeiten der Entkolonisierung eine suggestive Wahrheit besaß, ist inzwischen gründlich widerlegt. Die Unabhängigkeit der ehemaligen Kolonien etwa in Afrika hat mitnichten zu ihrer Emanzipation geführt. Im Gegenteil, unter der revolutionären Befreiungsrhetorik haben sich dort politische Oligarchien festgesetzt, Diktaturen übelster Sorte, die für eine desaströse Wirtschaftslage ebenso verantwortlich sind wie für politische Korruption, Vetternwirtschaft und Bürgerkrieg. Keine moralische Selbstbezichtigung des Westens, keine sozialhelferische Allmachtsvorstellung und kein Paradigmenwechsel in der Entwicklungszusammenarbeit kann darüber hinwegtäuschen, dass hier »hausgemachte« Probleme vorliegen, welche die Armut verlängern und neues Elend hervorbringen. Auch wenn das koloniale Erbe lastet und die alten Kolonisten nicht unschuldig sind – die zählebige Festlegung auf die Opferrolle ignoriert die Mittäterschaft der sogenannten Entwicklungsländer an ihrer desolaten Lage und untergräbt deren Selbstverantwortung für Verbesserungen.

Eng mit der ideologischen Viktimisierung der Entwicklungsländer verbunden ist die Forderung nach Nichteinmischung in deren innere Angelegenheiten. Aus dieser Perspektive besteht die Dritte Welt aus Ländern, die lediglich kompensatorische Wohltaten verlangen dürften – aber keine politische Einmischung. Wir sollten endlich realisieren, dass die überforderten Völker selbst Interventionen verlangen, als Schutz vor Bürgerkrieg, Terror und Verbrechen. Hier hindert eine pazifistische Glaubensformel, die in ihrer deutschen Variante die Geschichte beschlagnahmt: »*Gerade Deutschland darf sich an humanitären Operationen nicht beteiligen, wenn sie militärisch eskortiert sind!*« Moralisch nach innen gerichtet und blind für die Realität, historisch rückwärts orientiert und unempfänglich für die Gegenwart, bleibt dieser negative Nationalismus auf fatale Weise an die Erfahrungen des Faschismus fixiert und entlässt ausgerechnet Deutschland, aber auch Europa insgesamt, aus der Verantwortung für den Zustand der Welt. Man muss über ›Krieg und Frieden‹ gewiss länger reden, als die Lektüre von Tolstoi dauert, aber nicht auf der Folie eines historisch abstrakten Pazifismus, der – in die Exerzitien der eigenen Unschuld vertieft – sich bloß noch selbst genügt.

Die europäische Alternative

Für die Welt ist der aggressive Islamismus, *Fall-out* der Globalisierung, eine Katastrophe, die mit einer Rhetorik der Beschwichtigung nicht zu bannen ist. Die warnende Rede vom »Feindbild Islam«, das angeblich die Leerstelle projektiv erzeugter Feindbilder fülle, beschwört ein verblasstes Klischee vom blutrünstigen Muselmanen, das gerade noch am Stammtisch gelten mag. Stattdessen beherrscht das Bild des schutzbedürftigen Fremden den öffentlichen Diskurs im Westen, die Anerkennung des Anderen bildet den Maßstab unserer praktischen Moral. Diese Verschiebung aber ist ein Produkt der Aufklärung, unter deren Universalien auch die jeweils andere Religion Respekt genießt. Umgekehrt wird man das vom Islamismus nicht sagen können, der sein Stereotyp vom verderbten Westen weiter pflegt und das Nicht-Islamische zugleich als das Gottlose befeindet. Weckte der Einsturz der beiden Türme des *WorldTradeCenters* nicht eine Erinnerung? Die beiden riesigen Buddhastatuen, die vom Talibanregime ein halbes Jahr vorher gesprengt worden waren, waren die

Vorbilder für die Zwillingstürme in New York – Zeugnisse einer verhassten Kultur der Ungläubigen, die vernichtet werden muss.

Die Verpflichtung auf Demokratie, Verfassung und Gewaltenteilung; die Anerkennung allgemeiner Rechte und individueller Freiheiten; Diskurs, Ironie, Ambivalenz, Toleranz – wem das als böse »Verwestlichung der Welt« gilt, der muss sich nicht nur von Richard Rorty fragen lassen, was dagegen einzuwenden ist. Diese Werte sind keineswegs partikular und auf bestimmte Regionen dieser Erde beschränkt. Sie sind unverzichtbare Bedingungen für die individuelle und soziale Entwicklung. Ihre Verteidigung ist kein Akt der Anmaßung, den man im Namen der kulturellen Differenz unter Hegemonialverdacht stellen könnte. Das »westliche« Modell der Politik taugt deshalb zur Grundlage einer Weltverfassung, weil es jedermann die gleichen Rechte zuerkennt, unabhängig von Hautfarbe, Geschlecht, ethnischer Herkunft, Religion, sexueller Präferenz oder sonstigen Kontingenzen einer bunten Lebenswelt. Das bedeutet eben keinen Vorrang einer bestimmten Kultur, der monopolisierten Filmproduktion aus Hollywood, der McDonald-Ernährung oder gar des gesamten »american way of life«. Es sind die Vereinten Nationen, die in ihrer Charta längst jene universalen Normen kodifiziert haben, die wir gelegentlich immer noch für ein aufdringliches Produkt des Westens halten.

Es genügt eine »minimalistische Lesart der Menschenrechte« – so hat es der Kommunitarist Michael Walzer auf einer Bielefelder Philosophentagung kürzlich formuliert – um das militärische Eingreifen in Afghanistan (oder vorher auf dem Kosovo oder in Bosnien) zu rechtfertigen: Es handele sich bei dem, was hier durchgesetzt werden müsse, um schlichte Verhältnisse des zivilen »Anstands« (decency). Freilich muss man diesen Wert auch gegen die USA behaupten, wenn sie unter der Fahne der »humanitären Intervention« in den Krieg ziehen. Die Normen des demokratischen Rechtsstaats und internationale Vereinbarungen gelten gerade auch für die Führungsmacht des kapitalistischen Westens, wenn sie sich im Namen der Zivilisation gegen einen barbarischen Angriff wehrt und bei der Selbstverteidigung Gefangene macht. Die unwürdige Behandlung der internierten Talibankämpfer, denen nicht nur die Schutzregeln der Genfer Konvention zur Behandlung von Kriegsgefangenen vorenthalten, sondern auch die rechtlichen Standardgarantien einer modernen Demokratie verweigert werden, unterminiert den eigenen zivilisatorischen Anspruch.

Amerika tut einiges dafür, das Bild eines demokratischen Imperiums mit vordemokratischen Resten zu bestätigen, die sich vor allem in seinem Justizsystem finden. Die Todesstrafe bildet nur den sichtbarsten Ausdruck atavistischer Rückstände im kollektiven Unbewussten der USA; auch die Regeln des Schusswaffengebrauchs und nicht zuletzt die Debatte über die Zulässigkeit der Folter gehören in diesen Zusammenhang.

Im Kampf gegen den islamistischen Terror wird eine patriotische Unbedingtheit erkennbar, der – vom Rachegedanken der Scharia nicht allzuweit entfernt – bei der Abrechnung mit den mörderischen Angreifern jedes Mittel recht scheint: Man führt sie als wilde Tiere vor – als ob durch die Erniedrigung des Feindes das Selbstbild der unverwundbaren Nation symbolisch wieder hergestellt werden könne, das durch die Anschläge zutiefst gekränkt worden ist. Bis hinein in die Käfige des »Camp X-Ray«, ausgerechnet an der kubanischen Guantánamo Bay einer entsetzten Öffentlichkeit präsentiert, reicht die Demonstration des gekränkten Narzissmus: Wir sind von Bin Ladins Al-Qaida-Kämpfern gedemütigt worden und zahlen nun mit unserer Münze zurück – egal was die übrige Welt von uns hält. Gegen jede Kritik (die bezeichnender Weise vor allem aus dem Westen kommt; in der islamischen Welt ist davon weniger zu hören) wird eine Maske indolenter Selbstherrlichkeit angelegt, die sich schon in Bushs manichäischer Drohung fand: Wer nicht für uns ist, wenn wir das Böse bekämpfen, der ist gegen uns! Wer nicht mit gekämpft hat, soll besser schweigen!

Hier hilft nun keine Bekundung westlicher Solidarität, weder einer bedingungslosen, noch einer kritischen, sondern das strategische Gewicht eines Vereinten Europa, das sich seiner historischen Stärke bewusst geworden ist. Es braucht ein kulturelles, moralisches und machtpolitisches Gegengewicht zu den Vereinigten Staaten von Amerika in den zahlreichen Dreieckskonflikten dieser Welt. Wäre die Beruhigung des Nahost-Konflikts nicht eine vordringlich europäische Aufgabe? Wir könnten eine zivilisierende Rolle im Weltgeschehen freilich mit mehr Überzeugungskraft beanspruchen, wenn wir den kryptoreligiösen Manichäismus eigener Art ablegen würden, der unser unerschütterlich linkes Weltbild trägt: Wir da unten, Ihr da oben – das ist kein Modell, das für die vernetzte Welt des 21. Jahrhunderts noch taugt. Ein selbstbewusstes, postimperiales Europa führt auch diesen Glaubenskrieg nicht mehr.

IV.

Der Mensch entsteht nicht wie der Apfel aus dem Kern – Einwände gegen das Herstellungsparadigma der Biotechnologie

Im Frühjahr des Jahres 2000 begann eine weltweit geführte Auseinandersetzung über die Möglichkeiten und Gefahren der Biotechnologie. Pünktlich zur Millenniumswende hatte das Humangenom-Projekt den unmittelbar bevorstehenden Erfolg seiner jahrelangen, von einer internationalen Wissenschaftlergemeinschaft getragenen Forschungsarbeit angekündet: Das menschliche Erbgut sei in seiner molekularen Struktur fast vollständig entziffert, das Rätsel um die genetische Ausstattung des Homo sapiens sei bald gelöst. Mit einem medialen Aufwand, für den es in der wissenschaftlichen Welt bisher kein Vorbild gab, konnte im Sommer des gleichen Jahres Vollzug gemeldet werden. Die sinnlose Anordnung von Basenpaaren auf einer schier endlosen Doppelhelix wurde als »Textbuch des Lebens« gefeiert, das man im Prinzip auch umschreiben könne. Auf selbstmanipulativem Wege könne die Menschheit sich irgendwann von zahlreichen Einschränkungen befreien, die ihr die Natur auferlegt habe. Die präventive Vermeidung von Erbkrankheiten, die Herstellung von Ersatzgewebe und ganzen Organen, die Verlängerung des Lebens, all das gerate nun mit Hilfe der neuen Lebenswissenschaften (life-sciences) in den Bereich der Möglichkeit. Ja die »Neuschöpfung der Gattung« stehe auf dem Plan, verkündeten die Priester der neuen Wissenschaftsreligion - und provozierten mit ihren Heilsvisionen den Alarm der Prediger des Unheils, die bereits die Apokalypse gekommen wähnten.

Im Rückblick lässt sich sagen, dass es in Deutschland Peter Sloterdijk war, der im Spätsommer des Jahres 1999 mit seiner berühmt-berüchtigten Elmauer Rede (›Regeln im Menschenpark‹) den revolutionären Diskurs um die biologische Zukunft der Menschheit eröffnet hatte. Die sogenannte Sloterdijk-Debatte* hatte bereits im Vorjahr der »Jahrhundertentdeckung« – als solche wurde die angebliche Entschlüsselung des Humangenoms gefeiert – den biotechnologischen Hype angekündigt. Sie enthielt bereits sämtliche Elemente einer Medieninszenierung, die freilich nur deshalb gelingen konnte, weil ihr Stoff für eine Skandalisierung denkbar geeignet war. Schließlich ging es um eine fundamentale Manipulation an der menschlichen Natur, um

---

* Mein Beitrag dazu ist erschienen in KOMMUNE, Forum für Politik, Ökonomie, Kultur, 11/1999 (Sloterdijk: ein Skandal, ein Metaskandal, ein Subtext und ein Widerspruch. Versuch einer Analyse). Er konnte wegen seines Umfangs hier nicht aufgenommen werden.

eine möglich gewordene Grenzüberschreitung im Zuge des wissenschaftlichen Fortschritts, die Auswirkungen auf das Selbstverständnis der Gattung haben musste. Sloterdijks anthropotechnische Züchtungsphantasie in der Tradition des »gefährlichen Denkens« von Plato, Nietzsche oder Heidegger – er schlug allen Ernstes eine Arbeitsgemeinschaft aus Philosophen und Gentechnikern vor, die sich der Merkmalsplanung für eine gentechnologisch optimierte Menschheit widmen sollte – konnte nicht unbeantwortet bleiben. Zumal er seine Provokation mit scharfen Angriffen auf die jakobinische Tugendherrschaft der Frankfurter Schule verband, welche unter der Führung von Jürgen Habermas die gesellschaftlichen Diskurse der Bundesrepublik dominiere: mit ihrer erstickenden Hypermoral verhindere eine längst abgelebte Kritische Theorie, dass man der schönen neuen Welt »in Freiheit entgegendenken« könne. Als »Zarathustraprojekt« denunziert, wurde Sloterdijks utopische Vision in die Nähe der Menschenversuche der Nazis gerückt.

Solche historischen Assoziationen bestimmten auch den Subtext der weiteren Debatte. Neben den Zweifeln einer seriösen Naturwissenschaft an der faktischen Realisierbarkeit der Idee einer biologischen Reprogrammierung waren bald auch skeptische Stimmen gegenüber ihrer ethischen Wünschbarkeit zu vernehmen. Eine gentechnologisch inspirierte Therapieforschung beanspruchte nämlich, menschliche Embryonen zu verwenden, um zunächst ihr Grundlagenwissen über Zellentwicklung und Organentstehung zu erweitern und durch das Klonen embryonaler Stammzellen Material für zukünftige Heilmittel zu gewinnen (»therapeutisches« Klonen). Eine auf Optimierung ihrer Ergebnisse angelegte Reproduktionsmedizin versprach sich Risikominimierung bei der künstlichen Befruchtung, indem der im Reagenzglas entstandene Embryo vor seiner Einsetzung in die Gebärmutter auf mögliche Erbschäden getestet und im positiven Fall aussortiert werden könnte (Präimplantationsdiagnose PID). Einige dubiose Reproduktionsmediziner machten sich gar an die Aufgabe, im Auftrag und Fortpflanzungsinteresse wohlhabender Kunden generationsversetzte erbgleiche Zwillinge herzustellen (»reproduktives« Klonen).

Eine kritische Öffentlichkeit erhob moralische Einwände und stellte mit zunehmender Resonanz Fragen, welche mit der potentiellen Verfügbarkeit über das bisher unverfügbare biologische Substrat aufgeworfen waren: *Zu welchem Zeitpunkt beginnt menschliches Leben, ab wann und mit welchen Mitteln ist es zu schützen?* Welche Manipulationen sind erlaubt oder sogar geboten, welche sollten moralisch geächtet und rechtlich verboten bleiben? *Wo endet eine Ethik des Heilens und wo verletzt sie die Ethik der Menschenwürde?* Wie fließend sind die Übergänge zwischen einer Vermeidung von Genschäden (negative Eugenik) und einer » Verbesserung« des Erbguts im Sinne einer gentechnischen Herstellung erwünschter Eigenschaften (positive Eugenik)? Was für Illusionen über die Herstellbarkeit, die Gestaltbarkeit, die Verlängerbarkeit des menschlichen Lebens bis hin zur Unsterblichkeit werden im Fieber der biotechnologischen Utopie geboren, welche narzisstische Phantasien werden hier befriedigt? Was sind die gesellschaftlichen Folgen für den Umgang mit Behinderung, Krankheit und Tod? Und welche Vorstellung von ihrem Gegenstand hat eine Humanwissenschaft, die den Menschen auf seine Biologie zu reduzieren droht?

Im Folgenden sind einige Artikel versammelt, in denen ich mich zu solchen Fragen geäußert habe. Dabei nehme ich nicht nur zu den moralischen Problemen einer entfesselten Biotechnologie Stellung, sondern auch zum – bewussten wie unbewussten – Menschen- und Weltbild, wie es in den Botschaften ihrer wissenschaftlichen und publizistischen Herolde mitversandt wird. Die Beiträge sind in der Reihenfolge ihrer Entstehung chronologisch angeordnet und folgen in der Themenwahl dem Verlauf dieser Debatte, deren Ende nicht abzusehen ist. Insofern dokumentieren sie eine Entwicklung im Selbstgespräch der Gattung, die sich anschickt, ihr genetisches Erbe der Evolution zu entwinden. Am Ende steht ein Beitrag, der den naturalistischen Reduktionismus, die erkenntnistheoretischen Verkürzungen und die wissenschaftsmethodische Fragwürdigkeit untersucht, auf denen das biotechnologische Forschungs- und Produktionsparadigma aufsitzt. Es verfehlt den sozialen Kern der Conditio humana: Der Mensch entsteht nicht wie der Apfel aus dem Kern.

Cyber-Gurus auf dem Zauberberg

Die life-sciences werden sich am molekularen Skript noch die Zähne ausbeißen

Das noch so junge »Jahrhundert der Biotechnologie« (Jeremy Rifkin) ist von einem solchen publizistischen Trommelfeuer eingeleitet worden, dass uns schon nach wenigen Monaten die Ohren dröhnen und die zweifelnde Frage übertönt wird, ob wir es hier wirklich mit einem wissenschaftlichen Fortschritt ohnegleichen zu tun haben oder ob wir als Zeugen der »Entschlüsselung« des Humangenoms bloß die Geburtsstunde einer hysterisch inszenierten neuen Utopie erleben. Die Übernahme der Evolution steht an, wenn man den Versprechungen der neuen Wissenschaftsreligion glauben darf. Ihre verführerischen Sprachfiguren entnehmen die Verkünder der »Neuschöpfung des Menschen« allerdings den alten Utopien, und die Rhetorik der radikalen Umwälzung aller Verhältnisse kommt uns bekannt vor: Der wissenschaftlichen werde unvermeidlich die ökonomische und soziale Revolution folgen, lautet übereinstimmend das Credo des szientistischen Determinismus.

Genmanipulierte Pflanzen und tierloses, aus Zellen gezüchtetes Fleisch würden das Welternährungsproblem lösen; durch therapeutisches Klonen ließen sich ohne chirurgischen Eingriff Organe ersetzen; intelligente Nanoboter könnten in den Gefäßen des Körpers patrouillieren und Reparaturfunktionen übernehmen, aber auch Gedanken und Gefühle im Sinne einer virtuellen Realität von innen erzeugen – die Unsterblichkeit sei zum Greifen nah (Ray Kurzweil). Im Kreis der Diskursführer wird zwar noch gestritten über das Tempo und die Gefahren dieser Entwicklung (Bill Joy), aus dem »inneren Zirkel der Revolutionäre« meldet sich der eine oder andere alte Kämpfer zu Wort und gibt seinen Dissens zum »kybernetischen Totalismus« zu Protokoll (Jaron Lanier). Im Kern sind sich die Protagonisten der *new sciences* – wie sie sich in Anlehnung an die *new economics* gerne nennen – aber darin einig, dass der Mensch in der Lage ist oder in Kürze sein wird, seine genetische Reproduktion in die eigene Hand zu nehmen und den Kontingenzen der Natur zu entwinden.

Die charismatischen Cyber-Gurus, die ihre Bildung eher aus *Star-Trek*-Filmen als aus den Romanen Thomas Manns beziehen, lassen sich hierzulande als die wahren Schüler des Zauberbergs feiern: das »Personal der neuen Gründerzeit«. Die verschlafenen Intellektuellen des alten Kontinents sehen sich zur informationstechnologischen Nachschulung, die beamteten Naturwissenschaftler zur unternehmerischen Kooperation mit *der life-science*-Industrie aufgefordert. Im Abgesang an das »*Café Sartre*« soll neben der kritischen Intelligenz die skeptische Wissenschaft gleich mit verabschiedet werden. Dürfen wir an die Verkündigung der biotechnologisch bestimmten Zukunft also noch mit ideologiekritischem Vorbehalt und vernünftiger Skepsis herangehen? Sollen wir uns der vorausgesagten Apokalypse heldenhaft entgegenstellen? Oder sind Zweifel angebracht an der Gültigkeit der revolutionären Prognosen, am Geltungsbereich und an der Wissenschaftlichkeit der Erkenntnisse? Der hohe Ton und die unangenehme Aufdringlichkeit der Verfechter der neuen Utopie entwerten noch nicht die Wahrheiten, die sie verkünden. An die Bio-Forschung als eine Disziplin der Humanwissenschaften stellt sich jedoch die Frage der Validität ihrer Ergebnisse, deren Unanschaulichkeit einen immensen Spielraum für phantasievolle Auslegungen und unzulässige Extrapolationen eröffnet.

Nach der ersten Euphorie hat sich inzwischen herumgesprochen, dass es sich bei dem entschlüsselten Humangenom gerade nicht, wie behauptet, um einen Text handelt, dessen Sprache uns zwar noch unbekannt sei, aber dessen Buchstaben, Worte, Grammatik wir jetzt nach und nach entziffern würden. Es handelt sich um eine Folge von molekularbiologischen Zeichen im Kern jeder Körperzelle, deren Zahl und Anordnung wir nun kennen. Nur ein Bruchteil dieser Zeichen sind Träger von Erbinformationen, also Gene im eigentlichen Sinn (3-5%). Wir wissen nicht welche, ebenso wenig wie wir die Funktion der einzelnen Gene ausreichend kennen. Es gibt innerhalb des Genoms Wechselwirkungen der Gene untereinander und vielleicht auch mit den uncodierten Bestandteilen der langen DNS-Fäden, auf denen die molekularen Bausteine angeordnet sind. Wir kennen die Art dieser Interaktionen nicht. Noch weniger wissen wir über den Austausch zwischen Genom, Zelle und umgebendem Organismus. Die literarischen Metaphern eines »molekularen Skripts«, eines »biologischen Textbuchs« oder gar der »Handschrift Gottes«, unterstellen einen teleonomen Sinn, der sich uns – bisher wenigstens – weitgehend entzieht.

Auch die architektonische Metapher für das Genom als einem »Bauplan des Lebens« ist irreführend, weil sie einen biochemischen Determinismus unterstellt, der den Menschen zum blinden Resultat seiner genetischen Programmierung erklärt. In solchen Vorstellungen herrscht ein naiver Kausalismus, für den menschliches Leben aus seiner natürlichen Grundlage entsteht wie der Apfel aus dem Kern. Die Evolution ist, wie die Ontogenese des einzelnen Menschen, ein komplexer autopoetischer Prozess, der sich durch die Manipulation eines isolierten Faktors zwar beeinflussen, aber eben nicht steuern, geschweige denn kontrollieren lässt. Die Phantasie einer Übernahme der Evolution zeugt von einer wissenschaftstheoretischen Blindheit, die Wolf Singer, Leiter des Max-Planck-Instituts für Hirnforschung in Frankfurt/M., den biotechnologischen Priestern generell bescheinigt und in Sloterdijks Züchtungsphantasien bereits erkannt hat.

Gerade die Neurobiologie, auf die sich die Priester der künstlichen Intelligenz gerne berufen, lässt sich hier nicht vereinnahmen. Sie ist dabei, sich von der cartesianischen Suche nach dem Homunkulus im Kopf zu verabschieden und begreift inzwischen das menschliche Gehirn als eine kunstvoll dezentralisierte Netzwerkarchitektur, deren Verschaltungen vermittels interaktiver Erfahrungen entsteht und das neuronale Selbst als eine Konstruktion, die den Blick aus der dezentrierenden Perspektive des Anderen voraussetzt. Es gibt offenbar keine topographischen Zentren für bestimmte cerebrale Repräsentationen, deren Muster bilden sich durch Aktivierung und Deaktivierung wechselnder neuronaler Gruppen in der Zeit und im ständigen Austausch mit der Umwelt. Hard- und Software fallen beim menschlichen Gehirn zusammen, dessen Struktur zugleich sein Inhalt ist. Die Vorstellung von Ray Kurzweil, eines Tages die Inhalte des Gehirns als Programm (Software) zu speichern und sie in einen neuen cerebralen Träger (Hardware) einzuscannen und dadurch vor dem Verfall zu retten, ist – man muss es so deutlich sagen – hanebüchener Unsinn.

Belege für die wissenschaftlich zweifelhafte Grundlage der biotechnologischen Schöpfungsutopie liefert aber auch die Genforschung selbst. Wenn man die Frage nach dem spezifisch Menschlichen des Humangenoms stellt und es mit den Erbinformationen anderer Lebewesen vergleicht, zeigen sich überraschende Befunde. Das Genom des Huhns etwa umfasst vier Milliarden Basenpaare, also eine Milliarde mehr als das des Menschen, der etwa gleich viele Bausteine auf seinen DNS-Fäden versammelt wie Katze, Schaf oder Rind. Die Ähnlichkeiten sind nicht nur quantitativ, sondern auch qualitativ verblüffend. Mit der Backhefe teilen wir etliche Gene. Die Abweichung unserer Erbanlagen von denen des Schimpansen beträgt 1,5% und damit etwa genauso viel wie die genetischen Unterschiede zwischen den Individuen unserer Spezies. Auf der anderen Seite zeigen Feldmaus und Hausmaus genotypisch weit größere Differenzen, obwohl sie sich phänotypisch sehr ähneln.

Nicht einmal die phantastisch breite morphologische Variation zwischen den verschiedenen Lebewesen lässt sich also an ihrer genetischen Ausstattung erkennen. Erst recht aber kann die große Varianz selbst in den äußeren Merkmalen der Spezies Mensch nur zu einem geringen Anteil durch die Besonderheiten des individuellen Genoms erklärt werden. Die differentielle Wirksamkeit und Zielgerechtigkeit des direkten Eingriffs in die molekulare Anatomie bleibt vorerst (und m. E. auf Dauer) eine wissenschaftsutopische Schimäre. Kann man auf dieser fragwürdigen Basis die wunderbaren Anwendungsfelder der biotechnolgischen Grundlagenforschung betreten? Man kann offenbar – wie wir beispielhaft am genetischen Chip oder an den Verirrungen der Reproduktionsmedizin sehen können. Die Kenntnis der genetischen Belastungen wird als präventives Wissen verkauft, das zu klugem Vorsorgeverhalten führen soll, aber bei Personalabteilungen und Versicherungsträgern bereits der Diskriminierung dient; dabei sind diese Risiken statistische Wahrscheinlichkeitsaussagen, die empirisch nichts über den einzelnen Träger aussagen. Die In-vitro-Fertilisation eröffnet zusammen mit der Präimplantationsdiagnose die Aussicht auf genetisch geprüfte perfekte Babys und bahnt einer selektiven, Shopping-Mentalität den Weg.

Der gesamte biotechnologische Diskurs ist von einem Subtext bestimmt, der das Kranke, das Schwache, das Mangelhafte ins Visier nimmt und seinen utopischen Gehalt an der Beseitigung dieser konstitutionellen Defizite des menschlichen Lebens orientiert. Es sind latente eugenische Phantasien, die sich unter den neuen Visionen ausbreiten. Auch wenn die hoch gespannten Erwartungen sich praktisch nicht werden erfüllen lassen, weil der Mensch kein Designer-Produkt ist, werden solche Phantasien praktische Auswirkungen auf den gesellschaftlichen Umgang mit Behinderung und Abweichung haben. Die

Vorstellung der Evolutionsbeherrschung, die Ideen des Jungbrunnens, der ewigen Jugend, der Unsterblichkeit, sie entstammen dem Fundus narzisstischer Macht- und Größenphantasien. Die Psychoanalyse würde sagen, es handelt sich um die Verleugnung der kränkenden Tatsachen des Lebens, um abwehrende Antworten auf die Grenzen unserer Existenz, um Reaktionen des Unbewussten auf schwer erträgliche Bedingungen der Conditio humana.

Wir sollten uns deshalb in Erinnerung rufen, dass auch die national-sozialistische Ideologie eine revolutionäre Utopie war, die ihre gärtneri-schen Metaphern von der Rassereinheit und der Vernichtung des Unwer-ten aus der zeitgenössischen Humangenetik bezog, wie Zygmunt Baumann (*Moderne und Ambivalenz, 1993*) uns gezeigt hat. Deshalb können wir die *life-sciences*, wie sich die Biowissenschaften marketing-bewusst jetzt nennen, nicht ihren Akteuren überlassen. Eine Meta-Diskussion ist notwendig, ein gesellschaftliche Debatte, in der zunächst die losgelassene biotechnologische Forschung interdisziplinär eingebun-den und mit ihren praktischen, sozialen und moralischen Konsequenzen konfrontiert werden muss. Die Biologie selbst ist von solchen Entschei-dungen überfordert, auch wenn sie, mit der Informationstechnologie zu einer hybriden Einheit verbunden, die Wissenschaft des anbrechenden Jahrhunderts zu sein beansprucht. Wo die »Neuzüchtung des Menschen« beschworen wird, ist die Gattung gefragt.

Das trockene Bett des Rubikon

Zu Beginn des 20. Jahrhunderts waren es die mächtigen Utopien der großen Industrie und der sozialistischen Revolution, aus denen die neue Welt und der neue Mensch hervorgehen sollte. Hundert Jahre später entzünden sich die revolutionären Phantasien an der Entzifferung des unvorstellbar Kleinen im menschlichen Erbgut, das nun, in seine Bestandteile zerlegt, auf eine verbesserte Rekombination im Rahmen des »*molecular manufacturing*« wartet. Damals wie heute sind es die entfesselten Produktivkräfte, die an den überkommenen Produktionsverhältnissen rütteln, und der Fortschritt, dieses Mal in molekularbiologischem Gewand, scheint wieder einmal unaufhaltsam. Der zwischendurch gefeierte (im Stillen wohl betrauerte) Utopieverlust – offenbar war er nur die Signatur einer Übergangszeit, die mit dem Siegeszug der selbsternannten Lebenswissenschaften zu Ende geht. Die helle Zukunft der Gattung wird an der Schwelle zum 21. Jahrhundert in biotechnologischen Visionen umrissen. Verblasst ist die Erinnerung an jene dunkle Zeit, in der Humangenetik schon einmal an der Verbesserung der Volksgesundheit arbeitete.

Ein melancholischer Literat aus Frankreich und ein philosophischer Tiefendenker aus Deutschland, von Verzweiflung über die Verwilderung der Gattung getrieben, waren die ersten auf der Schaubühne der neuen Utopie. Sie hielten die doppelte Vorrede zu einem revolutionären Stück, das auf der noch verdunkelten Hinterbühne – den Labors und Rechenzentren der Biowissenschaften, den Forschungsabteilungen der Pharmaindustrie, den Kliniken der Reproduktionsmedizin – längst im Gange war. Michel Houellebecq (*Elementarteilchen*) lässt in einer doppelbödigen Allegorie einen Humanbiologen auftreten, der dem Übel der Zeit, der Zurichtung der Sexualität als Ware in der Marktkonkurrenz, zu entgehen sucht, indem er einer biogenetisch programmierten besseren Welt ohne Sexualität entgegenforscht – während sein Alter ego in Gestalt des Halbbruders, auf seinem Weg durch die Manie vergeblichen Begehrens liebes- und lebensunfähig geworden, erschöpft in der Psychiatrie landet. Peter Sloterdijk (*Regeln im Menschenpark*) entwirft, nach dem angeblichen Scheitern des Humanismus, das Programm einer gentechnologischen Menschenzüchtung, die auf eine Optimierung der gesellschaftlichen Homöostase durch Merkmalsplanung abzielt.

Beide Vorredner schienen Walter Benjamins geschichtsphilosophische These bestätigen zu wollen, dass die Idee des Fortschritts auf dem Bewusstsein einer katastrophischen Gegenwart beruhe. So wurden die Prolegomena zur bioethischen Großdebatte für das Publikum als kultur-pessimistische Provokation verfasst. Erst dann begann das Hauptstück als spektakuläre Inszenierung eines Welttheaters. Die Genforscher präsen-tierten im ersten Akt ihr Wissen über das digitalisierte menschliche Erbgut als »Buch des Lebens«, verfasst in der »Handschrift Gottes«. Man könne darin lesen, müsse aber auch die Fehler korrigieren und den Text ein wenig umschreiben. Die Regeneration der Gattung als Werk der Ingenieurskunst wurde in der Nachrede angekündigt. Das Publikum war beeindruckt, wenn auch etwas skeptisch, und so manchem Zuschauer lief ein leichter Schauder über den Rücken.

Aber die Begeisterung der Theaterkritiker war groß, ihnen hatte das revolutionäre Stück über die Herstellung der Welt gefallen. Die medialen Verstärker funktionierten gut und meldeten Erfolge. Kein Tag, an dem das phantastische Ziel nicht wieder ein Stück näher rückte. Die depri-mierenden Tatsachen des Lebens, Krankheit, Altern, Tod, verloren ihren Schrecken: Bisher Unheilbares galt plötzlich als heilbar, scheinbar Un-vermeidliches als vermeidbar und offenbar Unausweichliches konnte mindestens hinausgeschoben werden. Der Weltgeist glühte, die Kurse stiegen, und mit den Aktien kletterte auch das Genfieber. Die manisch aufgeheizte Konjunktur kühlte erst ab, als die Forschung nach dem kost-baren Rohstoff verlangte, von dessen nützlicher Verwertung weiterer Fortschritt abhing: dem werdenden Leben in Gestalt des Embryos. Nun begann ein ernüchterndes Zwischenstück über Menschenwürde, Moral und Verfassung, in dem wir uns immer noch befinden.

Die unselige Debatte über die Embryonenforschung gefährde das Ansehen des grandiosen Zukunftprojekts, befürchtete Frank Schirrma-cher, der im ersten Fieberschub des neuen Szientismus das Feuilleton seiner angesehenen Zeitung begeistert einer Garde von Wissenschafts-priestern, Technikaposteln und biowissenschaftlichen Religionsstiftern für allerlei Heils- und Unheilsverkündigung ausgeliefert und dem gefeier-ten »Personal der neuen Gründerzeit« eine Art Porträt-Gallerie gewid-met hatte. »Warum beginnt die biotechnologische Debatte ausgerechnet bei den Embryonen?« lamentiert er gegen besseres Wissen, die eigene

Spur verwischend. Um selbst die Antwort zu liefern: weil »die Wahrnehmung des Embryos als Material die Akzeptanz für all jene Eingriffe
schafft, die über kurz oder lang unsere Gesellschaft revolutionieren
werden.« So ist es. Die biotechnologische Projektschmiede bekommt ein
fatales Marketingproblem, wenn es ihr nicht gelingt, den Embryo als
Forschungsobjekt und biomedizinisch verwendbaren Zellhaufen zu
präsentieren. Dafür werden jetzt Schleichwege gesucht, weil der direkte
Zugang versperrt scheint.

Der Rubikon sei längst überschritten, lässt uns die Forschungslobby
wissen, auf einen Schritt mehr komme es nun auch nicht mehr an. Es gebe
diesseits des Rubikon genug zu forschen, antwortet ihr der Bundespräsi-
dent, wenn man der Menschheit dienen wolle. Wo verläuft der Fluss, den
beide hier im Munde führen, und welche Zonen trennt er? Der Embryo
sei vom ersten Tage an zu schützen und dürfe nicht getötet werden,
fordern die Lebensschützer, sonst gebe es einen Dammbruch. Der Damm
sei längst durchbrochen, erwidert die Gegenseite und verweist auf künstliche Befruchtung, Abtreibungspraxis und Nidationshemmer. Was sollte
der Damm wohl schützen und vor was? Hinter dem Damm und jenseits
des Rubikon zeichnen sich die Umrisse einer neuen Biopolitik ab. Das
deutsche Parlament – das wäre meine Prognose angesichts der rapiden
Erosion moralischer Bedenken und der suggestiven Wirkung therapeutischer und wirtschaftlichen Hoffnungen – wird über kurz oder lang den
Weg freigeben. Die Freigabe wird zunächst wohl auf die Präimplantationsdiagnostik beschränkt werden, weil die genetische Untersuchung
den Embryo nicht vernichtet, sondern »bloß« seiner Einpflanzung
vorbeugt, falls er Schäden im Erbgut aufweist.

Aber jedem Eingeweihten ist klar, dass es kein Halten geben wird.
Warum sollte die Selektion auf die Resultate der seltenen künstlichen
Befruchtung beschränkt bleiben und der Wunsch nach dem genetisch
gesunden Kind anderen Eltern abgeschlagen werden, wenn sie pränatale
Qualitätssicherung verlangen? Die bei der In-vitro-Fertilisation entstande-
nen überzähligen Embryonen, die, als »Waisenkinder« der Reproduk-
tionsmedizin keine Gebärmutter gefunden haben, soll man sie wirklich
sinnlos vernichten, wo sie in den Kühlhäusern bereits auf ihre nützliche
Verwendung warten? Das »therapeutische« Klonen auf dem Weg zu einer
Zelltherapie, an die sich die Hoffnungen großer Patientengruppen knüpfen,

warum sollte es verboten oder vom teuren Import embryonaler Stammzellen abhängig bleiben? Die ethischen und rechtlichen Weichen werden für
den unaufhaltsamen Zug des Fortschritts nach dem gleichen Muster gestellt
wie bei der Debatte um den Hirntod, die der Organtransplantation den Weg
gebahnt hat: Die Definition des menschlichen Lebens wird unter den Fortschritten der Biomedizin variiert und den Desideraten einer expandieren-
den Gesundheitsindustrie angepasst – der technologischen Dynamik folgt
eine plastische Ethik und dieser wiederum das normsetzende Recht.

Die deutsche Verfassung und den Embryonenschutz, den sie gewährt,
zum Schutzwall für die Menschenwürde zu machen, ist eine verständli-
che, aber kurzsichtige Strategie, die dem Ansturm des biotechnologischen
Zugriffs nicht lange standhalten wird. Sie greift zu kurz, nicht nur weil
sie auf den Spuren einer deutschen »Sondermoral« den weltrevolutionä-
ren Anspruch der Biotechnologie übersieht. Sie verkennt auch die
Dimension des Problems: Indem der Mensch als Gegenstand behandelt,
zum formbaren Produkt eines Herstellungsprozesses verdinglicht wird,
dringt man in eine Zone der Unverfügbarkeit ein, wo das Menschsein
selbst berührt ist. Jürgen Habermas (*Begründete Enthaltsamkeit, Neue
Rundschau 2/2001*) hat auf diese Konsequenz einer biotechnologischen
Verfügung über das bisher unverfügbare organische Substrat hingewiesen. Sie sei, weil sie dem Menschen das ungestörte »Selbstseinkönnen«
(Kierkegaard) raube, unter Gesichtspunkten einer »Gattungsethik« generell regelungsbedürftig – und nicht etwa als Freiheit zur manipulativen
Selbstermächtigung normativen Überlegungen entzogen. Die »unschein-
bare Kontingenz«, die in der Unvorhersehbarkeit des kombinierten
Chromosomensatzes im Humangenom liegt, bilde eine stumme Bedin-
gung für die Gleichheit aller Menschen und die selbstverantwortliche
Aneignung der individuellen Lebensgeschichte. Sie erlaube erst ein refle-
xives Selbstverhältnis, das die Haftung eines anderen für die eigene Identität ausschließt. Dem gezielt mit Anlagen versehene Mensch werde diese
Kontingenz vorenthalten.

Die biowissenschaftliche Intervention verwischt mit den Möglichkeiten einer genetischen Manipulation die Grenzen zwischen Personen und
Sachen. Das ist die eigentliche Grenzüberschreitung, die zu revidieren
wäre. An der Verdinglichung des Embryos wird sie nur jedermann deutlich. Dieser fundamentale Einspruch von Habermas muss durch einen

weiteren ergänzt werden, der auch die »technischen« Risiken dieser Entwicklung für die Gattung ins Auge fasst. Bei der humangenetischen Forschung und dem biomedizinischen Eingriffsarsenal, das sie hervorbringt, handelt es sich nämlich um einen kollektiv angelegtes Großversuch in der Zwischenzone von Natur und Kultur, an dem die ganze Menschheit beteiligt ist, ohne gefragt worden zu sein. Für vergleichbar ungesichertes experimentelles Handeln, das – an der Grenze zwischen Labor- und gesellschaftlicher Erfahrung – direkt in die Lebenswelt eingreift, fordert der Wissenschaftsforscher Bruno Latour (*Die Büchse der Pandora*, 2000) allgemein verbindliche und überprüfbare Regeln: Protokolle und Prozeduren zur vorsorglichen Bewertung von wissenschaftlichen Innovationen.

Unter diesem Gesichtspunkt müsste das biotechnologische Zukunftsprojekt insgesamt gesichtet und neu bewertet werden. Der erste Schritt wäre (wie von Jeremy Rifkin in einem Vertragsentwurf für die *Vereinten Nationen* fordert), den Genvorrat der Welt unter die gemeinsame Verantwortung der Menschheit zu stellen und ökonomischer Nutzung zu entziehen: Das Erkenntnisinteresse der Forschung darf nicht länger von profitablen Anwendungsaussichten korrumpiert werden. Eine Zwischenbilanz müsste zweitens die universellen Gesamtkosten erfassen, einschließlich derer, welche die Illusion der Perfektheit für den wirklichen Umgang mit Unvollkommenheit, Behinderung, Krankheit und Sterben verursacht. Drittens müsste dann über zukünftige Enthaltsamkeit entschieden werden. Damit der Rubikon wieder Wasser führt.

Was erwartet der Embryo?

Jürgen Habermas und die Biotechnologie

Die Behutsamkeit, mit der sich Jürgen Habermas in die heiß laufende bioethische Großdebatte einschaltet, gründet auf einer doppelten Distanzierung: Er grenzt sich von einem Alarmismus ab, der in der gentechnologischen Manipulation bereits das Projekt der Menschenzüchtung wittert, aber auch vom Fundamentalismus eines Lebensschutzes, der dem embryonalen Frühzustand die absoluten Rechte einer Person zuerkennen möchte. Stattdessen platziert Habermas seine Argumente aus der Perspektive einer theoretisch möglichen Entwicklung, die über den gegenwärtigen Stand der Technik hinausreicht und die moralischen Fragen vorausschauend aufgreift. Nur so lasse sich vermeiden, daß das Programm einer biologischen Selbstoptimierung der Menscheit mit seiner dynamischen Wucht den Prozess einer normativen Selbstverständigung überrolle, in dem die Gattung Grenzen für manipulative Eingriffe in ihre genetische Grundlage vernünftig erörtern und begründet ziehen könne. Einer möglicherweise in der Zukunft liegenden dramatischen Gefährdung könne man durch rechtzeitige öffentliche Debatte gelassener begegnen – im Modus der versuchsweisen Annäherung an moralische Probleme, für die auch die praktische Philosophie noch keine Lösungen anzubieten hat.

Als Szenario wählt Habermas eine zukünftige Situation, in der nach der Zulassung der Präimplantationsdiagnostik weitere Fortschritte der Biotechnologie es erlauben, eine gentherapeutisch bisher nicht mögliche Prävention von Erbkrankheiten zu betreiben. Dann stellt sich die paradoxe Herausforderung, diese dann gerechtfertigte »negative« Eugenik von einer bisher als ungerechtfertigt verworfenen »positiven« Eugenik genau abzugrenzen. Denn die Grenze zwischen beidem ist fließend. Wie soll auf Dauer das Ziel, die Geburt eines schwer erbgeschädigten Kindes zu vermeiden, vom Ziel unterschieden werden, sein Erbgut zu optimieren? Beim Versuch einer Grenzziehung verschwimmt nämlich, das ist das eigentlich Beunruhigende, die Grenze zwischen dem natürlich Gewordenen und dem technisch Gemachten, »zwischen der Natur, die wir *sind*, und der organischen Ausstattung, die wir uns *geben*«. Hier sind Fragen der Gattungsidentität berührt, die sich nicht durch die Berufung auf ein einziges, die Kontroverse entscheidendes Argument (wie das der unantastbaren Menschenwürde des Embryos von Anfang an) beantworten lassen. Vielmehr geht es um das normativ prekäre Zusammenspiel zwischen der Unantastbarkeit der Person und der Unverfügbarkeit ihrer biologischen Natur, um das anthropologische Verhältnis zwischen »Leib sein und Körper haben« (H. Plessner).

Habermas geht es darum, wie weit und wie tief eine genetische Manipulation, weil sie den Unterschied zwischen Subjektivem und Objektivem verwischt, nicht nur in das ethische Selbstverständnis der Gattung, sondern auch in das des Einzelnen eingreift, dessen organische Erbsubstanz gezielt verändert wird. Die Gefahr liegt darin, dass die Biotechnologie das naturwissenschaftlich erprobte instrumentelle Verhältnis zur natürlichen Umwelt in die innere Natur hinein verlängert und das Handlungsmodell der *technischen Materialverarbeitung* auf einen Bereich ausdehnt, der eines *kultivierenden Umgangs* bedarf. Die störbare Eigendynamik des menschlichen Lebensprozesses verlangt eine einfühlsame Rücksichtnahme, die im rücksichtslosen Durchgriff auf das Genom dann verletzt wird, wenn die Manipulation einer Sache gilt, deren subjektive, also Person-Qualität unterschlagen wird. Ein mit Absichten hergestellter Embryo unterliegt anderen Erwartungen als ein gezeugter Embryo. Der Versuch seiner genetischen Modellierung, unabhängig von der Frage nach dem Gelingen dieses Versuchs, macht aus ihm einen Gegenstand der Verfügung.

Machen aber nicht auch die Wünsche und Phantasien der Eltern ein Kind zum Objekt, etwa ihrer Erziehung? Sind nicht auch die äußeren Umstände der familialen und sozialen Umwelt des Kindes objektive Faktoren, die außerhalb der kindlichen Verfügbarkeit liegen? Der Einwand ist naheliegend, aber nicht stichhaltig. Von solchen prägenden Einflüssen kann sich der Heranwachsende befreien, in dem er sich seine Lebensgeschichte reflexiv aneignet oder – bei einer neurotisch gestörten Entwicklung etwa – mögliche Fixierungen später auf dem Wege einer psychoanalytischen Kur auflöst. Er ist prinzipiell in der Lage, die Kausalität seines Sozialisationsschicksals dadurch zu brechen, dass er die Autorenschaft seines eigenen Lebens übernimmt. Ob ein eugenisch programmierter Mensch das noch kann, steht in dem Augenblick in Zweifel, wo er von narzisstisch bedürftigen, ehrgeizigen oder auch nur besonders fürsorglichen Eltern mittels gezielter genetischer Manipulation auf einen

Lebensentwurf festgelegt werden soll. Die Auseinandersetzung mit den Eltern führt möglicherweise zu einer konsonanten Übernahme dieser Erwartungen, wie es auch der Fall ist, wenn Kinder ihre natürlichen Begabungen mit eigener Anstrengung zu Fähigkeiten entwickeln oder Jugendliche bei ihrer Lebensplanung an die Berufswahl der Eltern anknüpfen. Was aber geschieht im dissonanten Fall, an dem Habermas mit aller Vorsicht seine moralische Bedenken entwickelt?

Hier unterscheiden sich nun die in der genetischen Manipulation, also in der Natur des Erbguts selbst fixierten Präferenzen der Eltern von Erwartungen, die im Medium der Kommunikation an ein Kind herangetragen werden. Während diese »anfechtbar« sind und mit Gründen im Lauf der Sozialisation bestritten sowie durch eigene Vorstellungen ersetzt werden können, haben jene den Charakter einer »stummen« Tatsache, ohne die Möglichkeit einer nachträglichen Revision. Das zukünftige Kind wird im Vorgang seiner Programmierung nicht subjektiv behandelt, wie eine zweite Person also, sondern wie ein Objekt oder Produkt. Eine genetische Festlegung lässt sich eben nicht revidieren, wie es beim pathologisch entgleisten Bildungsprozess möglich erscheint. Hier stehen keine prinzipiell korrigierbare *Zu*schreibungen zur Debatte, sondern unkorrigierbare *Ein*schreibungen. Im kritischen Fall kann das zu einer Situation führen, in der ein Betroffener mit seinem genetisch auferlegten Schicksal hadert, für das er die Haftung abgeben kann.

Aus solchen Überlegungen entwickelt Habermas seine beiden zentralen moralphilosophischen Einwände. Erstens schränkt die eugenische Manipulation den ethischen Freiheitsraum eines Individuums zur unbefangenen Gestaltung seines Lebens ein, indem sich »abgelehnte, aber irreversible Absichten Dritter« unbedingte Geltung verschaffen. Zweitens entsteht damit eine asymmetrisch verzerrte Beziehung zwischen einem Hersteller und seinem Produkt, »ein Paternalismus eigener Art«, der eine Reziprozität von Erwartungen nicht zulasse und die prinzipiell egalitären Verhältnisse demokratischer Gesellschaften unterlaufe. Gegen Formen struktureller Gewalt, manifester und subtiler Unterdrückung, ökonomischer Ausbeutung, politischer Rechtlosigkeit oder sozialer Ohnmacht können wir uns deshalb zur Wehr setzen, weil wir wissen, dass die Verhältnisse auch anders sein könnten. Scham und Empörung darüber enthalten die unausgesprochene Unterstellung, dass alle Mitglieder einer Gesellschaft als Personen sich gegenseitige Anerkennung schulden und den gleichen normativen Status beanspruchen können. Wenn die zufällige Zusammensetzung unseres Erbguts aber gezielt verändert wird, ist dieses Fundament einer universalistischen Moral bedroht: Die genetische Programmplanung schafft eine »entwaffnende« Art von Abhängigkeit, gegen die der Programmierte, falls er sich die fremden Absichten nicht zu Eigen macht, nicht erfolgreich rebellieren und in seinem egalitären Umgang mit anderen eingeschränkt sein kann.

Habermas bezieht sich mit seinen Bedenken auf die Variante einer »liberalen Eugenik« – und nicht auf das Schreckbild einer »autoritären« Variante, deren Ziel die Menschenzüchtung ist. Und er hat dabei die unscheinbaren Nebenwirkungen im Blick, nicht die direkten Absichten biotechnischer Eingriffe. Die Gefahren sieht er weniger im Großversuch einer genetischen Optimierung der Gattung, als vielmehr in der Dynamik von durch Nachfrage gesteuerten und an Gewinnchancen orientierten Märkten: Die Biotech-Industrie betrachtet Eltern als Kunden, deren individuelle Wahlentscheidungen durch eugenische Angebote zu befriedigen seien. Selbst hier hüllt der Philosoph seine grundsätzlichen Bedenken in einen Konjunktiv und stellt sie unter einen empirischen Vorbehalt. Nachdem die Menschheit sich mit den Kränkungen ihres geozentrischen Weltbilds durch Kopernikus und ihres anthropozentrischen Weltbildes durch Darwin bereits abgefunden hat (man könnte hinzufügen: auch mit der psychologischen Kränkung durch die Entdeckung des Unbewussten) – warum sollte sie mit einer weiteren Dezentrierung nicht zurechtkommen, die durch die Verfügung über das bisher unverfügbare organische Substrat gesetzt wird? Im offenkundigen Abscheu vor der Embryonenforschung zeige sich aber die intuitive Überzeugung, dass werdendes Leben nicht für fremde Zwecke instrumentalisiert werden dürfe. Gerade eine Ethik des Heilens, die das Instrumentalisierungsverbot zu lockern fordert, verlange den »Maßstab einer virtuellen Arzt-Patienten-Beziehung«, unter dem bereits der Embryo als antizipierte zweite Person und nicht als Sache zu behandeln ist.

»Das Gehirn liefert kein Abbild der Welt«

Ein Gespräch mit dem Hirnforscher Wolf Singer

Wolf Singer ist Neurobiologe und leitet das Frankfurter Max Planck-Institut für Hirnforschung. Er hält Vorträge vor Psychoanalytikern und Philosophen, zum Historikertag 2001 hat er den Eröffnungsvortrag gehalten. Und er äußert sich in der Öffentlichkeit kritisch zu den biotechnologischen Utopien von der »Neuschöpfung des Menschen« und der »Übernahme der Evolution«. Was treibt ihn über die Grenzen seines Faches zum transdisziplinären Engagement?

Der Umstand, dass sich die Grenzen zwischen den wissenschaftlichen Disziplinen öffnen und insbesondere die Kultur- und Naturwissenschaften sich einander annähern – wenn sie nicht gar »den Traum einer Einheitswissenschaft träumen« –, nötigt zu einer wechselseitigen Berücksichtigung der jeweiligen Wissensbestände und Forschungsperspektiven. Bei diesem interdisziplinären Austausch hat die Neurobiologie eine besondere Funktion, weil sie sich naturwissenschaftlich mit Fragen beschäftigt, die in die Geisteswissenschaft nicht nur hineinragen, sondern dort selbst Gegenstand der Forschung sind: die Entstehung und Funktionsweise der höheren Hirnfunktionen, die Determiniertheit von Erleben und Handeln, die Probleme von Subjektivität und Willensfreiheit. Erkenntnistheoretische Fragestellungen verbinden die Neurobiologie daher mit der Philosophie. Insofern sie sich mit dem Gehirn als einem komplexen, hoch interaktiven und umweltbezogenen, selbstorganisierenden System befasst, gibt es Bezugspunkte zu den Sozialwissenschaften. Die Nähe zur Psychoanalyse ergibt sich aus der gemeinsamen Frage nach der Emergenz von Bewusstsein und dem Gefühl von Identität. Es geht darum, für die interdisziplinäre Verständigung eine gemeinsame Sprache zu finden und Brücken des Wissens zu bauen.

Das Thema seines Vortrags auf dem Historikertag lautete ›Wahrnehmen, Erinnern, Vergessen‹, und Professor Singer vermittelte Erkenntnisse der modernen Kognitionswissenschaften zu diesen mentalen Prozessen. Worin besteht die Verbindung zur Geschichtswissenschaft?

Die »Einmischung der Hirnforschung« rechtfertigt sich vor allem durch die Tatsache, dass die Geschichtswissenschaft nicht einfach aus objektiven Quellen schöpft, sondern auf Zeugnisse angewiesen ist, die ihrerseits die Spuren subjektiver Verarbeitung tragen. Die Berichte von Augenzeugen, die Protokolle von Ereignissen, die Narrationen und Überlieferungen geben ein Bild von der historischen Wirklichkeit, das durch Prozesse der Wahrnehmung, der Erinnerung, der Interpretation hindurchgegangen ist. Um diese Zeugnisse wissenschaftlich zu bewerten, muss der Historiker nicht nur die Sprache kennen, in der sie verfasst, sondern auch den Kontext, in dem sie entstanden sind, und möglichst sogar die Motive und Interessen, auf denen sie beruhen. Er sollte sich dabei im Klaren darüber sein, dass die Wahrnehmungen und Erinnerungen, die solchen Zeugnissen zugrunde liegen, »holistischen Charakter« haben, also ganzheitlich verfasst sind. Beim Versuch aber, einen ursprünglichen Gesamteindruck in Sprache zu übersetzen, muss ein im Gehirn parallel repräsentiertes Wissen in eine Sequenz von Aussagen umgewandelt werden. Das verlangt die Auflösung assoziativer Verknüpfungen, eine Selektion nach Prioritäten und die Wahl einer Reihenfolge. All das macht deutlich, dass bei der Frage der Rekonstruktion geschichtlicher Ereignisse immer nur eine Annäherung an die Wirklichkeit erreicht werden kann, selbst wenn es sich bei den Quellen um redliche Berichterstatter und sorgfältige Beobachter gehandelt hat. Unser Gehirn liefert kein schlichtes Abbild der objektiven Welt.

Nach welchen Prinzipien funktionieren dann Wahrnehmung, Gedächtnis und Erinnerung, wenn wir nicht davon ausgehen können, dass sie Wirklichkeit einfach abbilden?

Wenn wir das zusätzliche Problem interessengeleiteter Verzerrung oder bewusster Fälschung außer Acht lassen, arbeiten unsere Sinnessysteme nach Prinzipien, die sich in der Evolutionsgeschichte bewährt haben und dem »Überleben in einer komplexen Welt« dienlich sind. Dazu gehört vor allem, dass wir uns ein kohärentes Bild von der Außenwelt machen und für diesen Zweck Umweltsignale sowohl auswählen (also manche aufnehmen und andere nicht) als auch Lücken durch eigene Konstruktionen füllen. Darüber hinaus gelangen über die Sinnesorgane eine Menge Reize in das Gehirn, die, obwohl sie unbewusst bleiben, doch neuronal verarbeitet werden und Verhalten bestimmen. Auch hier führt uns das Bedürfnis nach Ganzheitlichkeit dazu, für unbewusst motivierte Handlungen vernünftige Begründungen zu finden und lediglich zeitlich kontingente Ereignisse als Kausalbeziehungen zu konstruieren, damit uns die Welt plausibel wird. Die selektive Steuerung unserer Aufmerksamkeit tut ein übriges. Fehlwahrnehmungen und »falsche« Erinnerungen haben also in diesen Arbeitsprinzipien unseres Gehirns eine neuronale Grundlage.

Es macht einen Unterschied, aus der Perspektive der dritten Person objektive Hirnprozesse zu erforschen oder aus einer Perspektive der ersten Person subjektives menschliches Erleben zu erfassen. Diese erkenntnistheoretische Differenz hat Wolf Singer einmal mit einem schönen Vergleich veranschaulicht: Obwohl wir wissen, dass die Erde sich um die Sonne dreht, freuen wir uns an deren abendlichem Unter- und morgendlichem Aufgang. Er plädiert, angesichts dieser prinzipiellen Inkompatibilität, für eine humanwissenschaftliche Zwei-Welten-Theorie. Sieht er in der Zukunft die Möglichkeit einer Überbrückung dieser Welten?

Die Molekularbiologie kann wohl die materiellen »Bausteine des Lebendigen« entschlüsseln. Das alte Problem der Entstehung des Bewusstseins ist damit aber nicht gelöst. Die höheren geistigen Funktionen und insbesondere die Fähigkeit (die den Menschen vom Tier unterscheidet), Bewusstsein und Selbstbewusstsein auszubilden, hängt wahrscheinlich damit zusammen, dass wir mit einem »inneren Auge« unsere eigenen kognitiven Prozesse beobachten können. Wir betrachten auf einer zweiten Repräsentationsebene gewissermaßen unser Gehirn bei seiner Arbeit. Diese selbstreflexive Fähigkeit entsteht im Kern bereits durch die Interaktion des Säuglings mit seinen frühesten Bezugspersonen und wird durch Prozesse der Spiegelung unseres Selbst im Anderen ausgebildet – sie ist ein soziales Konstrukt.

Postmoderne Kreationisten

Die Büchse der Pandora bleibt geöffnet

Alles spricht inzwischen dafür, dass es sich bei der Weihnachtsnachricht von der ersten Zeugung eines Menschen durch reproduktives Klonen um eine Falschmeldung handelte: Eva ist kein Klonkind, sondern eine Ente. Die frohe Botschaft, von der Bischöfin einer hedonistischen Wissenschaftsreligion verkündet und durch die medialen Resonanzverstärker um die ganze Welt getragen, gehorchte offenkundig den Marktgesetzen des Spektakels, nicht den Publikationsregeln für wissenschaftliche Innovationen (die freilich im Falle der *life-sciences* längst nicht mehr gelten). Keineswegs störte es deshalb die Sekte – welche bekanntlich die gesamte Menschheit als Klon von Außerirdischen betrachtet und sehnlichst auf deren Wiederkunft wartet –, dass sie nun der Aufschneiderei und Großmäuligkeit bezichtigt wird. Ebenso wenig wie es ihre Chefentwicklerin Brigitte Boisselier scherte – ihr wird eine wissenschaftlich brillante Vergangenheit als Biochemikerin in der französischen Pharma-Industrie bescheinigt –, dass sie mit ihrem schamanenhaften Auftreten den letzten Rest an Seriosität und Glaubwürdigkeit verlor.

Solche Werte gelten in den fortschrittsgläubigen Bastelstuben der Reproduktionsmedizin wenig, solange die fiebrigen Erfolgsaussichten fortbestehen und die werte Kundschaft Schlange steht. Altmodische Skrupel sind den reproduktionsmedizinischen Tüftlern fremd. Die Szene arbeitet schließlich nach den Prinzipien von Versuch und Irrtum – wenn es diesmal nicht geklappt hat, so doch bestimmt beim nächsten Mal. Und um internationale Aufmerksamkeit zu erzielen (und auf diese Weise Klonierungswillige zu interessieren, neue Mitglieder zu gewinnen, die nötigen Sponsorengelder einzuwerben), scheint eine ordentliche Skandalisierung immer noch die beste Methode. Brigitte Boisselier, die für sich einen Platz in der Wissenschaftsgeschichte reklamiert, hat bereits weitere Geburten angekündigt, darunter das Wunschkind einer lesbischen Frau. Nun warten wir auf ihre nicht weniger geltungssüchtigen Konkurrenten Severino Antinori und Panayotis Zavos, die im medialen Klonwettbewerb in Rückstand geraten sind. Der erbgleiche Zwilling, eine Generation jünger als sein genetisches Original, wird demnächst das Licht der Welt erblicken. Aber wird er im organismischen Sinne gesund sein?

Das legendäre Klonschaf Dolly, nach dessen Vorbild die Menschenklone technisch erzeugt werden, war das 277. Experiment in einer langen Versuchsreihe. Ein reiner Zufallstreffer nach 276 gescheiterten Versuchen, bei denen eine Vielzahl von Fehlgeburten, Missbildungen und genetischen Schäden aufgetreten sind. Auch Dolly, inzwischen an einer Lungenkrankheit gestorben, war keineswegs gesund, sondern wies eine Reihe von Anomalien auf, die sich zum Teil erst spät manifestiert haben. Und Ian Wilmut, sein biowissenschaftlicher Vater, gehört inzwischen zu den schärfsten Kritikern des Klonens. Die Entkernung der weiblichen Eizelle, die so ihrer genetischen Substanz beraubt und mit einem künstlich verjüngten Kern aus dem Zellmaterial des Replikanden versehen wird, ist nämlich eine äußerst störbare Technik. Weil es Interaktionen des Zellkerns mit seiner Umgebung gibt – im Lauf der Entwicklung dann einen hochkomplexen Austausch zwischen Genom, Zelle, Zellverband, Organismus Umwelt, mit mannigfachen Rückkoppelungen, die wiederum mit jeder Entwicklungsphase variieren –, ist die Manipulation mit enormen Risiken belastet. Sie kann eben nicht mit einer chirurgischen Operation verglichen werden, die in der Regel dann erfolgreich verläuft, wenn exakt genug gearbeitet wird. Das Klonen bedeutet einen massiven Eingriff in den Beginn eines lebenden Systems, eine Intervention, von der manche Wissenschaftler schon aus theoretischen Gründen bezweifeln, dass ihre Folgen gesteuert und ihre Nebenwirkungen beherrscht werden können. Die Vorstellung, das Humangenom sei mit einem Computerprogramm zu vergleichen, das eben auch umgeschrieben werden könne, ist wissenschaftstheoretisch naiv. Autopoeitische Systeme entwickeln sich nach inneren Regeln der Selbststeuerung, sie entziehen sich gezielten Interventionen von außen – wer hier eingreift, kann gar nicht wissen, was er bewirkt.

Warum aber hat sich dann die seriöse Wissenschaft so zurückgehalten mit ihrer kritischen Bewertung des reproduktiven Klonens? Aus welchen Gründen hat sie zwar – wie etwa die *Deutsche Forschungsgemeinschaft* – pflichtgemäß ihre Ablehnung zu Protokoll gegeben und die wissenschaftliche Glaubwürdigkeit des Experiments in Frage gestellt, seinen Erfolg aber dennoch nicht ausschließen wollen? Nun, das Klonen zu therapeutischen

Zwecken (in angesehenen Instituten betrieben), das die DFG insgeheim fördert und dessen internationales Verbot die Bundesregierung nur halbherzig fordert, es wird mittels der gleichen Technik durchgeführt. Im Unterschied zum reproduktiven Klonen wird der auf diese Weise entstandene Prä-Embryo bloß nicht in die Gebärmutter eingepflanzt, sondern solange in der Kulturschale gehalten, bis sich differenziertes Zellgewebe entwickelt hat. Dieses kann dann getrennt prozessiert und zu Haut-, Muskel-, Nerven- oder anderen Organzellen weitergezüchtet werden, um die geklonte Biomasse schließlich an den Ort im Körper zu bringen, wo sie ihre heilsame Wirkung entfalten soll – so zumindest die Hoffnung, wenn erst einmal die Embryonenforschung erlaubt ist.

Der Bonner Neurologe Oliver Brüstle z. B. möchte auf diese Weise Zellgewebe zur Therapie degenerativer Hirnerkrankungen herstellen. Embryonale Stammzellen, deren Import aus Israel er sich gerade hat genehmigen lassen, verwendet er lediglich zur nötigen Erforschung der entsprechenden Entwicklungsprozesse, die der segensreichen Anwendung vorausgehen muss. Zu therapeutischen Zwecken hat die renommierte US-Firma *Advanced Cell Technology* im Jahr 2002 bereits menschliche Embryonen geklont, die immerhin das achtzellige Stadium erreicht haben und im Mutterleib zu einem Kind hätten heranwachsen können. Man kann sich des Verdachts nicht erwehren, dass der Medienrummel um das reproduktive Klonen der honorigen Fraktion der Biowissenschaftler gerade recht kommt. Gestattet der allgemeine Schauder doch eine wohlfeile Distanzierung von den abenteuerlichen Praktiken ihrer schwarzen Schafe – und im Windschatten der öffentlichen Empörung lassen sich die eigenen Projekte mit einer Aura der wissenschaftlichen Seriosität versehen, die sich durch eine allzu rigide Moral eingeengt sieht.

Unter Hinweis auf dringenden therapeutischen Bedarf ruft eine interessierte Forschungs- und Anwendungslobby laut nach Befreiung. Befreit werden sollen Humanbiologie, Gentechnik und Reproduktionsmedizin von einer angeblich unzeitgemäßen Gattungsmoral, welche aus religiösen oder sonstigen ideologischen Gründen die kreative Verfügung über das biologische Substrat bloß behinderten. Gewiss, das Klonen eines ganzen Menschen solle verboten bleiben und auf der ganzen Welt geächtet werden. Aber das therapeutische Klonen? Das menschliche Erbgut, nachdem es durch Sequenzierroboter in seine Bestandteile zerlegt und kartiert worden ist, warte doch bloß darauf, schöpferisch rekombiniert zu werden – um Erbkrankheiten vermeiden, degenerative Erkrankungen behandeln, altes Gewebe erneuern, verbrauchte Organe ersetzen zu können usw.. So lautet das Credo der postmodernen Kreationisten. Als ob der seit dem Scheitern des Sozialismus verwaiste geschichtsphilosophische Optimismus endlich adoptiert worden wäre, entwickeln sie ihre revolutionären Utopien – diesmal allerdings auf biotechnologischer Grundlage und seit neuestem unter der liberal-individualistischen Perspektive einer kundenorientierten »Eugenik von unten«.

Eine besonders anspruchslose Form dieses Liberalismus vertritt Volker Gerhardt, der an der Berliner Humbold-Universität Philosophie lehrt und es mit einschlägigen Veröffentlichungen immerhin zum Mitglied im *Nationalen Ethikrat* gebracht hat: weil das (segensreiche) therapeutische Klonen menschlichen Gewebes mit dem (verwerflichen) reproduktiven Klonen von Personen angeblich nichts zu tun habe, dürfe auch die Anwendung entsprechender therapeutischer Verfahren »keine moralischen Bedenken auf sich ziehen«. Den Bedenkenträgern, die gesetzliche Beschränkungen verlangen, bescheinigt er »autoritären Feuilletonismus« und Sehnsüchte »nach einem starken Staat«.[*] Als moralischer Maßstab beim Umgang mit den neuen Humantechnologien genügt ihm dagegen der »Selbstanspruch des Einzelnen«, der schließlich wissen müsse, was für ihn »in Frage kommt und was nicht«: er habe sich so anzunehmen, »wie er aus eigenen Kräften, nach seinem eigenen Willen sein kann«. Genau diese Art von Selbstermächtigung hatte Jürgen Habermas im Blick, als er die Grenze der praktisch-philosophischen Enthaltsamkeit in Fragen der individuellern Moral dort erreicht sah, wo die Möglichkeiten der Biotechnologie zu einer ethischen Selbstverständigung der Menscheit im Ganzen nötigen.

---

[*] Dahinter wiederum wittert Volker Gerhardt, wie weiland Peter Sloterdijk, die vermeintlichen Tugendwächter der Frankfurter Schule; deren intersubjektive Anerkennungstheorie – sie antizipiert auch den Embryo als zweite Person, die behutsam und nicht als Sache zu behandeln ist – hat er im *Merkur* (Januar 2003) gerade in Bausch und Bogen verworfen.

Empfehlungen für den Menschenpark

Nachdem der *Nationale Ethikrat* mehrheitlich empfohlen hat, den bei der In-vitro-Fertilisation (IVF) künstlich erzeugten Embryo vor seiner Einsetzung in die Gebärmutter auf bestimmte genetische Schäden zu untersuchen und ihn im Falle eines positiven Befundes selektiv zu »verwerfen«, ist es eine Frage der Zeit, bis der Gesetzgeber diese bedingte Präimplementationsdiagnostik (PID) zulassen wird. Einmal eingeführt wird sie freilich nicht auf unfruchtbare Paare beschränkt werden können und zur Ausweitung der IVF führen. Sie wird sich auf lange Sicht auch nicht auf einen eng gefassten Katalog chromosomaler Störungen begrenzen lassen, weil die Grenzen zwischen dieser »negativen« und einer auf Optimierung zielenden »positiven« Eugenik fließend sind. Unter den zu erwartenden Fortschritten der Reproduktionsmedizin wird es kein Halten geben bei der biotechnologischen Verbesserung der Spezies. Darum geht es letzten Endes bei diesem Programm, auch wenn es unter dem Titel einer liberalen Selbstermächtigung firmiert.

Peter Sloterdijk hatte schon in seinen »Regeln für den Menschenpark« – damals unter dem Protest einer moralisch empörten Öffentlichkeit –, den altmodischen »Geburtenfatalismus« durch die »optionale Geburt« zu ersetzen verlangt; heute darf er sich als Prophet fühlen, als Prognostiker einer unaufhaltsamen Zeitenwende. Dabei verläuft der ethische Großdiskurs über Möglichkeiten und Grenzen der Biotechnologie in medial temperierten Fieberschüben – und er folgt den dramaturgischen Regeln einer Ökonomie der Aufmerksamkeit. Blicken wir zurück. Schon lange bevor im Herbst des Jahres 2000 das *Humangenom-Projekt* den entzifferten »Text des Lebens« als endlose Buchstabenreihe präsentieren sollte, hatten Wissenschaftsschamanen und Technikvisionäre das wahrhaft revolutionäre Anwendungspotential dieser Jahrhundertentdeckung erkannt. Sie sollte am Ende die Menschheit von allen möglichen Geißeln befreien helfen – vom bedauerlichen Mangel an Intelligenz, Großzügigkeit oder Friedfertigkeit, von genetisch bedingten oder zumindest mitbedingten Erkrankungen, sogar von der unheilbarsten aller unheilbaren Krankheiten, welche die Gattungsseele zugleich am tiefsten kränkt: vom Altersverfall und von der Sterblichkeit. Längst sucht man nach dem zuständigen »Sensenmann-Gen«, um es auszuschalten, und glaubt schon, so etwas wie ein lebensverlängerndes »Methusalem-Gen« gefunden zu haben. Die fatalen Ergebnisse aller bisherigen gentherapeutischen Versuche haben solche Hoffnungen nicht diskreditieren können.

Hierzulande hatte eine bedeutende Zeitung die intellektuelle Diskursführerschaft im lebenswissenschaftlichen Streitgespräch übernommen, indem sie zwischen den Fronten ihr Feuilleton buchstäblich neu erfand. Einerseits feierte sie die Priester der szientistischen Religion (wie Ray Kurzweil u. a.) als »Pioniere einer neuen Gründerzeit«; auf der anderen Seite ließ sie fortschrittskritische Futuristen (wie z. B. Bill Joy) dagegen auftreten. Oder aber fundamentalistische Lebensschützer: Weil bereits der embryonale Frühzustand alle Kennzeichen eines menschlichen Wesens trage, nämlich Potentialität, Kontinuität und Identität, seien dem Embryo in einer Entwicklungsphase, wo die Biotechnologie ihn zum bloßen »Zellhaufen« entwürdige, die absoluten Rechte einer Person zuzuerkennen. Die moralische Schlachtordnung war aufgebaut: Der manipulative Zugriff auf das werdende Leben, mit einer »Ethik des Heilens« gerechtfertigt, provozierte eine wertkonservativen Abwehr, die sich auf eine »Ethik der Menschenwürde« berufen konnte. So wurden zwischen sehnsüchtiger Utopie und drohender Apokalypse die bioethischen Dilemmata der Lebenswissenschaften entfaltet.

In der auf hohem intellektuellen Niveau geführten Debatte über die moralischen und rechtlichen Probleme der Embryonenforschung – die bekanntlich in die Zulassung des Imports embryonaler Stammzellen zu indizierten Forschungszwecken mündete –, war der diskursive Hitzegrad noch einmal bis zum Siedepunkt erhöht worden. Die raelianische Weihnachtsbotschaft vom ersten Klonkind hat die inzwischen abgekühlte Diskussion wieder angefacht. Seitdem wartet die Weltöffentlichkeit gebannt auf neue Erfolgsmeldungen aus den Bastelstuben des reproduktionsmedizinischen Kreationismus, während gleichzeitig die Gegner dieser Art von generationsversetzter Selbstreplikation die weltweite Empörung zu nutzen suchten, um endlich die Ächtung des Klonens durchzusetzen. Andere – z. B. einflussreiche Teile der *Deutschen Forschungsgemeinschaft* – wollen die Tür nicht ganz verschließen und distanzieren sich eindeutig nur vom schändlichen »reproduktiven« Klonen, weil sie mit dem »therapeutischen« Klonen segensreiche, wenn auch weit in der Zukunft liegende Aussichten auf genetische Prävention und Behandlung verbinden. Wenig bekannt ist, dass für die beiden Zwecke das gleiche – und nicht nur moralisch, sondern auch wissenschaftlich umstrittene – hochrisikobehaftete Verfahren des genetischen Kopierens verwendet wird.

Nachdem die zuständige Enquêtekommission des Bundestags das Klonen für sämtliche Zwecke verbieten möchte und eine schwarzgrün(rote?) Koalition einen entsprechenden Gesetzesantrag im Bundestag einbringen will, setzt die mit dem bioindustriellen Komplex eng verschmolzene Fraktion des lebenswissenschaftlichen Fortschritts nun ganz auf weitere Empfehlungen des *Nationalen Ethikrats*. Dessen Vorsitzender hat gerade (in einem Vortrag vor der us-amerikanischen Schwestergesellschaft *»Council on Bioethics«*) die Biopolitik Großbritanniens als »sehr, sehr differenziert« gewürdigt (dort ist nicht nur die PID sowie die Embryonenforschung bis zu zwei Wochen nach der Verschmelzung von Ei- und Samenzellen erlaubt, sondern auch das therapeutische Klonen). So wird in der Biomedizin Schritt für Schritt die schiefe Ebene betreten, von der noch niemand weiß, wohin sie führt.

Im Geschosshagel der Sequenzierroboter

Der biologische Szientismus ignoriert die Ergebnisse der modernen Humanwissenschaften

Die spektakulären Aussichten auf eine, mit den Mitteln der Biotechnologie in Gang gesetzte, Verbesserung oder sogar Neuerfindung der Gattung, auf eine Befreiung der Menschheit von den Kontingenzen der Natur, auf die Übernahme der Evolution durch den Homo sapiens selbst – sie sind von beklemmender wissenschaftstheoretischer Schlichtheit. Durch das biotechnologische Credo dringen drei eng miteinander verknüpfte Leitideen zum Wesen des Menschen, die im interdisziplinären Diskurs der Humanwissenschaften längst obsolet geworden sind: Die *naturalistische Amöbensage* vom Menschen ignoriert den Wandel der Humanwissenschaften hin zu einem intersubjektiven Paradigma. Der *biologistische Determinismus* eines im Erbgut festgelegten Programms folgt einem epistemologisch überholten Kausalmodell, das die nicht-lineare Dynamik lebender Systeme verfehlt. Der *naturalistische Reduktionismus* klammert mit der Frage nach der Emergenz von Bewusstsein ausgerechnet jene Dimension des Menschseins aus, die uns vom Tier unterscheidet.

Betrachten wir das menschliche Wesen zunächst nicht als Embryo, dessen Frühstadium die Genforschung und ihre rechtsphilosophische Lobby gerade zum Zellhaufen erklärt hat, um ihn als Biomasse verwenden zu können, sondern mit dem Blick auf das bereits geborene Leben. »Den Säugling gibt es nicht« – ohne eine Mutter, die ihn hält, oder einen Kinderwagen, in dem er liegt. Diese paradoxe Einsicht zum intersubjektiven Kern des Selbst hat Donald Winnicott der Psychoanalyse hinterlassen. Die Funktion einer »hinreichend guten« Umwelt besteht nicht nur darin, das Überleben des hilflosen Säuglings zu sichern, indem er ernährt, gepflegt und umsorgt wird. Im reziproken Austausch mit der Mutter erfährt er sich zugleich als jemand mit Bedeutung. Ihr Gesicht ist der erste Spiegel, in dem sich der Säugling entdeckt. Ein liebevolles Lächeln zeigt ihm etwas anderes von sich als ein strenger oder ärgerlicher Blick. Und er lernt sehr schnell, sich auf ihre Stimmung einzustellen, die er zu erfassen, vorauszusehen oder in seinem Sinne zu verändern sucht. Wenn der Blick der Mutter aber starr ist oder leer bleibt, erhält der Säugling keine Antwort und kann sich nicht als Wesen mit eigenem Wert erfahren. Die wechselseitige affektive Einstimmung – das *attunement*, wie die Säuglingsforschung diesen intimen Austauschprozess in der Mutter-Kind-Interaktion nennt – ist dann gestört.

Die Legende vom primären Narzissmus muss also durch eine andere Ursprungserzählung ersetzt werden: Wir sind vom Anfang unseres Lebens an auf emotionale Bindungen und Rückmeldungen aus der Umwelt angewiesen, um das zu entwickeln, was wir unser Ich nennen. In diese Konzeption einer intersubjektiven Genese von Subjektivität führt eine breite Spur der Konvergenz zwischen psychoanalytischer Objektbeziehungstheorie, Sozialwissenschaft, Säuglingsforschung und Sprachphilosophie: Wir erwerben ein Bewusstsein von uns selbst, indem wir uns aus der Sicht des Anderen betrachten lernen – Identität bildet sich gewissermaßen auf dem Weg von Außen nach Innen über ein Zwischen, das Selbst ist keine Monade.

In jüngster Zeit hat sich auch die Neurobiologie auf diesen interdisziplinär lange vorgebahnten Weg begeben und nähert sich einem dezentrierenden Verständnis des Selbst. Sie hat ihre ebenso aufwändige wie ergebnislose Suche nach dem cartesianischen Konvergenzzentrum im Gehirn aufgegeben, nach jenem Homunculus, in dem man lange Zeit den Sitz des Geistes vermutet hatte. Im Zuge eines aufregenden Paradigmenwechsels vermutet auch die moderne Hirnforschung inzwischen, dass ein Ich-Gefühl interaktiv und nicht endogen entsteht. Das Vorbild für das berühmte »innere Auge« von Descartes ist der äußere Betrachter, dessen Sicht auf das eigene Selbst übernommen wird. Die neuronale Grundlage für diesen Vorgang scheint in einem System von Nervenzellen zu liegen, die eng mit Funktionen der Motorik und Sprache verknüpft sind und bei mentalen Prozessen der Identifizierung, Einfühlung oder Nachahmung aktiviert werden. Weil sie den anderen reflektieren, nennt man sie Spiegelneuronen. Ihre Entdeckung gilt als eine Art neurobiologischer Beleg nicht nur für die primäre Intersubjektivität des Selbst, sondern auch für eine intersubjektive Theorie des Geistes.

Die ungelöste Frage, wie Geistiges aus Materiellem, wie Seelisches aus Körperlichem, wie Bewusstsein aus Nicht-Bewusstsein entsteht, hat die Genforschung vorerst an die Architekten »spiritueller Maschinen« delegiert, die an ihren Computerprogrammen für künstliche Intelligenz basteln. Von der Vorstellung besessen, beim Gehirn handele es sich um eine Art Hardware, suchen diese nach einem Weg, wie sich die Software programmieren und eines Tages auch scannen lässt. Eine solche Unterscheidung, wie uns wiederum die Neurobiologie mitteilt, kennt das Gehirn aber nicht. Das architektonische Netzwerk seiner Verschaltungen ist zugleich sein Programm, Hardware und Software fallen zusammen. Die cerebrale Architektur verfügt über keine Zentraleinheit, die Denken und Handeln koordiniert. Inhalte werden über die zeitliche Synchronisation dezentralisierter neuronaler Gruppen repräsentiert. Auf dem Weg zu einer Bewusstseinstheorie – so der Frankfurter Hirnforscher Wolf Singer – wäre zu prüfen, ob wir auf einer zweiten Repräsentationsebene unserem Gehirn gewissermaßen selbstreflexiv bei der Erledigung seiner basalen Aufgaben zusehen können.

Begriffe wie Intersubjektivität, Selbstreflexivität oder Emergenz sind der Genforschung freilich suspekt, die in ihrer Konzentration auf die Biochemie der Zelle im Organismus beharrlich eine monadologische Strategie verfolgt. Sie setzt auf das Humangenom, mit dessen Hilfe der Geist doch irgendwann aus der Materie abzuleiten sein wird. Es könnte eine ironische Fußnote der Wissenschaftsgeschichte bleiben – auch Gott war von seiner Schöpfung bekanntlich leicht überrascht –, dass die am Jahrtausend-Projekt beteiligten Molekularbiologen die Zahl der Gene gewaltig überschätzten und für den verblüffenden Schwund von angekündigten 100.000 auf ein knappes Drittel keine vernünftige Erklärung lieferten. Wenn sie ihre grandiose Forschungsleistung im historischen Rückwärtsgang allerdings mit der Mondlandung, der Kernspaltung, der Erfindung des Buchdrucks und sogar mit der »Entdeckung des Feuers« (Craig Venter) vergleichen, haben wir es hier mit einer wahrhaft prometheischen Phantasie zu tun, mit einem Regress der eigenen Großartigkeit, der nur im Schöpfungsmythos enden kann. Ist das Humangenom vielleicht doch eine Erfindung? War die digitale Buchstabensuppe auf der Doppelhelix schon da, bevor sie entziffert wurde?

Auf die Frage, ob die im Labor gewonnenen Tatsachen wirklich oder bloß konstruiert sind, hat Bruno Latour (*Die Büchse der Pandora*, 2000) mit dem Vorschlag geantwortet, sie »*faitiches*« zu nennen – ein Neologismus, der sich aus *fétiche* (Fetisch) und *fait* (Fakt, Faktum) zusammensetzt. Beide Begriffe leiten sich vom französischen *faire* ab (machen) und meinen etwas Fabriziertes. Während aber das Faktum als Tatsache und Teil der Wirklichkeit auftritt, gilt der Fetisch als leere Hülle, in die auf magische Weise etwas hineingelegt, projiziert werden kann. Ein geeigneter Kandidat für diesen ambivalenten Status des *faitiche*, zwischen Wissen und Glauben, scheint mir das Humangenom zu sein. Nach Ansicht seiner erfinderisch begabten Entdecker ist es Potentialität, die entstehen lässt, also Ursache in Wirkung verwandelt, reine Kausalität. Zum Glück ist aber Kausalität kein Bestandteil der Natur, sondern eine Abstraktion des Denkens. Wenn nämlich die Wirkung potentiell immer schon in der generierenden Ursache vorhanden wäre, Entfaltung von Angelegtem also, könnte nichts Neues dazukommen. Für Emergenz, um die es in der Ontogenese geht, gäbe es keinen Raum.

Das Humangenom lässt sich deshalb nicht als ein tatsächlich wirkendes Ursachenbündel verstehen. Zu viele Freiheiten hat der Phänotyp gegenüber dem Genotyp, zu viele Gemeinsamkeiten gibt es zwischen dem Genom des Menschen und etwa dem des Fadenwurms, ohne dass sie sich sonderlich ähnlich wären. Das Humangenom ist vielleicht ein molekularbiologisches Faktum, aber zugleich ein Artefakt der Technologie, ein »*faitiche*« eben. Es entstammt der computerisierten Laborwissenschaft, welche erst in Einzelteile zerlegt hat, was sie im genetischen Paradigma wieder zusammenfügt. Im Geschosshagel ihrer rasant schnellen Sequenzierroboter hat die Genforschung das menschliche Erbgut buchstäblich fabriziert: Das Humangenom ist ein in drei Milliarden Bausteine zerschossenes, mit Wirkmächtigkeit ausgestattetes molekulares Fundament, auf dem nun eine rasante Biochemie der Zellen prozessieren soll – Statik, die Dynamik schafft.

Das im Erbgut verborgene genetische Programm ist ein konzeptionelles Kunstprodukt der Forschung, mit dem wir uns eine generierende Wirkung plausibel machen. Die Funktionen, die wir diesem Konzept aufgebürdet haben, nämlich gleichzeitig das Erbgut der Menschheit zu sichern, die Entwicklung des Einzelnen zu programmieren und die Merkmale seiner äußeren Erscheinung festzulegen, hat die Evolution jedenfalls in einem komplexen Zusammenspiel geregelt, an dem viele Akteure des Lebens beteiligt sind. Die Rückkoppelungen bei der Proteinbildung innerhalb und zwischen den Zellen werden durch Entwicklungsphase, Organumgebung und Umwelteinflüsse reguliert und produzieren nicht-lineare

Wechselwirkungen, die sich unserer Kenntnis weitgehend entziehen. Wir haben es beim Organismus mit einem hochkomplexen Netzwerk zu tun, dessen Bildung keiner Logik der Kausalität folgt. Die Gene, wenn man sie als wirkliche Ursachen verstehen möchte, müssen sich jedenfalls ständig mit den zirkulären Turbulenzen ihrer eigenen Wirkungen befassen, um Kurs zu halten.

Diese Eigenschaft kennzeichnet aber lebende Systeme generell, die sich bekanntlich selbst organisieren. Solche Systeme sind nicht von außen zu steuern oder zielgerecht zu manipulieren. Wenn man in sie eingreift, weiß man nicht, was passieren wird; unbeherrschbare Systemkatastrophen können die Folge sein. Es ist kein Fehler der Versuchsanordnung, dass bei Klonversuchen am Tier in der Regel Tot- oder Missgeburten entstehen (das Schaf »Dolly« war bekanntlich ein reiner Zufallstreffer nach zahllosen Fehlversuchen). Es ist die mechanistische Logik des Experiments selbst, die zu den nicht-linearen Prozessen des Lebens nicht passt. Systemtheorie und Chaosforschung haben uns gezeigt, wie komplexe Systeme funktionieren und was sie *nicht* gestatten. Der »gezielte« Eingriff einer gentherapeutischen Manipulation (für die es kein einziges gelungenes Beispiel gibt) ist ein Phantasma: Er gliche dem Flügelschlag des Schmetterlings in China, der möglicherweise den Sturm in Europa auslöst. Sein Vorbild ist die Strategie des *black-boxing* in der Pharmaforschung, die an einfachen Input-Output-Relationen interessiert ist und den Rest im Dunkel des Komplexen lässt. Dass unerwünschte Nebenwirkungen von Medikamenten wiederum medikamentös behandelt werden müssen, dadurch zusätzlich unkontrollierte Effekte entstehen, die weitere pharmakotherapeutische Massnahmen indizieren, ist eine bekannte Folge dieser Strategie, unter der wir als Pillenkonsumenten stumm zu leiden haben.

Um meine Einwände zusammenzufassen: Die Rückkehr zu den entlastenden Fetischen des mechanistischen Weltbilds, zur Monadentheorie des Subjekts, zur Kausalität der Natur, zur Vorstellung einer linearen Steuerbarkeit autopoetischer Systeme – im neuen Szientismus, der sich selbst zur Lebenswissenschaft erklärt, erleben wir eine deprimierende Regression humanwissenschaftlichen Denkens. Auf ihr erst erhebt sich jene Designer-Phantasie, die den menschlichen Embryo zum Rohstoff einer Ingenieurskunst verdinglicht und im Begriff steht, das Recht auszuhöhlen und das Feld der Biopolitik zu erobern. Der ungedeckte Wechsel auf die eugenische Zukunft, dessen Deckung nicht in Sicht ist, muss nicht nur mit fehlgeleiteten Forschungsgeldern bezahlt werden, wenn er platzt. Die intellektuellen, moralischen und gesellschaftlichen Kosten zeigen sich schon jetzt.

V.
Das Unbewusste ist der virtuelle Andere –
Subjektivität und Intersubjektivität
in der zeitgenössischen Psychoanalyse

Auch Kongresse und Tagungen psychoanalytischer Organisationen sind Schaubühnen der Lebenswelt, freilich der idiosynkratischen Lebenswelt eines besonderen Berufsstands. In aller Regel präsentieren sich Psychoanalytikerinnen und Psychoanalytiker bei solchen Versammlungen, indem sie an selbst durchgeführten oder supervidierten Behandlungen die Eigenart einer bestimmten seelischen Störung, die Tiefen (oder Untiefen) der therapeutischen Beziehung, die Wirkung einer gelungenen (oder misslungenen) Deutung, die Überzeugungskraft eines bestimmten Konzepts und noch einiges mehr demonstrieren. Sie profilieren sich nicht nur mit eigenen Vorträgen, sondern auch mit mehr oder weniger geschliffenen, mehr oder weniger zustimmenden bzw. kritischen Diskussionsbeiträgen zu Vorträgen anderer. Sie organisieren Fallbesprechungen, sitzen in Panels zu kontroversen Fragen der Psychoanalyse oder diskutieren auf Podien die berufspolitischen Probleme der eigenen Zunft.

Wie bei Versammlungen anderer Fachgesellschaften nicht anders versammeln sich hier die Mitglieder, um die Fortschritte ihrer Profession vorzustellen – aber eben auch sich selbst. Auftritte dienen nicht zuletzt dem eigenen Renommee oder dem der jeweiligen Schule, die man vertritt. Als Berichterstatter für verschiedene Zeitungen habe ich solche Zusammenkünfte der organisierten Psychoanalyse seit dem Jahre 2000 gelegentlich miterlebt und öffentlich kommentiert. Für den letzten Teil des Buches sind einige dieser Beiträge unter dem Kriterium ausgewählt worden, ob sie sich über das besondere Thema des jeweiligen Ereignisses hinaus für eine allgemeine Gegenwartsdiagnose der Psychoanalyse eignen. Zusätzlich aufgenommen habe ich am Ende dieses Kapitels einen Beitrag, der die Auseinandersetzungen zwischen den Strömungen auf die Alternative von Moderne oder Fundamentalismus zuspitzt: Die Pluralität einer relationalen Psychoanalyse gegen die Theorie einer aparten Innenwelt.

Im Zusammenhang gelesen erteilen all diese Beiträge nicht nur Auskunft über den gegenwärtigen Zustand der Psychoanalyse – wie ich ihn aus meinem persönlichen Blickwinkel sehe –, sondern auch über eine Veränderung ihres Gegenstands zu Beginn des einundzwanzigsten Jahrhunderts, der sie Rechnung tragen muss.

203

Das Ende einer Geheimgesellschaft

Glaubenslehre oder Wissenschaft? Psychoanalyse am Scheideweg

Die Wissenschaft vom Unbewussten, die als Persönlichkeitstheorie zugleich eine Behandlungsmethode seelischer Störungen ist und ihre Konzepte auf Kultur und Gesellschaft anwendet, war seit ihrer Entstehung ständig in der Krise. Angesichts der massiven Ablehnung, welche die neue Disziplin sowohl bei den Nachbarwissenschaften, als auch in der Öffentlichkeit erfahren hatte, hatte ein elementares Gefühl der Bedrohung seine reale Grundlage. Dieses identitätsstiftende Basisgefühl wurde dadurch verstärkt, dass Sigmund Freud – mit grandiosem Gespür für die eigene historische Bedeutung und die universelle Wirkung der Psychoanalyse – seine Entdeckung in die Tradition der beiden anderen großen Kränkungen der Menschheit reihte: der kopernikanischen, dass die Erde nicht das Zentrum des Universums bildet, und der darwinistischen, dass der Mensch vom Tier abstammt.

Eine eigentümliche Mischung aus überzeugtem Selbstbewusstsein, misstrauischer Wachsamkeit und elitärer Verbunkerung bestimmte die Frühzeiten der psychoanalytischen Bewegung, die sich auch in ihren Organisationsformen spiegelte: Zur Entwicklung, Bewahrung und Reinhaltung der neuen Lehre wurde eine schützende Mauer des Undurchdringlichen errichtet. Die frühe ›Psychologische Mittwochsgesellschaft‹ (1902) und das legendäre ›Geheime Komitee‹ (1912), das ihr nachfolgte, waren bewusst als arkane Veranstaltungen angelegt – mit Freud im Mittelpunkt. Züge einer Geheimgesellschaft haben sich freilich in den späteren psychoanalytischen Instituten erhalten. Mit ihrer hermetischen Abgeschlossenheit, ihren autoritären Binnenstrukturen und manchen Ritualen der Initiation ähnelten sie eher Religionsgemeinschaften als modernen Fachorganisationen. Die zahlreichen Abspaltungen, Ausschlüsse und Schulbildungen in der hundertjährigen Geschichte der Psychoanalyse verdanken sich nicht zuletzt einer aus ihrer Gründungsphase stammenden fatalen Gruppendynamik, die beim Kampf um Identität das Gute drinnen und das Böse draußen ansiedeln musste, wenn man sich scholastisch um den Besitz der Wahrheit stritt.

Mit dieser unseligen Tradition, die eine von der Idee der Aufklärung getragene Wissenschaft gelegentlich selbst ins Dunkel einer vormodernen Glaubenslehre eintauchte, wird in der gegenwärtigen Krise gebrochen. Unter den Vorzeichen nachlassender intellektueller Anziehungskraft und gesellschaftlicher Anerkennung, unter der Herausforderung von rasanten Erkenntnisfortschritten in den anderen Humanwissenschaften und nicht zuletzt unter der die Zukunft der gesamten Profession gefährdenden Tendenz sinkender Patientenzahlen sieht sich eine sichtlich verunsicherte Psychoanalyse zunehmend genötigt, ihre Erkenntnisse über unbewusste Prozesse auf sich selbst und die Formen ihrer internen und externen Kommunikation anzuwenden. Der Pluralismus ihrer vielen Strömungen erscheint nicht länger als Resultat der Abweichungen von einer streng-klassischen Orthodoxie, sondern eher als produktives Chaos konkurrierender Ansätze, die nach Validierung verlangen. Die Psychoanalyse stellt sich Fragen nach der Wissenschaftlichkeit der eigenen Überzeugungen, der Gültigkeit ihrer Begriffe, der Vielfalt ihrer Methoden und der Brauchbarkeit ihrer Konzepte, jenseits der Höhen metapsychologischer Spekulation und der Untiefen rein klinischer Evidenz.

Der selbstreflexiven Überprüfung ihrer theoretischen Grundlagen und praktischen Möglichkeiten widmete sich ein mehrtätiger Kongress, den die *Deutsche Psychoanalytische Vereinigung* (DPV) im November 2000 – zum Anlass ihres fünfzigjährigen Bestehens – mit prominenter internationaler Beteiligung veranstaltete. In den ehrwürdigen Räumen des Frankfurter Palmengartens konfrontierte sie sich mit ihrer eigenen ambivalenten Geschichte, suchte im interdisziplinären Dialog den Austausch mit benachbarten Wissenschaften und zeigte sich in der Vielfalt ihres Anwendungswissens einer interessierten Fachöffentlichkeit. Werner Bohleber skizzierte die Entwicklung der deutschen Psychoanalyse nach dem zweiten Weltkrieg, die erst spät zum Anschluss an die internationale Diskussion führte, der durch ihre Selbstgleichschaltung im Nationalsozialismus und die Liquidierung oder Emigration ihrer besten Vertreter verloren gegangen war. In theoretischen Vorträgen, Falldarstellungen und Diskussionsforen wurden dann behandelt: die Verarbeitung traumatischer Erfahrungen, die Entstehung gesellschaftlicher Gewalt, der Wandel in den Formen der Sexualität, die Theorie der menschlichen Entwicklung, Therapiemodelle bei der Behandlung von Psychosen und schweren Persönlichkeitsstörungen, Probleme der Psychoanalyse von Kindern und Jugendlichen, Konzeptualisierungen der psychoanalytischen Interaktion.

Wie ein roter Faden zog sich die Suche nach wissenschaftlichen Standards im kritischen Austausch mit Vertretern anderer Humanwissenschaften durch die Veranstaltungen. Die obsolet gewordene Ablehnung von Bindungstheorie und Säuglingsforschung als »unpsychoanalytisch« wurde psychoanalytisch aufgeklärt. Man erörterte die fruchtbare Kooperation von Psychoanalyse und Neurobiologie bei der Traumaforschung. Die psychoanalytische Reformulierung der Anerkennungstheorie durch einen Sozialphilosophen (Axel Honneth) provozierte das Projekt einer anerkennungstheoretischen Reformulierung der Psychoanalyse. Das überzeugende Modell einer bipolaren Struktur der Psychosen zwischen Selbst- und Objektverlust wurde vorgetragen (Stavros Mentzos). Die qualitativen und quantitativen Ergebnisse einer methodisch gut kontrollierten Langzeitstudie über die therapeutische Wirkungen von Psychoanalyse wurden dargestellt (Marianne Leuzinger-Bohleber) und diskutiert. In einem Forum über die seelische Bewältigung von Erfahrungen in totalitären Gesellschaften fand ein Historiker eine Metapher, die auch für den psychoanalytischen Prozess gelten kann: Totalität wieder in Geschichte zu verwandeln. Und in einem anderen Forum bildeten die persönlichen Mitteilungen zweier Psychoanalytiker über eine Folge von deutsch-israelischen Gruppenkonferenzen eine narrative Grundlage für sozialpsychologische Beiträge über Holocaust-Erfahrung und Identität.

Otto F. Kernberg, Präsident der *Internationalen Psychoanalytischen Vereinigung*, hatte seine Eröffnungsrede mit einer Frage begonnen: »Können Sie mich hören – auch in der letzten Reihe?« Ob die Psychoanalyse auch im 21. Jahrhundert noch Gehör finden wird, liegt vor allem an ihr selbst. Sie hat gute Aussichten, wenn sie sich den Risiken stellt, die mit einer wissenschaftlichen Überprüfung ihrer Theorie vom Seelenleben und der Wirksamkeit ihrer therapeutischen Methoden verbunden sind. Wenn sie den wieder aufgenommenen interdisziplinären Dialog fortsetzt und Hypothesen generiert, die sie in Kooperation mit der Neurobiologie, der Säuglingsforschung, den Sozial- und Geschichtswissenschaften in Forschungsprojekte umsetzt. Wenn sie bereit ist, Skepsis als Triebkraft des theoretischen Fortschritts anzuerkennen und im Lichte neuen

Wissens unhaltbare Konstrukte aufzugeben. Wenn sie ihre Institutionen nach innen und außen öffnet und eine Kultur des freien Austauschs fördert. Und wenn sie sich wieder an den gesellschaftlichen Diskursen über Fragen der Zeit beteiligt, wo ihre Stimme kaum noch zu vernehmen ist. Als Glaubensbekenntnis wird sie wohl das Schicksal jener großen Erzählungen der Menschheit teilen, die im letzten Jahrhundert die Welt noch bewegt haben und jetzt verhallt sind.

Das Schicksal des Überich, die Diagnose der Zeit und die Krise der Psychoanalyse

Aus der Psychoanalyse sind inzwischen viele Begriffe in den allgemeinen Sprachgebrauch übernommen worden. Wie selbstverständlich reden wir vom Narzissmus, von der Verdrängung oder der Projektion, und wir empfinden uns zwar als gebildet, aber keineswegs bereits in einer Fachsprache, wenn wir meinen, dass der Künstler Triebhaftes sublimiert, der Schlafende auf einen infantilen Zustand regrediert oder der Neurotiker unbewusst agiert. Auch das Überich gehört zu jenen umgangssprachlichen Begriffen, die wir noch mit Freud verbinden, deren psychoanalytische Herkunft aber bei ihrer Verwendung längst verblasst ist. In letzter Zeit ist es freilich ruhig geworden um diesen Begriff, mit dem wir doch die seelische Instanz für das Normative bezeichnen. Wir meinen, auf ihn verzichten zu können und stellen fest, dass sein Inhalt allmählich erst aus unserem Blick und dann aus der Sprache verschwindet. Die Berufung aufs Überich hat einen merkwürdig altmodischen Beiklang erhalten. Unter dem Schlagwort der Selbstverwirklichung ist es zum Synonym für Fremdbestimmung geworden – als ob das gehätschelte Ich nichts anderes neben sich oder eben: über sich ertragen könnte.

Zeitdiagnostiker gehen noch weiter und behaupten, die Sache selbst sei dabei, sich aufzulösen. Was einmal als innerpsychische Struktur das Verhalten regulieren sollte, entwickele sich unter den Bedingungen einer individualisierten Gesellschaft nur noch rudimentär. Mit dem Zerfall der Familie und der Übernahme ihrer Sozialisationsfunktionen durch gesellschaftliche Agenturen würde eine stabile seelische Innenorientierung gar nicht mehr erworben. Sie sei auch eher hinderlich, weil mit dem Verschwinden lebenslanger Berufsbiografien und dem Verlust eindeutiger Lebensentwürfe diese Art von Stabilität nicht mehr gefragt sei. Die Verankerung fester Überzeugungen und die Dauerhaftigkeit von Wertorientierungen, durch das Überich einst gesichert, müsse einer Haltung weichen, die ständig revidierbar und für neue Optionen offen sei. Die flexible Persönlichkeit, im Netzwerk der sozialen Beziehungen ohnehin bloß kontingenter Knotenpunkt, komme im Hier und Jetzt besser ohne feste Strukturen aus. In der gängigen Klage über den allgemeinen Werteverlust taucht die dunkle Rückseite dieser Diagnose auf: Das Überich – als

Verinnerlichung sozialer Normen gewissermaßen die Instanz der Gesellschaft im Individuum, einmal durch Erziehung und Bildung vermittelt – verflüchtigt sich im herrschenden Zeitgeist.

Seine Auguren erkennen in der Persönlichkeit mit anpassungsfähiger multipler Identität den postmodernen Sozialcharakter, der die mit einem strengen Überich ausgestattete »autoritäre Persönlichkeit« vergangener Zeiten abgelöst hat. Passend zu dieser Zeitdiagnose wird ein historischer Wandel in den Formen der Psychopathologie beschrieben, der sich in einer Abnahme von »ödipalen«, also hysterischen, phobischen und zwangsneurotischen Erkrankungen einerseits, andererseits einer Zunahme von sog. »frühen Störungen« zeige, zu denen Selbstwert- und Identitätsstörungen, Suchterkrankungen, Perversionen, Borderline-Persönlichkeits-Strukturen und narzisstische Störungen gezählt werden. Im bunten Bild der neuen Störungen zeichne sich ein struktureller Defekt ab: die Schwäche des Überich. Weil der Einzelne bereits unterhalb der Schwelle der Individuation massiven sozialen Druck und kulturindustriellen Verführungen ausgesetzt sei, komme es gar nicht mehr zur Ausbildung der psychischen Strukturen und »reifen« Konflikte, die den Nährboden für die klassischen Neuroseformen abgeben.

Darauf hat sich die Psychoanalyse in ihren Krankheitstheorien und Behandlungsmethoden zwar längst eingestellt. Sie widmet sich bei der Suche nach dem lebensgeschichtlichen Ausgangspunkt seelischer Erkrankungen zunehmend den frühesten Ausprägungen der Mutter-Kind-Beziehung. Mit der Objektbeziehungstheorie und der Selbstpsychologie stellt sie Konzepte zur Verfügung, die es erlauben, solche Früherfahrungen zu verstehen und damit zusammenhängende Störungen zu behandeln. Damit hat sie auf Prognosen der Kritischen Theorie reagiert, mit dem »Verschwinden des Subjekts« (Foucault) drohe auch ein »Veralten der Psychoanalyse« (Adorno). Dennoch ist sie – nach einer Phase der Hochkonjunktur in den siebziger Jahren – inzwischen in eine tiefe Krise geraten, die durch das periodische Freud-Bashing nur oberflächlich beleuchtet wird. Das Problem reicht tiefer und lässt sich durch nachlassende Patientenzahlen, mangelnde Dialogfähigkeit im interdisziplinären Austausch und abnehmende intellektuelle Anziehungskraft auf eine knappe Formel bringen.

Der Zustand der Krise ist der Wissenschaft vom Unbewussten freilich gut vertraut. Mit ihren anstößigen Thesen von den Abhängigkeiten des souveränen Ich, von der sexuellen Herkunft der Neurosen und von den unbewussten Wurzeln von Moral und Kultur hatte die neue Disziplin immer schon Misstrauen erweckt und Ablehnung erfahren. Ihre eigene Wahrheit hatte die Psychoanalyse seit ihrer Entstehung dadurch zu sichern versucht, dass sie sich in eigenen Gesellschaften organisierte und vom Wissenschaftsbetrieb weitgehend fern hielt. Die autoritäre Verfassung ihrer Organisationen, eine elitäre Tendenz zur Selbstüberhöhung und ein habituelles Misstrauen gegenüber den Erkenntnissen von Sozial- und Naturwissenschaften waren historischer Ausdruck dieser ängstlichen Abkapselung. In den letzten Jahren hat die Psychoanalyse dieses problematische Erbe selbstkritisch überprüft und begonnen, ihre Institutionen vorsichtig zu öffnen, sich dem Dialog mit den Nachbarwissenschaften wieder zuzuwenden und sich den aktuellen Fragen von Kultur und Gesellschaft zu widmen. Sie setzt diesen Weg fort.

»Was ist aus dem Überich geworden?« Unter dieser Fragestellung befasste sich die *Deutsche Psychoanalytische Vereinigung* (auf ihrer Frühjahrstagung 2001 in Freiburg) nicht nur mit klinischen Konsequenzen, sondern auch mit normativen Aspekten der wissenschaftlichen und gesellschaftlichen Entwicklung, die zu ihrer Erhellung den psychoanalytischen Blick brauchen. Mit Problemen der Ethik insbesondere in der Neurobiologie, die bekanntlich zu den gegenwärtig prosperierenden »Lebenswissenschaften« zählt. Mit den neuen Medien samt den psychischen Begleiterscheinungen und Folgen ihres Siegeszugs. Mit Schuld und Schuldfähigkeit im forensischen Bereich. Mit der politischen Indienstnahme eines kollektiven Überich in totalitären Systemen. Und nicht zuletzt mit seinem Verbleib angesichts der heutigen Formen enthemmter Gewalt.

Weil die Krise der Psychoanalyse mit der Krise des Subjekts etwas zu tun hat und das Schicksal des Ich mit des Überich verbunden ist, sollte man sich einen psychoanalytischen Begriff in Erinnerung rufen, der fast in Vergessenheit geraten ist. Es ist wenig bekannt, dass das Überich nicht nur aus Geboten, Verboten und normativen Verhaltenserwartungen besteht. Es enthält darüberhinaus auch innere Zielsetzungen, überdauernde Strebungen und soziale Wertvorstellungen, die auf den Anderen bezogen sind. Solche Anteile des Überich hatte Freud einst als Ichideal in die psychoanalytische Terminologie eingeführt. Dieser Begriff ist weniger mit Bedeutungen des Gesetzes, des Zwangs oder der Einschränkung behaftet, die als Erbe der elterlichen, vor allem aber väterlichen Autorität gelten dürfen. Er zeigt vielmehr, dass wir uns in unserem Handeln an etwas orientieren, was keine Unterwerfung ist, sondern mit uns selbst zu tun hat, ohne aber purer Egoismus zu sein. Es ist der exzentrische Blick aus der wohlwollenden Fremdperspektive, mit dem wir uns betrachten – Erbe der mütterlichen Anerkennung. In der zweiten – einer reflexiv gewordenen – Moderne könnte die Suche nach einem solchen kommunikativ zugänglichen Ichideal das alte Überich ersetzen, das mit der ersten Moderne ohnehin verschwunden scheint.

Von Innen nach Außen

Die Psychoanalyse entdeckt die Realität

Eine leise Stimmung des Aufstands war spürbar, als die *Deutsche Psychoanalytische Vereinigung* (zum Auftakt ihrer Herbsttagung 2001) die ernüchternde Realität im Gesundheitswesen anklagte: die Ökonomisierung der Medizin nach dem Muster industrieller Abläufe, die Orientierung psychopathologischer Klassifikationssysteme am Modell der körperlichen Störung, die Auflösung des Leidens von Patienten in einzelne Symptome, die Einführung technisch genormter Therapieformen mit Unterstützung durch Manuale. All diese Tendenzen unter der Überschrift von Qualitätssicherung und Kostendämpfung im Gesundheitswesen erwecken naturgemäß den Widerstand einer Disziplin, die für ihr aufwändiges Behandlungsverfahren viel Zeit, Raum und Geld beansprucht. In Zeiten der Beschleunigung, des effektiven Ressourceneinsatzes, des gesteigerten Kostenbewusstseins werden ihr diese Mittel nicht nur von den Krankenkassen beschnitten, sondern auch von den Patienten zunehmend verweigert. Kein Wunder also, dass sich die Zunft existenziell bedroht fühlt und bei der Ursachenforschung in allerlei wilde Deutungen verstieg, bis endlich ein altböser Feind ins Visier geriet: Raunend, aber doch vernehmlich, wurde der Kapitalismus angeklagt.

Die Verwandlung der Welt in einen einzigen Warenmarkt hat längst auch das kostbare Gut entwertet, das die Psychoanalyse lange Zeit wie einen Schatz gehütet hat. Die Standardkur – mindestens vier Stunden wöchentlich, im Liegen, nach strengen Regeln über mehrere Jahre durchgeführt – sie ist inzwischen einer starken Konkurrenz ausgesetzt, die nicht nur schnellere Heilung zu geringeren Kosten verspricht, sondern zusätzlich mit Studien aufwarten kann, die Effektivität und Effizienz belegen. Diese Entwicklung hat auch die Psychoanalyse gezwungen, flexiblere Behandlungsformen und technisch modifizierte Angebote für die Therapie spezifischer Störungen zu entwickeln. Darüber hinaus stellt sie sich auch der Forderung nach Evaluierung, um die Wirksamkeit ihrer besonderen Methode nachzuweisen – eine Aufgabe, die lange Zeit als Zumutung empfunden und vornehm zurückgewiesen worden war.

Eine umfangreich angelegte, repräsentative Katamnesestudie (Marianne Leuzinger-Bohleber) belegt die positiven Langzeitwirkungen psychoanalytischer Behandlung, und zwar aus der professionellen Perspektive der Behandler, aus der subjektiven Sicht ehemaliger Patienten, aber auch objektiviert durch Daten über Krankheitszeiten. Man darf gespannt sein, wie diese aufwändig angelegte Untersuchung von der notorisch psychoanalysekritischen empirischen Psychotherapieforschung aufgenommen wird.

Dass die Psychoanalyse ihren Blick auf den Bereich zwischen Innen- und Außenwelt richten muss, lässt sich an ihrem Traumakonzept zeigen (Anna Ursula Dreher). Ein seelisches Trauma ist eben weder das von außen einbrechende Ereignis noch das bloß innere Erlebnis. Es spielt sich in einem Raum ab, in dem die Übersetzung einer objektiven, aus der Perspektive der dritten Person beschreibbaren Wirklichkeit, in die subjektive Wirklichkeit der ersten Person geschieht. Traumatisierung bedeutet die (in der Regel auch neurobiologisch nachweisbare) Verletzung durch eine Erfahrung, welche die individuelle psychische Verarbeitungsmöglichkeit übersteigt. Deshalb hinterlassen die Katastrophen des Krieges, der körperlichen Gewalt, der psychischen Demütigung nicht bei allen Betroffenen gleichermaßen fatale Spuren, sondern nur bei jenen, welche die katastrophale Erfahrung nicht in die Sinnstruktur eines lebensgeschichtlichen Narrativs integrieren können.

Den gleichen Übergangsbereich zwischen Innen und Außen muss eine psychoanalytische Behandlungskonzeption in Rechnung stellen, die sich flexibel auf verschiedene Logiken einzustellen und zwischen ihnen zu pendeln vermag (Jörg Scharff). Die Betrachtung innerer Faktoren folgt einer »Subjektlogik«, aus der heraus der Patient bewusst oder unbewusst etwas mit seiner Umwelt tut. In der Einstellung auf eine »Objektlogik« wird darauf fokussiert, was die Umwelt mit dem Patienten tut. Vorbild für dieses Modell ist das erkenntnistheoretische Paradox von Winnicott, nachdem der Säugling die Welt erschafft, die er doch zugleich vorfindet. Bei psychischen Erkrankungen sind das Selbst und Andere beteiligt, wirken Umweltversagen und Eigenes zusammen: Der Patient ist Täter und Opfer zugleich. Eine derart klinisch und metapsychologisch differenzierte Position sucht und findet den Anschluss an die internationale Diskussion über die Intersubjektivität menschlichen Erlebens und Verhaltens.

Kritisch zu befragen sind die notorisch strengen Behandlungsregeln, die eine zu hohe Hürde für die Aufnahme einer psychoanalytischen Behandlung darstellen können und auch in der Katamnesestudie als zu starr bewertet worden sind. Die These vom Überich-Charakter einer idealisierten Standardtechnik (Britta Heberle), hinter der sich leicht die normative Vorstellung einer »richtigen« Analyse mit »korrekten« Deutungen, ja eine latente soziale Machtphantasie des Analytikers, verbergen könne, wird freilich nicht von allen geteilt. Hartnäckig halten sich in der Szene narzisstische Reste einer professonellen Selbststilisierung, welche die Krise der Psychoanalyse einer Welt anlastet, die den Königsweg der Liegekur nicht angemessen zu würdigen weiß.

Aber nicht nur als Behandlungsmethode, sondern auch als Persönlichkeits- und Kulturtheorie hat die Wissenschaft vom Unbewussten viel von jenem Einfluss verloren, den sie sich bis zu den achtziger Jahren des letzten Jahrhunderts erworben hatte. Der Disziplin, die seit ihrer Begründung ganze Generationen von Intellektuellen fasziniert hat, geht inzwischen selbst der Nachwuchs aus. Mit dem Rücken an der Wand wird sie sich dieser kränkenden Realität stellen müssen, wenn sie sich nicht mit den letzten ihrer alt gewordenen Heroen, die Sigmund Freud noch persönlich kannten, von dieser Welt verabschieden möchte.

Alleinesein in Gegenwart eines Anderen

Ein psychoanalytischer »Discours de la méthode«

Von Jorge Semprun wurde der 42. Kongress der *Internationalen Psycho-analytischen Vereinigung* in Nizza mit einer Hommage an Sigmund Freud eröffnet. Ein beredter Zeitzeuge der totalitären Bewegungen des 20. Jahrhunderts würdigte den Beitrag, den der Gründungsvater der Psychoanalyse zur dynamischen Erforschung von Kollektivillusionen, Massenbildung und Führerkult geleistet hatte. Zugleich adelte der betagte Laudator – antifaschistischer Widerstandskämpfer und Buchenwald-Häftling, ehemaliger Kommunist und prominenter Renegat, zwischenzeitlich Kulturminister der spanischen Demokratie, polyglotter Schriftsteller von Weltgeltung – mit seiner Anwesenheit das Treffen einer Disziplin, die sich um ihre gesellschaftliche Anerkennung ernsthafte Sorgen machen muss. In einer Dauerkrise befangen setzte die organisierte Psychoanalyse auch an der französischen Mittelmeerküste die Suche nach ihrer Identität im beginnenden 21. Jahrhundert fort. Was ist die psychoanalytische Methode und was bleibt von ihrem Kern erhalten, wenn man sie in anderen Kontexten als der Standardkur anwendet – so lautete das Leitthema der Konferenz in den weitläufigen Räumen jenes postmodernen Götter- und Musentempels, der sich tatsächlich ›Acropolis‹ nennt.

Dass ein therapeutisches Verfahren, das ursprünglich an der Behandlung klassischer Psychoneurosen entwickelt worden war, erfolgreich auf frühe Störungen, Psychosen, psychosomatische Erkrankungen, alte und neue Formen von süchtiger Abhängigkeit, auf die psychischen Folgen sexuellen Missbrauchs und sozialer Gewalt, auf die Probleme von Paaren, Familien und Gruppen auszudehnen ist, hat die Erfahrung längst gezeigt – wenn man es technisch entsprechend modifiziert. Was aber an den neuen Therapietechniken noch spezifisch psychoanalytisch ist, was das Gemeinsame in einem erheblich erweiterten Behandlungsspektrum ausmacht, was bei allen theoretischen Differenzen die verschiedenen Techniken und Schulen miteinander verbindet – das sind die umstrittenen Fragen, denen sich vor allem die drei Hauptvorträge des Kongresses widmeten.

Jean-Luc Donnet aus Paris, der nicht nur mit seinem Vornamen an Godard erinnerte, führte die Psychoanalyse zunächst als Meisterkunst vor, bei der – wie bei einem Schachspiel – nur die ersten Züge vorbereitet sind. Gerade weil die Grundregel der freien Assoziation keine Kontrolle über den Prozess erlaube, bedeute die analytische Methode vor allem die Herstellung einer Situation, in der ein Patient Zugang zu seinem Unbewussten finden könne. Der Therapeut müsse dazu sein akkumuliertes psychoanalytisches Wissen immer wieder vergessen. In dieser französischen Spielart – die Jean Laplanche in einer weiteren Großveranstaltung vorführte – ist die Methode etwas, was als geheimnisvolles Drittes zwischen Analytiker und Analysand ebenso vermittelt wie zwischen Theorie und Praxis, und das Deuten eine intime Gemeinschaftsleistung, die sich der wissenschaftlichen Objektivierung weitgehend entzieht. Angesichts der suggestiv-verführerischen Eleganz dieses Theorieangebots hatte der eher trockene Entwurf des Gegenreferenten César Garza Guerrero aus Mexiko keine Chance. Ohne große Resonanz plädierte er für eine Befreiung vom psychoanalytischen Subjektivismus zugunsten einer objektivierten Verlaufs- und Ergebnisforschung, für eine systematische Klärung der Wechselwirkung von Theorie und Empirie in der Psychoanalyse und für eine Verwissenschaftlichung ihrer Methodologie

Dann wandelte Arnold Goldberg vom legendären Chicagoer Institut eines Heinz Kohut auf dessen Spuren und drohte, das Kind ganz mit dem selbstpsychologischen Badewasser auszuschütten. Eine »postmoderne Psychoanalyse« – freilich nicht der Devise eines »*anything goes*«, sondern auf ein »*everything matters*« verpflichtet – erfordere einen Pluralismus im Zugang zum Unbewussten. Sie brauche eine Vielzahl von Theorien und Methoden mit jeweils begrenzter Anwendbarkeit. Die Berufung auf ein »korrektes« Standardverfahren verhindere bloß, dass sich der Analytiker auf die Bedürfnisse des Analysanden wirklich einlasse. Nur wer selbst die Regeln breche (z. B. auch einmal ein Geschenk annehme), sei in der Lage, schwer gestörten Patienten zu helfen, die gerade nicht nach Regeln leben könnten. Dagegen bestand die Londoner Kleinianerin Irma Brenman Pick streng auf der Einhaltung eben dieser Regeln, die nicht nur dem Tyrannischen in den infantilen Übertragungswünschen des Patienten entgegenwirkten, sondern vor allem den Therapeuten vor dem Agieren schützten, indem sie ihn auf seine deutende Funktion festlegten. Ungesagt blieb, dass auch die anthropologischen Überzeugungen der kleinianischen Schule agierenden Charakter annehmen können: Ein Raum, der

eigentlich vom Analysanden gefüllt werden müsste, wird deutend zu-
gestopft, wenn der Analytiker in den unbewussten Phantasien überall den
angeborenen Todestrieb in Form von destruktivem Hass, primärem Neid
und konstitutioneller Eifersucht wittert, mit dem sich das bedrohte Selbst
gegen eine per se feindliche Umwelt zu behaupten sucht.

Im dritten Hauptvortrag befasste sich der Paar-, Familien- und Grup-
pentherapeut Isidoro Berenstein aus Buenos Aires mit psychoanalyti-
schem Arbeiten außerhalb des dyadischen Raums. Hier ist, anders als in
der Individualtherapie, nicht nur der Einzelne im Blickpunkt der
Aufmerksamkeit, sondern auch das feingesponnene Netz intersubjektiver
Verbindungen sowie die Realität der sozialen Verhältnisse. Der Argenti-
nier machte den skrupulösen Versuch, die verzwickten Beziehungen in
menschlichen Kollektiven als eine Art psychodynamischer Drei-Welten-
Theorie darzustellen, die sich neuer Begriffe bedient: »alienness« (Fremdheit), »absence of the other« (Abwesenheit des Anderen) und »imposition«
(Aufnötigung). In der folgenden Debatte über die Öffnung der Psychoanalyse gegenüber fremdem Wissen dämmerte die Erkenntnis, dass
symbolischer Interaktionismus, Systemtheorie oder die Theorie kommunikativen Handelns beim Studium sozialer Interaktionsfelder einen gewaltigen Vorsprung haben. Deren Konzepte psychoanalytisch zu reflektieren
scheint deshalb allemal profitabler, als das Rad neu zu erfinden.

Es war der französische Doyen einer europäischen Psychoanalyse, der
dem Kongress sein intellektuelles Glanzlicht aufsetzte. Der hochbetagte
André Green formulierte, was die Kur für ihn bedeutet: die Selbsterforschung seelischer Vorgänge in Gegenwart einer zweiten Person.
Diese wunderbar knappe Definition verzichtete – als ob sie Picassos
Vorschlag für ein Kunstwerk der Moderne folgte – auf alles Überflüssige
und schälte so den Kern des psychoanalytischen Prozesses heraus: Die
beiden Beteiligten stiften zusammen jene einzigartige Sprachgemein-
schaft, bei welcher der Patient versucht, zu träumen (obwohl er weiß, dass
er es nicht tut) und seinen Wachtraum in Worte zu fassen, während der
Therapeut in einem korrespondierenden Zustand der »rêverie« zu verstehen versucht, wie die Dinge zusammenhängen. Im kommunikativen
Zusammenspiel der kreisenden Bewegungen von freier Assoziation auf
der einen und gleich schwebender Aufmerksamkeit auf der anderen Seite
entsteht das Neue, als etwas Drittes zwischen Analysand und Analytiker.

Im gelingenden Fall hat der Patient am Ende die Autorenschaft seiner persönlichen Existenz wieder übernommen, die er vorher an die Umgebung abgegeben hatte. Er ist zum Subjekt seiner Lebensgeschichte geworden, als deren leidendes Objekt – Opfer schlechter Eltern, widriger Umständen oder auch unfähiger Therapeuten – er sich gewähnt hatte. Das Ziel der Kur, wie es der psychoanalytische Meisterdenker in Anlehnung an Donald Winnicotts dialektische Formulierung ausdrückt, ist dann erreicht: Alleinesein können in Gegenwart eines anderen.

Derselbe André Green verkörpert mit Seitenhieben gegen Säuglingsforschung und Neurowissenschaften freilich auch den antiwissenschaftlichen Affekt einer charismatischen Psychoanalytikergeneration, die sich einst im Kampf gegen Behaviorismus und Szientismus hatte behaupten müssen. Immer noch ist sie überzeugt, unbeirrbar eine einzigartige Wahrheit gegen die anderen Humanwissenschaften zu verteidigen – während diese im Rahmen eines »*intersubjective turn*« längst einen Paradigmenwechsel vollzogen haben. Der psychoanalytische Nachwuchs duckt sich noch unter dem Gesetz der Alten weg, die das Kongressfeld weitgehend beherrschten. Ein symbolischer Vater- oder gar Muttermord ist nicht in Sicht.

Der »Psychoanalytiker hinter der Couch« – so könnte man Bilanz ziehen –, diese zum Klischee gewordene Imago einer Berufsrolle ist eine Metapher für jene eigentümliche Haltung, die freischwebende Aufmerksamkeit, konzentrierte Rezeptionsbereitschaft und ein Gespür für Verbindungen zusammenbringt. In sprachlichen Äußerungen sucht sie eine latente Bedeutung, in rätselhaften Texten einen verborgenen Subtext, in irrationalen Handlungen einen geheimen Sinn, in subjektiven Mitteilungen eine intersubjektive Dimension zu entdecken. Deutungen im Kontext einer Therapie erfolgen probeweise. Sie sind mit dem Risiko des Scheiterns behaftete Angebote an den Patienten, der letztlich über ihre Annahme entscheidet. Er kann sie erst dann annehmen – auch wenn sie sein Bedürfnis nach Übereinstimmung kränken – wenn er sich vom Analytiker anerkannt fühlt. Dieser Vorbehalt gilt auch für deutende Interventionen jenseits der Enge des Behandlungszimmers: Psychoanalytische Beiträge zu Zeitdiagnosen, zu Kulturanalysen zu Gesellschaftstheorien oder zur humanwissenschaftlichen Theoriebildung haben sich im Medium kommunikativer Verständigung zu bewähren.

Deutungsbrust und übersättigter Container

Wer nur etwas von Musik versteht, versteht auch davon nichts. Diese Behauptung hat Hanns Eisler – jener revolutionäre Komponist, der mit Bert Brecht (musikpraktisch) und Theodor W. Adorno (musiktheoretisch) zusammengearbeitet hat – mit dem ihm eigenen Faible für dialektische Wendungen einmal aufgestellt. Diese Erkenntnis scheint sich gegenwärtig auch in der Psychoanalyse zu verbreiten. Nachdem sich die Wissenschaft vom Unbewussten lange Jahre in die hermetische Innenwelt ihrer Institutionen, in die Esoterik ihrer Theorien und in den Intimraum der klinischen Praxis eingesperrt hatte, scheint sie nun die Welt »da draußen« wieder zu entdecken. Die innere Wirklichkeit funktioniert nicht unabhängig von der äußeren. Unsere Phantasien führen kein autistisches, bloß körperbezogenes Eigenleben, sondern beziehen sich auf eine physische und soziale Umgebung. Die seelische Strukturbildung hat etwas mit den Interaktionserfahrungen zu tun – das Innen mit dem Außen, der Trieb mit dem Objekt, das Selbst mit dem Anderen.

Es sind die vielfältigen Vermittlungen zwischen diesen Polen unserer abstrahierenden Begriffe, denen die Psychoanalyse nachzuspüren hat, wenn sie sich wieder in die Arena öffentlicher Diskurse über die Verfassung der Welt begeben will. Dort herrscht freilich großes Gedränge. Der Versuch einer Einmischung kann gelingen oder scheitern. Beides demonstrierte die Frühjahrstagung 2002 der *Deutschen Psychoanalytischen Vereinigung* (DPV) in Leipzig, die unter dem Generalthema »*Entgrenzung-Spaltung-Integration*« alle möglichen Fragen der Gegenwart behandelte: Ost-West-Spaltung, gesellschaftliche Gewalt, Krieg und Vertreibung, politischer Terrorismus, Biotechnologie und einiges mehr. Gleich der Eröffnungsvortrag begab sich auf gefährliches Gelände.

»*Zur deutsch-deutschen (Kriegs-) Kindheit*« referierte Hartmut Radebold: Die im Zeitraum zwischen 1930 und 1948 geborenen Deutschen in Ost und West seien biographisch mehr oder weniger stark durch die traumatisierenden Erfahrungen des 2. Weltkriegs und seiner Folgen geprägt. Die »betroffene« Generation solle endlich anfangen, mit ihren eigenen Kindern über diese verdrängte Früherfahrung zu reden, damit diese wiederum die »Kriegskindheitsgeschichte« ihrer Eltern als Teil der Familiengeschichte anerkennen könnten. Die transgenerationelle Erzählung vom gemeinsamen Verhängnis als familienanamnestische Aufgabe, deren Erledigung zugleich die Ost-West-Spaltung psychodynamisch überwinden helfe? Die Gemeinschaft der Deutschen als Opfer von Kriegs und Nachkriegszeit? Diese Selbstsuggestion mag für den therapeutischen Einzelfall einen begrenzten kathartischen Sinn erfüllen, versagt aber jenseits der Kontingenz individueller Lebensläufe. Eine Geschichtsdeutung, welche die nationalsozialistisch formierte Volksgemeinschaft zu einem von außen auferlegten Schicksal verwandelt und den Eroberungs- und Vernichtungskrieg, den sie hervorgebracht hat, auf eine schädigende Umwelt reduziert, muss Widerspruch hervorrufen.

Werner Bohleber und Helmut Thomä – der eine selbst der 68er-Generation entstammend, der andere immer noch kämpferischer Nestor der deutschen Psychoanalyse – übernahmen mit verteilten Rollen die Aufgabe der Kritik. Die Eltern dieser »Kriegskinder« waren in der Regel mitverantwortlich für den kollektiven Rückfall in die Barbarei. Sie hatten nicht nur politisch, sondern auch in ihrer Elternfunktion massiv versagt und entscheidend zu einer zerstörten Welt beigetragen, in der dann auch ihre Söhne und Töchter aufwachsen mussten. Zur Traumatisierung der Kriegs- und Nachkriegskinder gehörte deshalb die Schuldverstrickung der Eltern ebenso wie die Selbstzerstörung der deutschen Kultur, die in der Vernichtung der deutschen Juden nur ihren barbarischsten Ausdruck fand. Und die gemeinsame Erfahrung der erwachsenen Deutschen in der Nachkriegszeit bestand eben nicht bloß in den verheerenden Lebensverhältnissen, unter denen sie den Wiederaufbau leisten mussten und ihre Kinder großzogen. Zu ihr gehörte auch das kollektive Beschweigen ihrer eigenen Verantwortung für die reale und für die psychische Katastrophe. Erst unter den Angriffen einer rebellierenden Nachkriegsgeneration ist diese Kommunikationsverweigerung durchbrochen und eine diskursive Trauerarbeit über das Angerichtete begonnen worden. Sie hat das Denken verleugneter Empfindungen, das Mitteilen verdrängter Erfahrungen und die Anerkennung eigener Schuld schließlich ermöglicht. Allerdings war dieser Prozess auf Westdeutschland beschränkt. Im Osten hatte der antifaschistische Gründungsmythos der DDR eine Auseinandersetzung mit der eigenen Nazivergangenheit zunächst erübrigt, und in der familiarisierten DDR-Kultur hatte eine Generationsauseinandersetzung auch später nicht mehr stattgefunden. Auf diese Zusammenhänge machte

Annette Simon aufmerksam, die hier auch Ursachen einer erhöhten Anfälligkeit für Rechtsradikalismus und Gewalttätigkeit bei der ostdeutschen Jugend vermutete und mit empirischem Material belegen konnte. Einen beklemmenden Einblick in die innere Krise der Psychoanalyse vermittelte ein klinisches Forum. In zwei Demonstrationen therapeutischer Entgrenzung wurde vordergründig das Modekonzept der projektiven Identifizierung, eigentlich aber die Überwältigung von Patienten durch massive Deutungen vorgeführt. Deutungsbrust, vergiftete Milch, zerstörtes Objekt, übersättigter Container – es wimmelte nur so von Begriffen aus einem esoterischen Theoriegebäude, mit denen der Analytiker bzw. die Analytikerin ihre Schulenzugehörigkeit demonstrierten und die Analysanden traktierten. Dass sich gegen diese therapeutisch induzierte Bedrohung ein Patient nur wehren kann, in dem er flüchtet oder sich unterwirft, schien den meisten Diskutanten im Saal unmittelbar einleuchtend – nur den beiden Vortragenden nicht. Sie konnten sich aus den fatal entgleisten Sprachspielen nicht lösen, über deren szenische Genese sie gerade Auskunft gegeben hatten. Dabei ist doch die Fähigkeit, eine »dritte« Position einnehmen zu können, aus der er den therapeutischen Prozess betrachten kann, für den Analytiker geradezu eine professionelle Basiskompetenz.

In einem durch äußere und innere Regeln gerahmten Beziehungsraum wird zwischen Analytiker und Analysand um die Anerkennung prekärer Grenzen gerungen, auch um die »Grenzen des Psychoanalytikers« (Ralf Zwiebel). Aus diesem Kampf gehen Unterscheidungen hervor: Subjektivität als das Eigene, Intersubjektivität als das Geteilte, Objektivität als das Getrennte. Es ist gerade die mangelnde Unterscheidung zwischen persönlich und privat auf Seiten des Analytikers (oder der Analytikerin), die dem sexuellen Missbrauch einen Weg bahnen kann. Diese »Liebeskrankheit« – wie die Fachliteratur inzwischen diese Störung nennt, bei welcher der Therapeut sich narzisstisch von seinen Patienten abhängig macht, indem er ihn zur Regulation seines eigenen Selbstwertgefühls benutzt – kommt häufiger vor, als es die Zunft wahrhaben will (freilich weniger häufig, als es die angeregte Phantasie der Öffentlichkeit vermuten möchte).

Der Psychoanalytiker muss ein Anderer bleiben, ein Fremder, wenn er den Patienten durch das analytische Dunkel zum Licht der Selbsterkenntnis führen will (Annegret Mahler-Bungers). Aber, so könnte man hinzufügen, er muss zugleich die Welt im Blick haben, die nicht nur dem Patienten, sondern auch ihm selbst Aufgaben stellt. Das wäre die Realitätsschranke gegen einen gegenaufklärerischen esoterischen Fundamentalismus, der sich in den Weiten des psychoanalytischen Pluralismus breit gemacht hat: Wer nur etwas von Psychoanalyse versteht, versteht auch davon nichts.

Science oder Fiction

Wo liegt die wissenschaftliche Zukunft der Psychoanalyse?

Ob man die Psychoanalyse als Wissenschaft betrachten soll oder als eine mehr oder weniger plausible Spekulation über die Verfassung des Seelenlebens, ist seit ihrer Entstehung umstritten. Die Medizin lehnte Freuds Lehre von der Genese und Behandlung seelischer Erkrankungen von Anfang an als unwissenschaftlich ab, weil sie als Organmedizin mit einer Theorie des Unbewussten nichts anfangen konnte. Die akademische Psychologie, die sich mit der quantitativen Untersuchung von Erleben und Verhalten immer präziser in die qualitative Irrelevanz forschte, sah sich nicht in der Lage, das Unbewusste zu beobachten und grenzte es deshalb als Forschungsgegenstand aus. Und die Psychoanalyse selbst? Sie konnte sich Jahrzehnte lang nicht entscheiden, welchem ihrer exquisiten Ansprüche sie folgen sollte, dem einer hermeneutischen Anwendungsdisziplin mit privilegiertem Zugang zur Wahrheit der inneren Welt; dem einer avantgardistischen Naturwissenschaft, deren metapsychologisches Vokabular eines Tages durch Neurophysiologie ersetzbar sein sollte; oder gar dem einer humanwissenschaftlichen Leitdisziplin, zu der die anderen in Supervision gehen durften.

Nur eines schien der Psychoanalyse trotz aller externen Widerstände und eigener Zweifel lange Zeit gewiss: in der therapeutischen Beziehung zum Patienten sollte nicht nur die Quelle allen Wissens liegen, sondern auch die Einheit von Heilen und Forschen gewährleistet bleiben. Dadurch blieb die Weiterentwicklung theoretischer Konzepte an die Erfahrung hinter der Couch gebunden. Als Grundlage dieser sog. Junktim-Forschung galt die klinische Falldarstellung, an der sich wahlweise die Wirkung einer Intervention oder der Erfolg einer ganzen Behandlung, die Triftigkeit eines Konzepts oder die Wahrheit einer ganzen Theorie demonstrieren ließ. Dass sich der eigene metapsychologische Blick oder die Zugehörigkeit des Analytikers zu einer bestimmten Schule auf das vom Analysanden stammende Material auswirken könnte, blieb einer Denkweise fremd, die den Therapeuten zum neutralen Spiegel erklärte, in dessen Deutungen sich der Patient erkennen sollte. Dass es sich beim psychoanalytischen Prozess um eine Interaktion handelt, dass an dieser

Interaktion beide beteiligt sind, dass sie der Beobachtung zugänglich ist und mit Hilfe von Tonband- oder Videogeräten protokolliert werden kann, dass der therapeutische Prozess eine gemeinsame Konstruktion darstellt, die in Begriffen der Intersubjektivität zu verstehen ist – das alles passte nicht ins Konzept einer Ein-Person-Psychologie, als welche die Psychoanalyse sich traditionell missverstanden hatte. Die Exklusivität der psychoanalytischen Situation schloss deshalb Untersuchungs-verfahren aus, die sich – jenseits von Empathie und Introspektion – des Methodenrepertoires etwa der empirischen Sozialforschung bedienten.

Dass dieses Selbstmissverständnis der Zunft einer Vergangenheit angehört, aber doch nicht ganz vergangen ist, zeigte eine Konferenz, die vom Frankfurter Sigmund Freud-Institut Ende September 2002 auf dem Westend-Campus der Frankfurter Universität veranstaltet wurde. Sie widmete sich der »psychoanalytischen Methode zwischen klinischer, empirischer und konzeptueller Forschung«. Internationale Prominenz hatte sich eingefunden. Gleich im Eröffnungsvortrag demonstrierte der hochbetagte André Green, dass er nicht aus Paris gekommen war, um seine Psychoanalyse der Wissenschaft auszuliefern. Erstens sei sie gar keine Wissenschaft (und solle auch nicht versuchen, eine zu werden), sondern verfolge eine Rationalität eigener Art. Zweitens betrieben auch die Säuglingsforscher und Bindungstheoretiker, die mit Beobachtungs-methoden arbeiten, nicht *Science*, sondern *Fiction*, weil sie vom Äußeren aufs Innere bloß phantasievoll schließen würden. Drittens sei der eigent-liche Gegenstand der Psychoanalyse, das Unbewusste, nicht beobachtbar und enthülle sich nur in der intimen psychoanalytischen Situation. Mit einem freundlichen Seitenhieb gegen Peter Fonagy, der am Anna Freud-Zentrum in London die psychoanalytische Theoriebildung mit Hilfe einer raffinierten Bindungsforschung vorantreibt, formulierte der fran-zösische Meisterdenker auch entwicklungspsychologisch sein Credo einer aparten, gleichwohl geteilten Innenwelt, die der Beobachtung nicht zugänglich ist: »*The baby is not attached to the mother, the mother is not attached to the baby – they are both in love with each other*«. Aber warum sollten Mutter und Kind bei aller Liebe nicht aneinander gebunden sein? Und warum sollte man die Art dieser Bindung nicht auch an Indikatoren äußerlich erkennen können? Fragen dieser Art wurden nicht gestellt und konnten deshalb nicht beantwortet werden.

Nun gehört die offene Auseinandersetzung nicht gerade zu den Vorzügen der psychoanalytischen Szene (die sich bei Fallvignetten dafür gerne um die »richtige« Deutung streitet) und fand auch hier nicht statt. Fonagy und seine Mitarbeiterin Mary Target parierten den unterschwelligen Angriff auf ihre Weise. Anhand empirischer Langzeitstudien konnten sie zeigen, wie die Qualität einer frühen Bindung vor späterer Psychopathologie schützt und wie die Behandlung einer Psychopathologie im Kindesalter die mentale Fähigkeit verbessert, mit Belastungen des Erwachsenenlebens zurechtzukommen. Dass es dabei aber gewichtige Unterschiede in der therapeutischen Wirkung verschiedener Behandlungskonzepte gibt, macht die wissenschaftliche Bedeutung dieser Art von Konzeptforschung aus: sie generiert Hypothesen, die sich auch empirisch überprüfen lassen. So scheint z. B. ein klassisch-internalistisches Modell von Trieb und Abwehr, das nur den innerseelischen Konflikt verorten kann, als metapsychologische Grundlage für die Bearbeitung traumatischer Erfahrungen weniger geeignet. Dagegen hat ein Verfahren seine therapeutischen Vorzüge, das auf dem intersubjektiven Modell der Mentalisierung beruht; es schult die Fähigkeiten zur selbstreflexiven Traumabewältigung dadurch, dass es der äußeren Realität Bedeutung zumisst, oder es verbessert die soziale Kompetenz, indem es das Bewusstsein für den psychischen Zustand anderer verbessert.

Voraussetzung für »hinreichend gute« psychoanalytische Forschung ist jedoch, dass sie ihrem Gegenstand adäquat ist, dass sie methodisch angemessen das erfasst, was wir Subjektivität nennen. Sie müsste sich zunächst Winnicotts paradoxer Einsicht über den Säugling stellen, den es »gar nicht gibt« ohne eine Mutter, die ihn trägt oder einen Kinderwagen, in dem er liegt. Wie sich dieser Säugling, der ohne eine haltende Umwelt nur als psychotisches Tier existieren würde, zu einem menschlichen Wesen entwickelt, das sich selbst als Zentrum der Welt erlebt, muss zunächst verstanden werden. Wie entwickelt sich ein Kind aus neonataler Hilflosigkeit und absoluter Abhängigkeit zu einem selbstständigen, seiner selbst bewussten Individuum? Aus einem vorsozialen, somatischen Ich-Kern – oder durch die Übernahme der Perspektive Anderer, die Du zu ihm sagen? Oder durch eine Kombination von beidem? Die erkenntnistheoretische Kluft zwischen einer subjektiv erworbenen Ich-Perspektive und der Beobachtungsperspektive einer dritten Person kann eben nicht durch Reduktionismus überbrückt werden: Wie sich aus dem biologischen Substrat Psychisches, wie sich aus einer sozialen Interaktion seelische Struktur entwickelt, ist wissenschaftlich völlig ungeklärt.

Der neuropsychologisch argumentierende Mark Solms meinte nun, mit Hilfe der rapide voranschreitenden Hirnforschung diese Kluft schließen zu können. Überschwänglich trug er seine Hoffnung vor, die Psychoanalyse einmal als »*natural science of the mind*« zu etablieren. Diese Hoffnung auf eine Naturwissenschaft des Geistes, welche Freuds Theorie des psychischen Apparats endlich hirnphysiologisch belegen soll, wird sich nicht erfüllen. Solche Spekulationen werden gerade von der Neurobiologie selbst aufgegeben. Lange hatte man in der Nachbarwissenschaft nämlich der cartesianischen Illusion nachgeforscht, dass der Homunculus in der Zirbeldrüse sitzt, und entdeckt gerade, das die Herausbildung der Architektur des Hirns soziale Voraussetzungen hat, dass man ein intersubjektives Modell braucht, um zu verstehen, wie sich der Geist entwickelt. »*Mind*« ist nicht identisch mit »*brain*« – das musste auch die Künstliche-Intelligenz-Forschung inzwischen konzedieren, die mit ihrem Computermodell an der Simulation der höheren Hirnfunktionen kläglich gescheitert ist. Das Besondere der Conditio humana ist eben nicht die »Natur des Menschen« in Form eines biologischen Substrats, das auch die Psyche hervorbrächte.

Im nachcartesianischen Zeitalter muss sich die Psychoanalyse neuen Ufern zuwenden: Niemand ist eine Insel. Der Mensch ist keine Monade – wer wüsste das besser als eine Wissenschaft vom Unbewussten, für die das Ich aus dem Niederschlag seiner vergangenen Objektbeziehungen besteht und die Geschichte seiner früheren Interaktionen erzählt.

Migration und Neubeginn

Die Menschheitsgeschichte ist ohne jene Wanderungsbewegungen nicht denkbar, die für die Besiedlung der Kontinente sorgte: Wir kommen alle »out of Africa« – und Amerika ist die Verheißung der neuzeitlichen Emigration. Gewiss, das Weggehen entstammt immer einer Not, aber diese Not ist häufig eine innere, etwa die Hoffnung auf eine bessere Existenz, der Wunsch, nach eigenen Vorstellungen glücklich zu werden. Migration kann eine Hinwendung zu einer anderen Welt bedeuten, nach der man sich sehnt und die einem verspricht, im Einklang mit seinen Idealen leben zu können. Hier wird die Bewegung im Raum von einer mentalen Bewegung begleitet, von einem antizipierten Zustand zukünftigen Glücks. Gerade weil er mit Erschütterungen einhergeht, setzt der unvermeidliche Migrationsschock auch seelische Veränderungspotentiale frei. Emigration und Immigration sind mit einem kulturellen Bruch verbunden, der zugleich einen Aufbruch bedeutet.

Insofern dokumentiert die Bewegung der Migranten einen prekären Prozess der Weiterentwicklung und Bereicherung, der mit der Adoleszenzkrise bei Jugendlichen vergleichbar ist. Ebenso nämlich, wie bei der Ablösung aus den Bindungen der Herkunftsfamilie auf schmerzhafte Weise zunächst etwas verloren geht, ist die Wanderung aus der prägenden Herkunftskultur mit einer Verlusterfahrung verbunden, die zunächst bewältigt werden muss. Beide, Adoleszenz und Migration, enthalten die Möglichkeit des unglücklichen Scheiterns (bis hin zum psychischen Zusammenbruch). Im glücklichen Fall freilich entsteht ein Neubeginn. Mit Hilfe dieser Analogie lässt sich die Migrationsproblematik zumindest als Begleiterscheinung, wenn nicht sogar als Charakteristikum einer zusammenwachsenden Welt verstehen, die durch ihre Krisen hindurch erwachsen zu werden beginnt.

Eine solche überraschende Konsequenz ergibt sich aus den Thesen, mit denen der Züricher Ethnopsychoanalytiker Mario Erdheim eine Tagung des *Frankfurter Psychoanalytischen Instituts* (im Januar 2003) eröffnete, die sich mit psychischen Bedingungen und Folgen der modernen Migration befasste. Seine theoretische Annäherung unterscheidet sich vom üblichen Diskurs über die Migrationserfahrung, der den vom Elend und von der Gewalt Vertriebenen, den Kriegs- und Bürgerkriegsflüchtling, den

Asylsuchenden im Auge hat. Seit Hannah Arendt in *Elemente und Ursprünge totaler Herrschaft* (1955) den historischen »Niedergang des Nationalstaates und das Ende der Menschenrechte« dafür verantwortlich gemacht hatte, sind wir gewohnt, die globalen Wanderungsbewegungen aus den Katastrophen des 20. Jahrhunderts zu begreifen, die sich im 21. fortzusetzen scheinen. Nun klagen wir keineswegs zu Unrecht jene Verhältnisse an, welche die Vertreibung verursachen, zur Auswanderung nötigen oder die Flucht erzwingen; häufig genug sind solche Erfahrungen mit schweren Traumatisierungen verbunden. Aber das Schicksal der Migranten lediglich aus der Perspektive der Opfer zu sehen, die gerne geblieben wären, ist eine verkürzte Sicht der Dinge. Auch wen es unfreiwillig in die Fremde verschlagen hat, hofft dort auf ein besseres Leben, als er es vorher hatte. Die Rede von Verwurzelung und Entwurzelung entstammt einer naturalistischen Metaphorik und trägt eine verborgene reaktionäre Konnotation: Der Mensch ist kein Baum.

Erdheim konnte aus eigener Erfahrung sprechen. Er verbrachte seine Kindheit in Ecuador, wohin seine Eltern in den vierziger Jahren aus der Schweiz geflohen waren. Das Festhalten an alten Gewohnheiten und dem schweizerischen Dialekt, die Sehnsucht nach der vertrauten Landschaft (in den Anden wurden die Alpen wiederentdeckt), die Abgrenzung der Flüchtlingskolonie gegenüber den »Eingeborenen«, all das kennzeichnete in seiner Erinnerung eine Bindung an die Heimatkultur, die zugleich einen tiefen Riss aufwies: Schließlich war es diese Heimatkultur, die den Flüchtlingen den Schutz verweigert hatte. Aus diesem Riss erst – er war zugleich dafür verantwortlich, dass viele, die zurückzukehren versucht hatten, sich in der alten Heimat fremd fühlten und schließlich die neue vorzogen – konnte ein Neubeginn in der Fremde erwachsen: Dort fühlte man sich immerhin so wie zuhause. Die in der Emigrationserfahrung zerbrochene Identifikation mit dem Althergebrachten, so Erdheim, kann allerdings auch im verzweifelten Wiederherstellungsversuch münden (psychoanalytisch: im Wiederholungszwang) und eine Neuordnung des Verhältnisses zu sich selbst und der umgebenden Welt verhindern. Im regressiven Festhalten an den alten Formen des Liebens und Hassens, liegt eine psychologische Quelle für den religiösen oder politischen Fundamentalismus, verspricht er in einer Situation der äußeren (ökonomischen, sozialen, kulturellen) Unsicherheit doch eine exklusive innere Sicherheit unter Seinesgleichen – und dokumentiert auf diese Weise geradezu das Unglück der Emigration.

Ob die Migranten in dieser fatalen Regression stecken bleiben oder sich weiterentwickeln, hängt vor allem davon ab, über welche Anerkennungspotentiale die Aufnahmegesellschaften verfügt. Die Frankfurter Soziologin Ursula Apitzsch wagte folgende Gegenthese: Man solle den zunehmenden Fundamentalismus, etwa unter zugewanderten türkischen Jugendlichen, nicht als Zementierung, sondern könne ihn bereits als Neubeginn interpretieren, der sich gegen die psychosoziale Entwertung der Eltern und gegen die unwürdigen Zustände richte, in denen sie unter der Mehrheitskultur lebten. Diese verhängnisvolle Dialektik der Beziehungen innerhalb der Einwanderungsfamilien hat gravierende Folgen für die zweite und dritte Generation. Vor diesem interkulturellen Hintergrund sind auch die Fragen der Psychopathologie und Psychotherapie bei Patienten mit Migrationshintergrund nicht einfach zu beantworten (Fernanda Petrina, Mohammad E. Ardjomandi): Schon die Krankheitstheorien sind kulturspezifisch, die Selbstkonzepte der Patienten zu ihrer Erkrankung sind es auch. Diagnosestellung und erst recht die Behandlung erfordern deshalb eine Haltung des behutsamen Nachfragens und der versuchsweisen Einfühlung in eine fremde Welt, die oft genug an ihre Grenzen stößt.

So lässt sich an der modernen Migationsproblematik beides studieren: zu welchen kreativen Anpassungsleistungen und reichhaltigen Formen des Neubeginns die Menschen bei ihren weltweiten Wanderungen imstande sind, aber auch in welche subjektiven und intersubjektiven Katastrophen solche Bewegungen treiben können, wenn sie Wandlungsfähigkeit und Veränderungsbereitschaft überfordern.

Wer hört auf? Der Patient oder sein Psychoanalytiker

Wann ist eine Psychoanalyse beendet? Wenn Analytiker und Analysand sich nicht mehr treffen – so praktisch wie knapp antwortete Sigmund Freud (*Die endliche und die unendliche Analyse, 1937*) auf die von ihm selbst gestellte Frage. Zuvor müsse freilich »soviel Verdrängtes bewusst gemacht, soviel Unverständliches aufgeklärt, soviel innerer Widerstand besiegt« worden sein, dass der Patient nicht mehr an seinen Symptomen leiden und der Therapeut keinen Rückfall mehr befürchten müsse. Eine andere Auffassung von der Beendigung der Psychoanalyse ergebe sich aus dem sehr viel ehrgeizigeren Therapieziel, nämlich die »Beeinflussung des Patienten« so weit zu treiben, dass »ein Niveau von absoluter psychischer Normalität« erreicht sei. Das bescheidene Unternehmen der Krankenbehandlung mit dem Ziel der Symptomfreiheit oder das weit anspruchsvollere mit dem Ziel einer Selbstveränderung – Freud hat in seinem späten Aufsatz eine Differenz benannt, die für die Profession heute noch einen Unterschied macht.

Dass sich hinter der Frage nach dem Ende die nach dem Selbstverständnis, den Zielsetzungen und den Grenzen der Psychoanalyse verbirgt, wurde auf der Frühjahrstagung 2003 der *Deutschen Psychoanalytischen Gesellschaft* (DPV) deutlich, die sich im Stuttgarter *Haus der Wirtschaft* mit diesem Thema befasste. Georg Bruns aus Bremen, nennt drei Pole, zwischen denen sich die Entscheidung über den Abschluss einer Therapie bewegt: Darf die Kur überhaupt terminiert werden oder soll sie »natürlich« enden? Ergibt sich der Zeitpunkt der Terminierung praktisch-empirisch (aus der Symptomfreiheit oder äußeren Zwängen) oder theoretisch-metapsychologisch (etwa aus dem Ideal eines »vollständigen« Durchanalysierens)? Soll das Therapieziel statisch definiert werden oder besser funktionell, z. B. als Fähigkeit des Patienten zur Selbstanalyse. In der Debatte zu diesen Fragen sind zwei Positionen herauszuhören, welche die gegenwärtige Identitätskrise der Zunft widerspiegeln.

Die eine Position – man kann sie pragmatisch oder realistisch nennen – lautet etwa folgendermaßen. Aus der Teilnahme an der allgemeinen Krankenversorgung ergibt sich die selbstverständliche Verpflichtung, bei der Behandlung die nötigen Mittel effektiv und ökonomisch einzusetzen.

Wo die Psychoanalyse (wie in Deutschland) ins Gesundheitswesen integriert und ihre Behandlungsmethode als krankenkassenfinanzierte Leistung anerkannt ist, muss sie sich an entsprechende Regularien halten. Diagnoseschlüssel verwenden und Indikationen stellen, den Krankheitswert von Störungen beurteilen, entsprechende Verlaufsberichte schreiben, das Gutachterverfahren anerkennen, die Stundenbegrenzungen akzeptieren – all das gehört zur beruflichen Realität des niedergelassenen Psychoanalytikers oder der Psychoanalytikerin, die unter der Last solcher Anforderungen stöhnen wie jeder andere Arzt und jede Ärztin auch.

Aber – so wird aus einer emphatisch vorgetragenen Gegenposition nicht ohne fundamentalistische Ober- und Untertöne eingewandt – stören solche Beschränkungen der therapeutischen Freiheit nicht den prekären psychoanalytischen Prozess? Bringen Sie nicht etwas Fremdes in die intime Beziehung zwischen einem Patienten, der nach der Grundregel der freien Assoziation seine Einfälle berichtet, und einem Therapeuten, der im korrespondierenden Modus der freischwebenden Aufmerksamkeit zuhört? Im psychoanalytischen Dialog geht es doch darum, das berichtete Material zu Erzählungen zusammenzufügen mit dem Ziel, die Lebensgeschichte des Analysanden möglichst vollständig zu rekonstruieren – und weniger um die Beseitigung von Krankheitssymptomen. Diese verschwinden letzten Endes von selbst, sobald ihr geheimer Sinn verstanden ist.

Was tut der Analytiker eigentlich, wenn er das kommunikative Abenteuer der ungestörten Selbsterforschung und reflexiven Selbstveränderung durch ein Oktroi von Therapiezielen, Behandlungsplänen oder gar Terminierungen zu beschränken versucht? Er versündigt sich, verkündet Hermann Beland, am Geist der Analyse, indem er dem Patienten gegenüber Gewalt ausübt. Leidenschaftliches Zuhören gegen unbewusste Gewalt – auf diese heimlich-unheimliche Formel möchte der Berliner Theologe und Psychoanalytiker das Verhältnis der beiden Positionen bringen. Eine restringierte Psychoanalyse liefere sich einer technokratischen *evidence-based-medicine* aus, die angetreten sei, die Psychoanalyse von innen zu erobern und auf diesem Wege die psychoanalytische Evidenz auszulöschen. Eindringlich warnt er seine Zunft vor dieser Identifikation mit dem Aggressor. Wenn sie unter dem Vorwand von Effizienz und Qualitätssicherung ein unpsychoanalytisches Reglementierungs- und

Standardisierungsprogramm übernehme, begehe sie einen auto-aggressiven Akt der Unterwerfung. Ebenso selbstzerstörerisch sei aber die Flucht. Stattdessen müsse man notfalls Widerstand (»zivilen Ungehorsam«) leisten. Gegen wen? Nun, gegen die üblichen Verdächtigen: Gegen die Resignation vor dem »übermächtigen gesellschaftlichen Unverstand«, gegen eine notorisch psychoanalysefeindliche, vorurteilsbeladene Wissenschaft, die ihre Angst vor dem eigenen Unbewussten auf die Psychoanalyse projiziere.

Um seine Version von einer bloß imaginären Krise der Psychoanalyse zu illustrieren, bemüht der belesene Beland die »Ballade von der schwarzen Wolke«, in der sich Günter Grass (1960) allegorisch mit den in der Gesellschaft verbreiteten Unheilserwartungen und Katastrophenängsten befasst: Eine Henne brütet auf ihren Eiern, als sich der Himmel verdunkelt und ein Gewitter aufzuziehen scheint; dadurch lässt sie sich von ihrer kreativen Aufgabe ablenken – bevor die bedrohliche schwarze Wolke am Ende ohne Blitz und Donner weiterzieht. Die Henne, so Beland, sei der Psychoanalyse, die Eier deren wissenschaftlichen Einsichten und therapeutischen Erfolgen vergleichbar. Ebenso wie bei der Henne sei auch die Angst der Analytiker vor der realen Bedrohung übertrieben, durch eigene Existenzängste projektiv aufgeladen. Wo aber Gefahr ist, frei nach Hölderlin, ist das Rettende auch: »Was würde das für eine weiße Riesenwolke werden, wenn die ganze Gesellschaft einen Drang nach Behandlung ihrer psychischen Störungen mit psychoanalytischen Mitteln spüren würde!« Die Ballade fortschreibend entwirft Beland hier eine vom therapeutischen Furor gespeiste Zukunftsvision, die eine geradezu erlöserische Allmachtsphantasie vom Heil durch Psychoanalyse enthüllt. Eine Stundenzahlbegrenzung jedenfalls kann aus dieser Position nur als Sünde wider den heilenden Geist gedacht werden.

Diesem psychoanalytischen Universalismus ist zu widersprechen. Roderich Hohage – aus der Ulmer Schule einer wissenschaftlich aufgeklärten Psychoanalyse und auch berufspolitisch engagiert – wendet sich entschieden gegen eine Totalisierung der Innenweltperspektive: Die äußere Welt folgt eigenen Regeln. Schon die Frequenz der Sitzungen und ihre Bezahlung sind für den Patienten Teil seiner sozialen Wirklichkeit. Wenn die Analyse durch eine Krankenversicherung finanziert und nach Kassenrichtlinien durchgeführt wird, gehört sie einer Realität im

Gesundheitswesen an, die anzuerkennen ist. Die Endlichkeit therapeutischen Bemühens und die Begrenztheit der Ressourcen sind Tatsachen des Lebens, kein Anschlag auf die psychoanalytische Identität. Im Gegenteil, gerade die Idealisierung der hochfrequenten Langzeitanalyse, welche die von den Kassen gesetzte 300-Stundengrenze regelmäßig überschreite, muss psychoanalytisch hinterfragt werden. Eine solche Praxis lastet dem Patienten nicht nur enorme finanzielle und zeitliche Bürden auf, sie verbraucht nicht nur die knappen Zeitbudgets, die anderen bedürftigen Patienten fehlen, sie schadet auch der professionellen Wahrhaftigkeit, indem sie zur doppelten Buchführung verführt. Daueraufgaben der Selbstfindung und allgemeinen Lebensbewältigung dürften nicht den Kassen in Rechnung gestellt werden, die psychotherapeutische Behandlung einer seelischen Erkrankung sollte in einem zeitlichen Rahmen zum Erfolg führen.

Die pragmatische Vernunft aus der Ulmer Schule, die das Projekt einer wissenschaftlich kontrollierten und gesellschaftlich kommunikationsfähigen Psychoanalyse vertritt, kann mit dem psychoanalytischen Fundamentalismus wenig anfangen, den der Berliner Säulenheilige des deutschen Kleinianismus verkörpert – und umgekehrt. Der Dissens muss ausgetragen werden. Die fällige Diskussion um Theorie und Praxis einer modernen Psychoanalyse steht hierzulande aus.

Innen, Außen, Zwischen

Die Modernisierung der Psychoanalyse erzeugt fundamentalistische Gegenströmungen

Das periodisch stattfindende Freud-bashing rührt an eine alte Wunde der Psychoanalyse, die historische Erfahrung nämlich, von der Außenwelt angegriffen zu werden. Sie hat sich geradezu identitätsstiftend in den Gründungsmythos der psychoanalytischen Bewegung eingeschrieben: Je mächtiger der Widerstand, umso tiefer die Wahrheit, deren Abwehr er dient! So mancher in der Zunft hat dieses Bild, mit dem man sich jahrzehntelang hat einrichten können, so richtig lieb gewonnen. Die gegenwärtige Krise der Psychoanalyse erschüttert dieses Selbstbild, das zugleich ein Weltbild und nicht ohne eitle Züge ist.

Der krisenhafte Zustand der Psychoanalyse – er hält jetzt schon über zwanzig Jahre an – verdankt sich nämlich keiner äußeren Bedrohung, sondern stammt aus dem Innenraum einer Wissenschaft, die Anstrengungen zu ihrer eigenen Modernisierung unternimmt: Was ist der »common ground« einer inzwischen pluralisierten Psychoanalyse? Welche klassischen Konzepte gelten noch, welche müssen überprüft, welche aufgegeben werden? Muss sie sich wissenschaftlichen Standards stellen, an denen die Gültigkeit ihrer Persönlichkeitstheorie, die Wirksamkeit ihrer Behandlungsmethode, ihre Anwendbarkeit auf Gesellschaft, Kultur und Geschichte zu bewerten wäre? Wie behauptet sie sich auf dem hart umkämpften Markt psychotherapeutischer Alternativangebote? Wie kann sie ihre Institutionen öffnen, ihre Organisationskultur verbessern, die Ausbildung des Nachwuchses reformieren? Und wie gewinnt sie ihre einstige intellektuelle Ausstrahlung zurück, wie ihre Kommunikationsfähigkeit in den gesellschaftlichen Diskursen unserer Zeit?

Es scheint, als ob solche Fragen alle zugleich auf der ungeschriebenen Agenda einer psychoanalytischen Identitätsdebatte stehen. Dabei deutet sich eine paradigmatische Wende an, die zumindest eine veränderte Sicht auf den Gegenstand der Psychoanalyse, wenn nicht eine Veränderung dieses Gegenstands selbst reflektiert. Was aber hat sich verändert?

Sämtliche Zeitdiagnosen westlicher Gesellschaften, ob sozialwissenschaftlicher, entwicklungspsychologischer, sexualmedizinischer oder familiensoziologischer Provenienz, teilen miteinander einen Kernbefund: Nicht mehr Sexualität, sondern Identität ist das seelische Hauptproblem unserer Zeit. Das Selbstverhältnis der Individuen hat sich verändert. Verbindlicher Norm- und Traditionsbestände, vorgegebener Lebensschicksale und eindeutiger Berufsbiographien beraubt, stellen sie sich zunehmend der Frage: Wer bin ich eigentlich und wer will ich sein in einer Welt, die mir keine Orientierung mehr gibt? Das reflexive Potential der Moderne scheint auf der Ebene der Persönlichkeit angelangt – und damit auch bei der Psychoanalyse. Es ist dieser historische Umbruch, dem der Wandel im psychoanalytischen Denken der Gegenwart Rechnung trägt und der mit einem Austausch der Leitmetaphern verbunden ist: weg von Trieb, Versagung und Schuld, hin zu Fragen der Interaktion, des Selbstwertgefühls, der Beziehung von Selbst und Anderem.

Objektbeziehung, Intersubjektivität, Relationalität, statt Sexualität, Triebdynamik, intrapsychischer Konflikt – die Amöbensage hat ausgedient. Das Selbst ist keine abgekapselte Einheit, keine Monade, die ihre Fühler ausstreckt und wieder einzieht. Wir sind von Beginn unseres Lebens an auf Echo und Reflexion angewiesen. Die individuelle Persönlichkeit entsteht in sozialen Spiegel- und Resonanzräumen. Die psychoanalytische Säuglings- und Bindungsforschung vertritt eine Gegenthese zur negativen Anthropologie der Triebtheorie: Der Säugling begrüßt die Welt, die ihm nach klassischer Auffassung prinzipiell feindlich erscheinen soll. Das Lächeln im Gesicht der Mutter – freilich auch ihr abweisender Blick – gibt ihm eine erste Ahnung davon, wer er ist. Mentalisierung, also die Genese psychischer Strukturen, ereignet sich in einem Raum zwischen Innen und Außen, zwischen Ego und Alter ego, zwischen Phantasie und Realität.

Dieser »potentielle Raum« (Donald Winnicott) verbindet das Selbst mit dem Anderen, Subjekt mit Objekt. Hier verwischen sich die bekannten Gegensätze von Ich und Realität, Trieb und Kultur, Individuum und Gesellschaft, welche die psychoanalytische Metapsychologie durchziehen. Die gesamte cartesianische Erbschaft im Theoriefundament der

Psychoanalyse zerbröckelt unter dem Druck ihrer spätmodernen Strömungen, die sich selbst als narrative, konstruktivistische, systemische oder interaktionistische Ansätze bezeichnen. Weil all diese Ansätze den Einzelnen im Rahmen seiner (früheren und aktuellen) Beziehungen betrachten, kann man sie unter dem weiten Begriff einer »relationalen Psychoanalyse« zusammenfassen. Gemeinsam ist ihnen die Überzeugung vom sozialen Kern der Conditio humana: Erst auf der Grundlage affektiver Verbundenheit und lebensgeschichtlicher Bezogenheit lernt der Mensch denken, entwickelt Bewusstsein und Selbstbewusstsein und bildet das aus, was wir Identität nennen.

Ein solches Denken-in-Beziehungen (statt in intrapsychischen Begriffen) setzt sich allmählich strömungsübergreifend im Feld des psychoanalytischen Pluralismus durch. Nehmen wir zum Beispiel den medialen Narzissmus, jene zeitgenössische Form der Selbstdarstellung, die ohne Publikum nicht vorstellbar ist. Die narzisstische Inszenierung in den Spiegelkabinetten der Postmoderne enthält eine eigentümlich exzentrische Perspektive: Wir betrachten dabei insgeheim den imaginären Anderen, wie er uns betrachtet. Gerade der Narzissmus, dieses Synonym für Eigenliebe und Selbstbezogenheit – von Freud als libidinöse Besetzung des Ich eingeführt – hat eine verborgene intersubjektive Dimension. Jenseits des Dualismus von Innen und Außen verweist er auf etwas Drittes, auf einen Zwischenbereich, der das Selbst mit seiner Umwelt reflexiv verbindet. Auch bezüglich der menschlichen Destruktivität wächst die Einsicht, dass sie weder endogen noch exogen, sondern zwischen Menschen entsteht – die gattungsspezifische Aggression ist intersubjektiver Natur.

Modernisierung oder Fundamentalismus

Gegen diesen »intersubjective turn« formieren sich allerdings Gegenströmungen einer »wahren« Psychoanalyse. Man reklamiert das subversive Potential der Triebtheorie gegen die revisionistische Anpassung an den Zeitgeist, gegen den konformistischen Interaktionismus, als ob immer noch Adorno gegen Habermas zu verteidigen wäre. Manche wollen den Intersubjektivismus gar als psychoanalytische Kostümierung des Neoliberalismus enttarnen, der im Verlangen nach Flexibilität und Marktgängigkeit auf Persönlichkeit und Charakter gut verzichten könne: als Versuch, das real ohnehin verschwindende Subjekt nun auch konzeptionell in die Welt der Objekte zu zerstreuen. Um den »festen Kern« im Innersten des Selbst vor dem Zerfall zu retten, hat sich in der deutschen Psychoanalyse (aber nicht nur hier) eine Art Partisanenwiderstand gebildet.

Zum eigentlichen Zentrum des Widerstands gegen den »flachen« Intersubjektivismus sollte eine psychoanalytische Schule werden, die sich immer schon durch besonders »tiefes« Denken und ganz »frühe« Einsichten ausgezeichnet und zugleich die Ergebnisse der Säuglingsforschung souverän ignoriert hat: die Schule von Melanie Klein. Glaubt man dem intrapsychischen Arkanwissen der Neo-Kleinianer, ist der Säugling ein durch Hass und Neid, Verfolgungsängste, Bedrohungsgefühle und Mordgelüste getriebenes Monster. Seine Welt ist von Phantasien des Zerstückelns und Zerbeißens, des Beraubens und Entleerens, des Vergiftens und Vernichtens bevölkert – Derivaten des Todestriebs, der durch den allgegenwärtigen Mechanismus der »projektiven Identifizierung« in die soziale Umwelt gelangt, wo er sich selbst als »böses Objekt« begegnet. Einer empirischen Prüfung, wie sie für entwicklungspsychologische und klinische Konzepte zu fordern ist, ist dieser krude Psychozentrismus freilich nicht zugänglich.

Die psychoanalytische Esoterik hat fatale Wirkungen nicht nur auf die therapeutische Praxis, wo man mithilfe intrusiver Deutungen zum »psychotischen Kern« des Patienten vorzudringen sucht. Auch im Anwendungsdiskurs wird eine Deutungswut entfaltet, bei der die Katastrophen der Außenwelt direkt aus denen der Innenwelt hervorzugehen scheinen. Allen Ernstes wird etwa befunden, die angeblich der Säuglingswelt entstammenden sadistischen Impulse »des Verbrennens (durch Urin), des Vergiftens (durch Exkremente), des Vergasens (durch Darmgase)« hätten sich in den faschistischen Vernichtungspraktiken manifestiert – so die Herausgeberin von *Melanie Klein: Gesammelte Schriften* (Stuttgart-Bad Cannstatt 1995–2002). Die Konzentrationslager als Produkt eines rasenden Psychofurors? Man muss es so deutlich sagen: Gegen die modernen Öffnungstendenzen der Psychoanalyse hat sich ein Fundamentalismus ausgebreitet, der sektenhafte Züge trägt.

Eine Wissenschaft, die einmal zur Aufklärung der Irrationalität angetreten ist, steht in der Gefahr, selber irrational zu werden, wenn sie sich solcher Erklärungsmuster für Selbst und Welt bedient. Insofern ist die

Krise der Psychoanalyse auch eine Krise ihrer Vernunft. Im Diskurs der Humanwissenschaften kann sie nicht bestehen, wenn sie sich an ihr vermeintliches Zentralmassiv klammert: die Idee einer aparten Innenwelt, zu der ein privilegierter Zugang beansprucht wird. Das macht doch die eigentliche Leistung der psychoanalytischen Moderne aus: eine neue Topik von Innen, Außen und Zwischen, die im Unbewussten den Anderen entdeckt. Erst diese Entdeckung erlaubt es, den verborgenen Bindegliedern, den dynamischen Vermittlungen, den komplizierten Verschachtlungen von subjektiver, intersubjektiver und objektiver Welt nachzuforschen – samt den verhängnisvollen Brechungen, wie sie in den Pathologien der zeitgenössischen Lebenswelt zu erkennen sind.

Epilog

Videor ergo sum! Ich werde gesehen, also bin ich!*

»Gilt für die gläubige Teilnehmergemeinde der neuen interaktiven TV-Formate immer noch, was Adorno und Horkheimer (1949) in ihrer *Dialektik der Aufklärung* der Kulturindustrie einmal vorhielten, dass sie nämlich ›ihre Konsumenten um das (betrügt), was sie ihnen immerwährend verspricht‹? Sind sie nicht doch das Subjekt einer medialen Veranstaltung, die sie zwar zum Objekt macht, aber gerade dadurch der Namenlosigkeit entreißt und ihnen zur Existenz verhilft – das ›neue‹ Subjekt eben, das im Auge der Kamera entsteht? *Videor ergo sum!*«

Mit dieser offenen Frage habe ich einen Beitrag beendet, der sich mit *Big Brother und andere(n) Inszenierungen von postmoderner Identität* befasst (Altmeyer 2001). Die dort angestellten Überlegungen nehme ich hier wieder auf und führe sie weiter, einerseits zeitdiagnostisch, andererseits metapsychologisch. Die Verbindung von Metapsychologie und Zeitdiagnose, die ich aufzeigen möchte, wird durch eine intersubjektive Reformulierung des psychoanalytischen Narzissmusbegriffs hergestellt (vgl. Altmeyer 2000a). Erst ein solches, die Dimension des imaginären Anderen einbeziehendes Verständnis des Narzissmus gestattet uns, charakteristische Erscheinungen des Zeitgeists als verdeckte Suche nach spiegelnder Anerkennung zu deuten, in denen sich das bildet, was ich postmoderne Identität nenne. Um es pointiert auszudrücken: Im grassierenden medialen Narzissmus kommt eine Basisinteraktion der Menschwerdung zum Vorschein, in der sich das Selbst nicht etwa selbstbespiegelt, sondern sich im Spiegel des Anderen erkennt.

Ich beginne mit einigen Vorüberlegungen zu einer psychoanalytischen Theorie des medialen Narzissmus (I), beschäftige mich mit zeitgenössischen Identitätsstörungen (II) und mit einer auffälligen Verschiebung im zeitdiagnostischen Diskurs (III), betrachte das Panoptikum postmoderner Formen der Selbstfindung (IV), beziehe mich auf den »*intersubjective turn*« in der Psychoanalyse (V) und »rehabilitiere« am Ende die Spiegelmetapher als Metapher für Intersubjektivität (VI).

---

* Überarbeitung eines Vortrags bei den *Lindauer Psychotherapiewochen*, gehalten am 15. April 2002

I. Bemerkungen zu einer medialen Theorie des Narzissmus

Videor ergo sum! Das Thema lädt nun geradezu ein zur alteuropäischen Entrüstung über die Medialisierung der Welt, über den Verlust von Privatheit und Intimität. Es ermuntert zur kulturpessimistischen Analyse der eitlen Kamerasucht, der wir im zeitgenössischen Alltag überall begegnen, zur psychoanalytischen Dekonstruktion der narzisstischen Lust am eigenen Bild, wie sie uns im Zeitalter, dessen Leitmedium das Fernsehen ist, ständig vor Augen geführt wird. Solche verständlichen Erwartungen, muss ich enttäuschen. Die vornehme Verachtung dieser Erscheinungsformen des Zeitgeists (die ich selbst gut nachvollziehen kann) – ich teile sie nicht. Auch nicht die verfallstheoretischen Diagnosen, die daran den Verlust von Scham, die Auflösung des Überich oder gar das Verschwinden des Subjekts meinen ablesen zu können. Dem notorischen Verachtungsdiskurs mag ich mich schon deshalb nicht anschließen, weil er von Autoren geführt wird, die sich selbst gerne im Rampenlicht der Öffentlichkeit sehen und um Aufmerksamkeit ringen, also partizipieren am medialen Spiel um Bedeutung, das sie zugleich so angewidert diagnostizieren. In der öffentlichen Anerkennung, nicht im stillen Kämmerlein, erweist sich geradezu ihre Identität als Intellektuelle – auch sie wollen schließlich gesehen, gehört, beachtet und schließlich anerkannt werden. Dazu müssen sie einen Markt finden, der ihre Produkte abnimmt, und am medialen Wettbewerb teilnehmen, ob sie das wollen oder nicht.

Das ist keineswegs denunziatorisch gemeint, sondern führt uns mitten in die Sache. Das Narzisstische, von klugen Köpfen im zeitgenössischen Sozialcharakter ausgemacht, ist ein ständiger Gefährte im eigenen intellektuellen Revier. Wir alle, die wir Bücher schreiben, Artikel verfassen oder Vorträge halten, wir alle sind auf Leser, Zuhörer, Zuschauer angewiesen, die unsere Hervorbringungen wahrnehmen. Die »Opus-Phantasie« des Künstlers, die ein imaginiertes Publikum immer schon mitenthält, hat der Literaturwissenschaftler Peter von Matt (1979) einmal jene unbewusste Vorstellung genannt, die den kreativen Prozess still begleitet; es ist eben nicht bloß das Werk, das »den Meister lobt«, sondern auch ein gewissermaßen vorphantasiertes Publikum. Ohne diesen imaginären Anderen kommt der Narzissmus, den Lacan (1936) in seinem legendären Aufsatz über das Spiegelstadium einmal den »Bildner des Ich« nannte, nicht aus. Er enthält eine performative Dimension, die in den Kapriolen der zeitgenössischen Medienwelt offenbar reichlich Nahrung findet: Die narzisstische Aufführung hat den Charakter einer Inszenierung, einer in der Regel unbewussten Inszenierung, die allerdings nicht selten die Schwelle zur bewussten, strategisch durchgearbeiteten Aufführung überschreitet.

Nehmen wir ein aktuelles Beispiel aus der Welt der neuen Medien. Es gibt eine gut frequentierte Seite im Internet, die unter der Jugend gegenwärtig heiß genutzt wird und die in der Originalversion »Hot or not?« heißt, im Deutschen »Bin ich sexy?«. Es geht darum, das eigene Foto ins weltweite Netz zu stellen und von unbekannten Mitspielern auf einer Skala beurteilen zu lassen. Das sog. »Attraktivitäts-Barometer« reicht von 1 bis 10, also von »völlig unattraktiv« bis »ausgesprochen attraktiv«. Es gibt, nach Geschlechtern und sozialen Gruppen wiederum differenziert, zusätzlich »best-of«-Tabellen, so etwas wie Hitparaden der attraktivsten Fotos, also der »attraktivste Student«, die »attraktivste Sekretärin« usw.. Die Ratings der anonymen Betrachter und Betrachterinnen – sowohl die eigenen als auch die der mitmachenden Freundinnen und Freunde – geben nun nicht nur die begehrte Rückmeldung aus dem virtuellen Raum, sie bilden auch interessanten Gesprächsstoff in der Clique. Die fotografische Selbstpräsentation zielt nämlich auf eine Antwort gleich in doppelter Weise: unmittelbar zielt sie auf ein Echo des Mediums, mittelbar auf das der *peers*, denen der geheime Seitenblick mit der Frage gilt: Wie attraktiv bin ich wirklich? Ist das nun Narzissmus, Narzissmus »pur«, wie wir vielleicht abschätzig sagen würden? Oder handelt es sich hier um eine Beziehung, um eine auf die virtuellen Niederungen medialen Feedbacks freilich heruntergekommene Verfallsform einer Beziehung?

Jedenfalls geht es offensichtlich nicht um Sexualität, wie uns der Titel dieser Web-Seite glauben lassen möchte, sondern um Identität. Das interaktive Medienspiel um das eigene Bild sagt uns etwas anderes über den Narzissmus, als das, was wir gewohnt sind, wenn wir von der Selbstverliebtheit reden. Ich werde gesehen, also bin ich! Dieses narzisstische Muster der Identitätsfindung scheint sich heute universell etabliert zu haben. Die Spiegelfunktion des Narzissmus, einst eine Domäne von Kleinkindalter, Pubertät und Adoleszenz, ist in einer Welt penetranter

Medialisierung derart sozialisiert, dass wir nicht mehr unterscheiden können: Hat hier eine Infantilisierung der Gesellschaft stattgefunden, die im Gegenzug die Kindheit als abgegrenzte Phase zum Verschwinden bringt (Postmann 1982), oder sollen wir von einer kollektiven Regression unter der totalisierenden Herrschaft der Warenproduktion sprechen, welche auch das Selbst noch zur Ware macht, die verkauft werden muss? Das *Videor ergo sum* ist gewissermaßen das geheime Mantra einer narzisstischen Phantasie, die in den Kapriolen der zeitgenössischen Lebenswelt immer wieder aufs Neue inszeniert wird.

II. Verschiebungen in den Mustern von Identität und Störung

Alle Zeitdiagnosen entwickelter westlicher Gesellschaften, soweit sie sich auf psychoanalytisch inspirierte epidemiologische Untersuchungen stützen, sind sich seit langem in einem einig: Süchte, Perversionen, Borderline-Strukturen, Bindungsprobleme, narzisstische Störungen haben zugenommen – bei einem Rückgang der klassischen Psychoneurosen. Es habe eine Verschiebung stattgefunden, von sogenannten »reifen« neurotischen Konflikten zu sogenannten »frühen« Störungen. Genetisch geht es, wenn man diesen Interpretationen glauben darf, um einen generellen Bedeutungsverlust der familialen Dreiecksbeziehung gegenüber der Mutter-Kind-Dyade, psychodynamisch um Schwierigkeiten, sich aus symbiotischen Verstrickungen zu lösen, um eine weitgehende Regression von der ödipalen auf die präödipale Ebene, von der Ebene der Objektbeziehung auf die narzisstische Ebene. Die vorherrschenden psychopathologischen Muster haben sich nicht nur symptomatisch, sondern auch ätiologisch verändert, sie werden nicht länger als Ausdruck von Triebkonflikten, sondern als diffuse Ich- oder Selbststörungen interpretiert.

Diese Zeitdiagnosen stimmen darin überein, dass der epidemiologisch scheinbar so evidente Strukturwandel der Störungsmuster irgendwie mit einem sozialen Wandel zu tun haben soll. Es wird eine lange Kausalkette konstruiert. Sie beginnt in der Regel mit sozialwissenschaftlichen Analysen einer individualisierten Multioptions- und Risikogesellschaft. In einem ersten Zwischenglied wird sozialpsychologisch die Veränderung traditioneller Familienstrukturen hin zu partnerschaftlichen Beziehungen konstatiert (wobei die »neosexuelle« Revolution immer eine Rolle spielt). In einem zweiten Zwischenglied wird sich in Vermutungen über soziale Isolation, Bindungsangst und normative Desorientierung ergangen. Am Ende gelangt man zu Diagnosen des außengeleiteten Menschen oder der Als-ob-Persönlichkeit mit defizienter psychischer Struktur (insbesondere einer Überich-Schwäche), die schließlich in die damit verbundenen Identitätsproblemen mündet: Wer bin ich in einer Welt, die mir keine klaren Verhaltensregeln, keine vorgegebene Biographie, keine eindeutige berufliche Perspektive, keine gesicherte Zukunft mehr bietet?

Mit solchen Ableitungen, die ich hier völlig unterkomplex dargestellt habe, will ich mich nicht weiter befassen. Nur so viel: Ihnen unterliegt die heimliche Idee einer Prägung seelischer durch soziale Strukturen, eine latente Abbildtheorie, die der Eigenwilligkeit und Widerständigkeit psychischer Prozesse zu wenig Rechnung trägt. Ich trage nur einen Einspruch vor, den ich im Wesentlichen teile – aber wiederum nicht ganz. Reimut Reiche, der als Psychoanalytiker gleichzeitig Soziologe und Sexualwissenschaftler ist und mit seiner an Herbert Marcuse angelehnten These von der repressiven Entsublimierung vor über dreißig Jahren (Reiche 1968) selbst einiges zur Popularisierung der inzwischen so gängigen Zeitdiagnose beigetragen hat, derselbe Reimut Reiche bestreitet inzwischen, dass dem offensichtlichen Symptomwandel in der Psychopathologie ein entsprechender Strukturwandel zugrunde liegt. Im gängigen Theorem von der »Zunahme früher Störungen« (Reiche 1991) erkennt er zwei Artefakte, die mit dem selbstreflexiven Potential postmoderner (oder, wenn man diese Begriffe vorziehen möchte: postindustrieller oder postmaterialistischer) Gesellschaften zu tun haben. Erstens habe die Selbstreflexivität auch die Ebene der Kultur und der Persönlichkeit erreicht. Damit melden sich Störungen, die früher unter anderem Namen aufgetreten sind, heute als Psychopathologien zu Wort. Zweitens bringe die Postmoderne Bewegung auch in die Ordnung der Humanwissenschaften, im Besonderen auch in die Psychoanalyse. Die alten Klassifikationen lösen sich im selbstreflexiven Blick auf – das Frühe an einer Neurose gerät in den Fokus der Aufmerksamkeit und wird dann zur »frühen Störung« pathognomisch verdinglicht.

Das Reflexivwerden traditioneller Gewissheiten, die Dauerrevision von Normen, das potentielle Scheitern von Lebensentwürfen – so kann man Reiches Position zusammenfassen – hat dazu geführt, dass die Individuen jene Brüche in ihrer psychischen Identität stärker wahrnehmen und in den psychoreflexiven Sprachspielen der Selbstverwirklichung interpretieren, die sie früher fraglos hingenommen und in der Arena des Schicksals, der Religion oder der Armee agiert haben. Heute stelle die moderne Psychoanalyse dafür die Begriffe zur Verfügung. Der Symptomwandel verdanke sich einem veränderten Umgang mit belastenden inneren Konflikten und äußeren Anforderungen, die immer schon die Ontogenese bestimmt haben. Die seelischen Strukturprobleme im Prozess der Ich-Bildung seien jedoch unverändert geblieben: Immer noch gehe es um den Zusammenhang zwischen Trieb, Versagung und Schuld – diese Freudsche »Strukturformel« (Reiche 2000), in den ödipalen Konflikt gewissermaßen eingeschrieben, habe von ihrer Bedeutung nichts verloren.

Reiches Argumentation hat aus zwei Gründen etwas Faszinierendes. Weil er den unbestreitbaren Phänomenen einer veränderten Lebenswelt Rechnung trägt, ohne von Sozialem auf Psychisches kurzzuschließen, bleibt seine These erstens gefeit gegen die Larmoyanz einer kulturkritischen Nostalgie, die sich mit dem angeblichen Verschwinden des Subjekts in eine Endzeitstimmung hineinklagt. Weil er am Triebbegriff festhält, ohne ihn an den anthropologischen Mythos einer »menschlichen Natur« zu binden, lässt er zweitens Raum für eine intersubjektive Reformulierung der Triebtheorie, wie sie bereits Laplanche (1992) vorgelegt hat: Der Trieb, ebenso wie der Triebverzicht unter der Kastrationsdrohung und die begleitenden Schuldgefühle, entsteht aus den »rätselhaften Botschaften«, welche die ödipale Szenerie für das Kind identitätsstiftend bereithält – so könnte man Reiche in die Terminologie von Laplanche übersetzen. Allerdings verschenkt Reiche ein Erkenntnispotential, das in einer Analyse der neuartigen Identitätsmuster liegt. Er widmet den unbewussten Botschaften zu wenig Raum, welche die sog. frühen oder narzisstischen Störungen für die Welt bereit halten. Deshalb bleibt ihm auch der intersubjektive Mechanismus der Selbstfindung verborgen, der in den postmodernen Formen irritierter Identität aufscheint.

Hier unterscheide ich mich von Reiche und widerspreche seiner provokanten These, es habe sich im Grunde – er meint eigentlich: in der Tiefe – der seelischen Strukturbildung nichts geändert; deshalb blieben die alten psychoanalytischen Kategorien gültig und müssten lediglich ergänzt werden, um das besser zu verstehen, was er die »postmodern gewordene Neurose« nennt. Meine These lautet gewissermaßen umgekehrt: In den postmodernen Formen der Identitätsbildung reproduzieren sich auf einer symbolischen Ebene geradezu die Basisinteraktionen der Subjektwerdung, die in den Lebenswelten einer vorreflexiven Moderne unsichtbar geblieben sind. Von den performativen Mustern zeitgenössischer, auf der Bühne der Öffentlichkeit vorgetragener Selbstkonzeptualisierungen lässt sich deshalb – im Umkehrschluss – etwas erfahren über die intersubjektive Genese des Selbst.

III. Brauchen wir eine neue Zeitdiagnose?

Wenn Horst-Eberhard Richter (2002) vom »*Ende der Egomanie*« spricht, werden wir unvermeidlich erinnert an jene psychoanalytisch inspirierte Zeitdiagnose, die Christopher Lasch (1979) vor nunmehr über zwanzig Jahren vorgetragen hat: an die »Kultur des Narzissmus«, gegen die sich Richters Hoffnung zu richten scheint. Werfen wir einen Blick zurück auf diese Vorzeit. Die Erfolgsgeschichte des psychoanalytischen Narzissmusbegriffs hatte in den siebziger Jahren des letzten Jahrhunderts ihren Höhepunkt erreicht. Die Psychoanalyse, damals auf dem Gipfel ihrer gesellschaftlichen Anerkennung, hatte eine neue Strömung hervorgebracht, die als eine Art erweiterte Narzissmustheorie mit dem Namen Kohut eng verbunden und heute als Selbstpsychologie etabliert ist. Im zeitdiagnostischen Diskurs hatte die narzisstische Persönlichkeit die autoritäre als vorherrschenden Sozialcharakter abgelöst und galt in der kritischen Pädagogik gar als »neuer Sozialisationstyp« (Ziehe 1975). Der Narzissmus war als »protestantische Ethik von heute« (Sennett 1974) zur Signatur einer ganzen Epoche erklärt worden.

Dieses Modell der narzisstischen Vereinzelung, das die sozialwissenschaftlichen Analysen einer in unverbundene Individuen zerfallenden Single-Gesellschaft begleitete, hat im Zeitalter des digitalen Kapitalismus offenbar ausgedient. Eine Generation später taugt es womöglich nicht mehr für eine allseitig vernetzte Welt, in der es um Verbindung untereinander geht. Es scheint, als ob die Beziehung zum Anderen, auch wenn sie virtueller Natur ist, ein Revival erlebt. Interaktion ist der Schlüsselbegriff des beginnenden 21. Jahrhunderts, wie wir am Siegeszug der neuen Medien sehen. Die diskursive Hochkonjunktur des Narzissmus zumindest ist vorbei.

Die nach innen gerichtete Selbstvergewisserung des *cogito ergo sum* (übrigens das subjektphilosophische Vorbild der Introspektion) wird in einer medialen Welt durch den identitätsstiftenden Austausch mit einem Publikum abgelöst, das uns nicht nur auf den alten Veranstaltungen des Show-Business, in den neuen Formaten des interaktiven Fernsehens oder auf den Web-Seiten des Internet begegnet, sondern zunehmend auch in den Marketingstrategien von Wissenschaftsunternehmern, den theatralen Inszenierungen von Politik und den Niederungen des Alltags. Das schier unersättliche Bedürfnis danach, gesehen zu werden, verweist auf die eigenartige Qualität von narzisstischen Phänomenen, die anscheinend keineswegs solipsistischer Natur sind. Die Sehnsucht nach Spiegelung scheint ebenso zur Ausstattung des zeitgenössischen Sozialcharakters zu gehören wie der Distinktionsgewinn, den wir durch die feine Unterscheidung vom Anderen zu erzielen hoffen.

Die öffentliche Spiegelung bringt die szenische Struktur des Narzissmus, die intersubjektive Kehrseite der Selbstbezogenheit erst zum Vorschein. Sie lässt uns etwas ahnen vom unausgeschöpften Potential einer psychoanalytischen Kategorie, die mit ihren Konnotationen der Objektlosigkeit lange – und zu Unrecht, wie ich meine – als Kennzeichen der Monadenhaftigkeit des Menschen galt und der »Amöbensage« von der ursprünglichen Einsamkeit des Homo sapiens zu entstammen schien. Das reflexive Muster einer im Spiegel des Anderen entstehenden Selbstvergewisserung, das im Unbewussten des Narzissmus verborgen ist – es setzt sich in den performativen Akten des medialen Narzissmus gewissermaßen »in Szene«.

Vieles spricht dafür, dass wir für die Erforschung der vorherrschenden Identitätsmuster der Gegenwart, ein intersubjektives Paradigma brauchen, ein Paradigma, das auch den suggestiven Botschaften an die Welt gerecht wird, die in den zeitgenössischen Identitätsstörungen (gar nicht so tief übrigens) verborgen sind, nämlich den unbewussten Appellen an den Anderen, die wir mit einem gewissen Maß an Empathie dechiffrieren können: *Schau mich an, höre mir zu, beachte mich, bewundere mich, liebe mich, erkenne mich an!* Oder: *Wenn Du solche Erwartungen enttäuschst, ziehe ich mich von Dir zurück oder greife Dich an!* oder aber:

Mit einer Welt, die mich so behandelt, will ich nichts zu tun haben! Im Übertragungsgeschehen, und das nicht nur bei der Behandlung narzisstischer Störungen, sind wir Adressaten solcher suggestiver Mitteilungen, wie wir bei der Analyse unserer Gefühle der Gegenübertragung erkennen (vgl. Altmeyer: 2000b).

Wenn wir aber das massenhafte Auftreten solcher Phänomene bedenken, dann stößt unsere berufsbedingte Neigung, hier entsprechende klinische Terminologien anzuwenden und auf der Ebene der Persönlichkeit narzisstische Strukturen zu diagnostizieren, rasch an eine Grenze. Diese Grenze ist dadurch markiert, dass das Pathologische das von der Norm Abweichende zu sein hat – die Ausnahme, nicht die Regel. Nein, wir haben es hier mit Erscheinungen des Zeitgeists zu tun, die uns etwas über das Wesen sozialer Integration sagen. Sie geben Auskunft über zeitgenössische Prozesse der gesellschaftlichen Teilhabe, die zugleich Formen anerkannter Individuierung bereithalten. Ausgehend von den bizarren Rändern der Lebenswelt können wir heute – wie Freud schon zu seinen Zeiten – zu zeitdiagnostischen Einsichten gelangen, die wir uns mit dem Vokabular kulturkritischen Abscheus bloß verstellen.

IV. Von Big Brother bis zum Terror – ein universelles Panoptikum medialer Selbstinszenierung

Um eine Zahl zu nennen: Für die zweite Staffel von *Big Brother*, ein Pionierformat der sog. Reality-soaps, das ich lieber *Big Mother* nennen würde – es ging darum, sich Tag und Nacht beim Gruppenleben auf eng begrenztem Raum beobachten und belauschen zu lassen – haben sich 70.000 (!) Jugendliche beworben. An diesem überaus erfolgreichen und inzwischen weltweit exportierten Format lässt sich exemplarisch ein Muster postmoderner Identitätsfindung aufzeigen, das uns allen zu denken geben sollte.

Solche Formate – das wäre meine Vermutung – erhalten deshalb diesen Zulauf, weil sie einfachen Menschen Gelegenheit geben, sich zu zeigen und aus der Anonymität ihres trostlosen Alltags aufzutauchen: In der Spiegelung durch das Medium erhalten sie so etwas wie Identität. Nach dem gleichen reflexiven Prinzip funktionieren die Talkshows am Nachmittag. Der namenlose Gast verwandelt sich in eine Person, weil andere ihm bei der Schilderung seiner traurigen Lebensgeschichte, seiner neurotischen Wut auf die unfähigen Eltern, seinem eifersüchtigen Hass auf die gemeine Schwester oder seiner maßlosen Enttäuschung über die untreue Freundin zuhören. Dabei kommt es nicht so sehr darauf an, ob es Beifall gibt, Gelächter oder Buh-Rufe – Hauptsache, man steht für eine Weile im Rampenlicht. Im Kern geht es um das Gesehen- und Gehört-werden – und es geht um das Gefühl der Anerkennung, die damit verbunden ist.

Die inzwischen grassierenden Quiz–, Casting- oder Therapieshows bedienen das gleiche Massenbedürfnis. Der mediale Narzissmus, früher den Reichen, den Schönen und den Bedeutenden vorbehalten, hat in diesen interaktiven Formaten des Fernsehens seine sozialen Schranken geöffnet und lädt die ehemals Ausgegrenzten ein, am reflexiven Kampf um die Ressource Prominenz teilzuhaben. Die Underdogs haben die Botschaft der Postmoderne verstanden: Wer etwas werden will, muß sich in die Kamera drängen und von ihr beachtet werden. Die Leute bräuchten »den Blick der Kamera als Beweis für ihre Existenz« – so hat der slowenische Zeitgeistdiagnostiker Slavoj Zizek (2000) diesen subjekt-konstituierenden Charakter des Fernsehens in einem Zeitungsbeitrag unter der Überschrift: »Die Kamera liebt dich!« einmal benannt. Die Teilnehmer interaktiver TV-Shows bieten sich dem Medium an, weil sie sich davon eine Steigerung ihres Werts versprechen, in einer Münze, die auf dem Markt des medialen Narzissmus etwas zählt: angeschaut werden, auffallen, sich unterscheiden, etwas Besonderes sein.

Die Dauerbeobachtung im Container von *Big Brother* hat den Teilnehmern zunächst Identität verliehen und dann zur kleinen Karriere im selbstreferenziellen Milieu der multimedialen Welt verholfen. Die »Stars« werden im Labor des interaktiven Fernsehens erst erzeugt: Als Ausbund von Zivilisationsresistenz und unverbildete Emanation des Authentischen durfte »Zlatko«, der zur Kult-Figur aufgestiegene (und inzwischen längst vergessene) Darsteller einer subproletarischen Stammtischexistenz außerhalb des Containers die Welt der Spaßkultur für eine Weile bedienen – und von ihr profitieren. Er war das Subjekt-Objekt eines eigentümlichen Marktes, auf dem das Authentische gesucht wird wie ein seltenes Gut, das man den Zuschauern gewinnbringend präsentieren kann.

Im reflexiven Auge der Kamera wird aber das Echte ständig in die Pose umgewandelt. Realität und Fiktion lassen sich im medialen Spiegelkabinett der Postmoderne kaum noch unterscheiden. Das Lebendige und das bloß Gespiegelte schieben sich unauflöslich ineinander. Nach dem gleichen Muster funktioniert inzwischen das Marketing von Politik und Sport, Literatur und Wissenschaft, wobei der individuelle Narzissmus mit der kunstgerechten Inszenierung aufs Beste harmoniert. Am Ende wissen wir nicht mehr, wer jemand wirklich ist. Das öffentliche Selbst entsteht in diesen postmodernen Inszenierungen von Identität als medial mehrfach gebrochene Selbstbezüglichkeit und ist von einem künstlerischen oder gar privaten Selbst kaum mehr zu unterscheiden.

Selbst das Verbrechen bedient sich längst des medialen Rückkoppelungsmechanismus. Im »rampage-killing«, einer us-amerikanischen Variante öffentlich begangener, scheinbar motivloser Morde, geht es dem Täter vor allem um mediale Aufmerksamkeit und damit um die Inszenierung eigener Bedeutsamkeit, vom Kino längst vorgeführt. Nehmen wir den umstrittenen Film *Natural Born Killers* von Oliver Stone, wo das Gangsterpaar vor allem daran interessiert ist, bei seinen Bluttaten in Supermärkten und anderen öffentlichen Orten von den Überwachungskameras gefilmt zu werden, in den Medien präsentiert zu sein und auf diese Weise Kultstatus bei der Jugend zu gewinnen. In der letzten Szene dieses Films lassen sie den Sensationsreporter, der ihre Flucht aus dem Gefängnis fördert und für das Fernsehen *live* überträgt, um selbst berühmt zu werden, sie lassen ihn die laufende Kamera auf dem Boden abstellen und seine eigene Erschießung vor dem Fernsehpublikum dokumentieren – ein böser Kommentar zur narzisstischen Selbtreferenzialität des Mediums. Ein anderes Beispiel ist der Film *Fifteen Minutes*, in dem Robert de Niro den ermittelnden *Detective* spielt: Die eine der beiden psychopathisch gezeichneten Hauptfiguren gibt den sadistischen Killer, während die andere die Videoaufnahme herstellt, die dann in der gleichnamigen täglichen Fernsehsendung ›Fifteen minutes‹ vorgeführt wird und beide berühmt macht.

Die neueste Variante dieser Form von narzisstischer Identitätsbildung haben wir am 11. September des letzten Jahres erlebt. Wir müssen vermuten, dass nicht nur religiöser Hass gegen den gottlosen Westen die islamistischen Kommandos beflügelte, sondern auch eine grandiose Phantasie, die sich hinter der Fassade der heiligen Tat verbarg: die todesmutige Vernichtung der vermeintlichen Symbole des Bösen diente auch der Herstellung eigener Größe. Vertraut mit der Bilderwelt des Westens schufen die

Selbstmordattentäter ein bleibendes Bild der eigenen Mächtigkeit und der Ohmacht des verletzten Gegners – mit uns allen als universellen Augenzeugen. Freilich – um das hinzuzufügen und Missverständnissen vorzubeugen – sind auch die westlichen Reaktionen nicht frei von Mustern eines verletzten Narzissmus, wie er sich in der Renaissance eines manichäischen Weltbilds spiegelbildlich äußert: Wenn auf beiden Seiten das Gute den Kampf gegen das Böse führt, ist die wechselseitige Vernichtungsphantasie eines kollektiven pathologischen Narzissmus zu ahnen, der es um die Auslöschung des jeweils Anderen geht. Man ist geneigt, von einer unerkannten, kollektiven Gegenübertragung zu sprechen, die bekanntlich durch Übertragung induziert ist.

Das Gemeinsame in diesem disparaten Panoptikum von Selbstinszenierungen scheint mir folgendes zu sein: In den Feedback-Schleifen einer globalisierten Gesellschaft demonstriert der mediale Narzissmus in symbolischer Form: Wir sind auf die Resonanzräume unserer Welt existentiell angewiesen, wenn wir wissen wollen, wer wir sind. Was hat nun die Psychoanalyse zu dieser Vermutung zu sagen?

V. Die intersubjektive Wende – auch das Ende der psychoanalytischen Monadentheorie?

Noch in der Larmoyanz, mit der über den Zustand der medialisierten Welt und die außen geleiteten, eigentlich subjektlos gewordenen Subjekte geklagt wird, ist die schmerzliche Sehnsucht nach einer verlorenen Zeit spürbar, in der die Autonomie der Maßstab aller Utopie war: ein freies Subjekt, das sich in seinem Inneren unabhängig wähnen konnte von den Abhängigkeiten der sozialen Realität und gerade deshalb in der Lage sein sollte, der Gesellschaft kritisch gegenüberzutreten. Aber dieses legendäre autonome Subjekt war immer schon eine philosophische Abstraktion, eine narzisstische Fiktion, könnte man geradezu sagen. Mit der Entdeckung des Unbewussten hatte Freud dieses souveräne Ich längst entthront und ihm die Herrenrolle im eigenen Haus entzogen. Darüber hinaus hatte die konstitutive Funktion, welche die Psychoanalyse den Objekten bei der Entwicklung der Selbststrukturen zuschreibt, dem Ich gewissermaßen sein Zentrum geraubt, weil man das Unbewusste als dessen Anderes verstehen konnte.

Mit der organismischen Lokalisierung des Unbewussten, der biologischen Verankerung des Triebs im Es und der Theorie des »psychischen Apparats« wurde das *dezentrierte* Subjekt metapsychologisch wieder *rezentriert* – das ist zumindest die Argumentation von Laplanche (1992), der selbst in seiner Triebtheorie das Unbewusste dezentriert: Das Unbewusste ist nicht nur *das* Andere, sondern auch *der* Andere, der als Verführer jene unbegriffenen Botschaften überbringt, die den Trieb erst entstehen lassen – Sexualität kommt gewissermaßen von außen, nicht aus dem Innen des Trieblebens. Man ist Laplanche nicht gefolgt. Der subjektphilosophische Dualismus von Individuum und Gesellschaft findet sich nach wie vor auch in der Psychoanalyse, die ihn im Antagonismus von Ich und Realität, Trieb und Kultur, Innen und Außen fortschreibt. Das Ich ist irgendwie in uns drin, die Seele hat ihren Sitz im Körper – an dieser internalistischen Vorstellung (vgl. die Kritik von Marcia Cavell 1993) hat sich auch dadurch nichts geändert, dass wir sie seit dem Ende des 19. Jahrhunderts ›Psyche‹ nennen (vgl. Altmeyer, 2000c).

Die Psychoanalyse wusste es aber gleichzeitig besser. Indem sie in der Genese des Ich die Geschichte seiner Objektbeziehungen findet, sprengt sie die zweiwertige Logik von entweder Innen oder Außen durch ein Zwischen, fügt den beiden scheinbaren Antagonisten Subjekt und Objekt etwas Drittes, etwas Vermittelndes hinzu. Weil Freud im Ich den »Schatten des Objekts«, im Selbst also die Sedimente des Anderen entdeckt hatte, wird diesen Dichotomien metapsychologisch der Boden entzogen. Der Gegenstand der Psychoanalyse, immer noch das Subjekt, entsteht erst dadurch, dass es sich die Welt über internalisierte Objektbeziehungen aneignet. Das ist der Grund, weshalb die Wissenschaft vom Unbewussten in der Postmoderne – gewissermaßen einer reflexiv gewordenen, zweiten Moderne – eben nicht veraltet. Darauf hat Axel Honneth (2000) wieder einmal hingewiesen in seinem Versuch, die Psychoanalyse anerkennungstheoretisch zu begründen und ihr Vokabular zur Dechiffrierung der Vielfalt postmoderner Identitätsentwürfe zu verwenden. Sie kann das aber nur, wenn sie das intersubjektive Potential ihrer eigenen Begrifflichkeit entfaltet.

Inter heißt bekanntlich *zwischen*. Dieses Zwischen spielt – als vermittelndes Drittes – in der Objektbeziehungstheorie eine konstitutive Rolle bei der Subjektwerdung. Winnicotts Paradoxien bieten die eindringlichsten Sprachbilder dafür: Der Säugling, den es ohne Mutter gar nicht gibt; der nicht spürt, wenn er gehalten wird (erst wenn er fällt, spürt er das, und zwar als Vernichtungsangst); der das Objekt erschaffen muss, das er doch zugleich vorfindet, indem dieses Objekt seiner Aggression standhält. Für das, was wir die intersubjektive Genese des Subjekts nennen, liefert uns Winnicott (1971) gewissermaßen auch die Urszene: Der Blick der Mutter gibt dem Säugling eine erste Ahnung davon, wer er ist; er schaut sie an und spürt in ihrem Gesicht, wie sie ihn sieht. Das wäre der eigentliche Geburtsakt des Selbst, eine reflexive Bewegung nämlich vom Subjekt zum Objekt und wieder zurück, die wir als identitätsstiftende Spiegelung begreifen können.

Eine solche Bewegung – so vermute ich – liegt auch dem Narzissmus zugrunde, der von dieser Urszene seinen Ausgang zu nehmen scheint. Er ist gerade nicht jene Selbstbespiegelung, die ohne Objekt auskommt, sondern verwendet die Anderen als intersubjektiven Spiegel. Er vermittelt gewissermaßen zwischen Selbst und Objekt. Deshalb kann der Narzissmus als Chiffre gelesen werden für den intersubjektiven Charakter von Identität. Er verkörpert den archaischen Rest jener vorindividuellen Zeit, wo das entstehende Selbst noch existentiell auf das frühe Objekt angewiesen war, von dem es noch nichts wissen konnte und dessen Schatten es doch trägt; »*unthought known*«, das »ungedachte Bekannte«, nennt Christopher Bollas (1987) diese Erinnerung, die im vorsprachlichen Gedächtnis sensomotorisch aufgehoben ist.

Am Ende will ich den intersubjektiven Gehalt der Spiegelmetapher am psychoanalytischen Prozess selbst demonstrieren.

VI. Psychoanalyse: durch Anerkennung »gebrochene« Spiegelung

Die psychoanalytische Debatte über Intersubjektivität (vgl. Dunn 1995) ist vor allem eine über den Charakter des therapeutischen Prozesses, nicht über die Genese des Subjekts. Bei Thomas Ogden (1995) fällt bekanntlich beides zusammen: Das Subjekt entsteht im psychoanalytischen Prozess, den es als »*subject of analysis*« verlässt, als »*homo postanalyticus*«, wie Reimut Reiche (1999) das in der psychoanalytischen Situation geborene Wesen nicht ohne Ironie genannt hat. Was ist nun dieses »Subjekt der Analyse«, wenn es sich nicht bloß um einen grandiosen psychoanalytischen Schöpfungsmythos handelt? Das »*analytic third*«, antwortet Ogden nicht weniger rätselhaft, sei etwas Drittes, das aus der Beziehung zwischen Analysand und Analytiker auftaucht – als ein emergentes Drittes: »Der intersubjektive analytische Dritte wird als drittes Subjekt aufgefasst, das durch das unbewusste Zusammenspiel von Analytiker und Analysand geschaffen wird; zugleich werden Analytiker und Analysand im Akt der Erschaffung des analytischen Dritten erzeugt. (Es gibt keinen Analytiker, keinen Analysanden, keine Analyse ausserhalb des Prozesses, durch den der analytische Dritte geschaffen wird.)« (Ogden 1995/1998, S. 1071)

Die Konstruktion bleibt etwas rätselhaft, aber wir entdecken in der Formulierung die Umschrift von Winnicotts intersubjektiver Genese des Subjekts: Ohne die Mutter, die ihn hält, gibt es den Säugling nicht. Bereits der Anfang ist abgeleitet. Im potentiellen Raum für Emergenz gibt es kein Ich ohne ein Alter ego, kein Selbst ohne den Anderen, keinen Analysanden ohne Analytiker – und keinen Narzissmus ohne Intersubjektivität. Ich schlage vor, diesen Raum konzeptionell auch für die frühesten Erfahrungen des Gespiegeltwerdens zu öffnen, wie sie in der analytischen Situation auf der Ebene der Grundstörung wiederholt werden (vgl. Balint 1968, Grunberger 1971). Dann würde auch die Spiegelfunktion ihre traditionell solipsistische Konnotation verlieren: Das »Gesicht der Mutter (wäre) der Vorläufer des Spiegels« (Winnicott 1971/1995, S.128). Sie schaut auf den Säugling, und in ihrem Gesicht bildet sich das ab, was sie selbst sieht. Versteht man die Spiegelmetapher intersubjektiv, bildet auch der Psychoanalytiker keinen glatten Spiegel der Indifferenz, sondern einen durch Anerkennung »gebrochenen« Spiegel – ich benutze dieses Bild in der gleichen Weise, wie es Axel Honneth (2000) benutzt hat, als er die Liebe als »eine durch Anerkennung gebrochene Symbiose« bezeichnet hat –, in dem der Patient sich mitsamt seinen in der Störung abgespaltenen Selbstanteilen als ein Anderer erkennen kann. So wird das Subjekt geboren: Aus der Mutter-Kind-Dyade bzw. der therapeutischen Dyade, aus einer kreativen Zweierbeziehung also, taucht etwas Drittes auf, das vorher noch nicht da war.

Der »homo postanalyticus« wäre jemand, der die Perspektive des Analytikers übernommen hat und neugeboren ein Leben nach der Analyse aufnimmt: »Analyse beginnt – im Gegensatz zur Menschwerdung – nicht mit der Perspektivenübernahme, sondern hört mit ihr auf« – so hat Reiche (1999) die gewagte Analogie zwischen Säugling und Patient auf ihren Beziehungskern verdichtet. Eine erfolgreiche Psychoanalyse ende damit, dass der Patient das Verstörende der Deutung, die für ihn zunächst eine Missachtung seiner eigenen Sicht bedeutet, schließlich unter Schmerzen als das entfremdete Eigene in Gestalt einer neuen Sicht anerkennen kann, die ihn erst zum Subjekt macht. Wer sich als Patient einer Psychoanalyse unterzieht, setzt sich der Anstrengung aus, in der Beziehung zum Therapeuten und im Spiegel von dessen Deutungen sein Selbstbild zu verändern. Der Dritte wäre der reflektierende Analytiker und das Dritte wäre das in diesem Spiegel sich verändernde »Subjekt der Analyse«, das durch den psychoanalytischen Prozess einen anderen Blick auf sich gewonnen hat.

Mein Vorschlag läuft also auf eine Rehabilitierung der Spiegelmetapher hinaus, die in den letzten Jahren Kredit verloren hat: weil sie einer Ein-Person-Psychologie angehöre, verfehle sie den intersubjektiven Charakter des therapeutischen Prozesses. Um einem Missverständnis vorzubeugen – ich teile die Auffassung, dass der Analytiker kein anonymer, passiver, objektiver Teil der therapeutischen Interaktion ist. Ich bin nur nicht der Ansicht, dass die Spiegelmetapher das zum Ausdruck bringt. In einem leeren Bildschirm, auf einer weißen Leinwand, in einem undurchsichtigen Therapeuten kann sich kein Patient erblicken. Der spiegelnde Analytiker ist ein höchst lebendiger, aktiver und subjektiver Teilnehmer an einem Prozess, in dem der Analysand in seinen Übertragungen alte Bilder von sich und seiner Beziehung zur Umwelt entwirft, die in der therapeutischen Reflexion neu betrachtet und verändert werden können. Aber in seiner Spiegel-Funktion wirft der Analytiker nicht ein projiziertes Selbstbild zurück, sondern er fungiert als der Andere, aus dessen Perspektive sich der Analysand betrachtet sieht und selbst betrachten lernt. Der Spiegel, meine ich, gehört einer »Zwei-Personen-Psychologie« an – freilich einer »Zwei-Personen-Psychologie nur einer Person«, wie André Green in einer fein differenzierenden Wendung die psychoanalytische Situation versteht. Das *Videor ergo sum* macht auch den therapeutischen Spiegel zu einer Metapher der Intersubjektivität.

In seinem Beitrag über die Spiegelfunktion schreibt Winnicott (1971) in deutlicher Anspielung auf Descartes: »Wenn ich sehe und gesehen werde, so bin ich.« An einer anderen Stelle heißt es: »Ich bekomme (wie ein im Spiegel gesehenes Gesicht) den Beweis zurück, den ich brauche, dass ich als Wesen erkannt worden bin«. Das klingt ein wenig religiös, aber es gilt für die therapeutische Beziehung, es gilt für den medialen Narzissmus, und es gilt für die Conditio humana überhaupt: *Videor ergo sum!* Ich werde gesehen, also bin ich!

Literatur

Adorno, Th. W. Horkheimer, M. (1944), Dialektik der Aufklärung, Amsterdam 1955
Altmeyer, M. (2000a), Narzissmus und Objekt. Ein intersubjektives Verständnis der Selbstbezogenheit, Göttingen
Altmeyer, M. (2000b), Narzissmus, Intersubjektivität und Anerkennung, in: Psyche. Zschr. für Psychoanalyse und ihre Anwendungen, 54/2000, 142-171
Altmeyer, M. (2000c), Im Spiegel der neueren Sprachphilosophie: Psychoanalyse und Intersubjektivität, in: Psychotherapie und Sozialwissenschaft. Zschr. für qualitative Forschung 4, Band 2/2000, 317-326
Altmeyer, M. (2001), Big Brother und andere Inszenierungen von postmoderner Identität. Das neue Subjekt entsteht im Auge der Kamera, in: Psychotherapie und Sozialwissenschaft, Zschr. für qualitative Forschung 2, Band 3/2001, 160-169
Balint, M. (1968), Therapeutische Aspekte der Regression. Die Theorie der Grundstörung. Reinbek, 1973
Bollas, Ch. (1987), Der Schatten des Objekts. Das ungedachte Bekannte: Zur Psychoanalyse der frühen Kindheit, Stuttgart, 1997
Cavell, M. (1993), Freud und die analytische Philosophie des Geistes. Überlegungen zu einer psychoanaytischen Semantik, Stuttgart, 1997
Dunn, J. (1995), Intersubjectivity in psychoanalysis: a critical review, Int. J. Psycho-Anal. 76, 723-738
Grunberger, B. (1971), Vom Narzissmus zum Objekt, Frankfurt/M., 1976
Honneth, A. (2000), Objektbeziehungstheorie und postmoderne Identität, in: Psyche 54/2000, 1087-1109
Lacan, J. (1936), Das Spiegelstadium als Bildner des Ich, in: ders., Schriften I, Olten und Freiburg i. Br., 1973
Laplanche (1992), Die unvollendete kopernikanische Revolution in der Psychoanalyse, Frankfurt/M., 1996
Lasch, Ch. (1979), Das Zeitalter des Narzissmus, München, 1980

Matt, P. v. (1979) ›Die Opus-Phantasie. Das phantasierte Werk als Metaphantasie im kreativen Prozess‹, in: Psyche 33/1979, 193–212

Ogden, Th. (1995), Lebendiges und Totes in Übertragung und Gegenübertragung, in: Psyche 52/1998, 1067-1092

Postman, N. (1982), Das Verschwinden der Kindheit, Frankfurt/M., 1987

Reiche, R. (1968), Sexualität und Klassenkampf, Frankfurt/M.

Reiche, R. (1991), Haben frühe Störungen zugenommen? in: Psyche 45/1991, 1045–1066

Reiche, R. (1999), Subjekt, Patient, Außenwelt, in: Psyche 53/1999, 572-596

Reiche, R. (2000), »...versage uns die volle Befriedigung« (Sigmund Freud). Eine sozialwissenschaftliche Zeitdiagnose der gegenwärtigen Kultur, Zschr. f. psa. Th. u. Pr, XV,1

Richter, H.-E. (2002), Das Ende der Egomanie – die Krise des westlichen Bewusstseins, Köln

Sennett, R. (1974), Verfall und Ende des öffentlichen Lebens. Die Tyrannei der Intimität, Frankfurt/M., 1986

Winnicott, D.W. (1971), Vom Spiel zur Kreativität, Stuttgart 1995

Ziehe, Th. (1975), Pubertät und Narzissmus, Frankfurt/M.-Köln

Zizek, S. (2000), »Die Kamera liebt dich«. Unser Leben als Seifenoper, Süddeutsche Zeitung v. 28.3.00

Nachweise

I.

Im Spiegel des Anderen

Frankfurter Rundschau, 05.12.2000
(FORUM HUMANWISSENSCH.)

Big Brother als Big Mother.

Frankfurter Rundschau, 27.12. 2000.

Ego und Alter ego

Frankfurter Rundschau, 03.07.2002

Heldenplatz

Frankfurter Rundschau, 03.06.2002

Rampage-Killing

die tageszeitung, 02.05.2002
und Frankfurter Rundschau,
26.04.2003 (Kompilation)

II.

Blut, Schweiß und Feuer.
(gemeinsam mit Daniel Cohn-Bendit)

die tageszeitung, 22.08.2000

Schwarze Pädagogik
oder Sozialpädagogik?

die tageszeitung, 05.10.2000

Nationalstolz und Leitkultur

Frankfurter Rundschau, 30.03.2001

Moral, Gewalt, Joschka I:
Die 68er reflektieren ihre
politische Sozialisation

Frankfurter Rundschau, 23.01.2001

Moral, Gewalt, Joschka II:
Ein hysterisches Skandalmuster
wird importiert

Frankfurter Rundschau, 08.03.2001

IV.

V.

Migration und Neubeginn

Frankfurter Rundschau, 31.01.2003

Wer hört auf? Der Patient
oder sein Psychoanalytiker

Frankfurter Rundschau, 06.06.2003

Innen, Außen, Zwischen

erscheint in erweiterter Fassung als
gemeinsamer Beitrag mit Helmut Thomä
in: Frankfurter Rundschau, Herbst 2003
(FORUM HUMANWISSENSCH.)

MICHAEL B. BUCHHOLZ
NEUE
ASSOZIATIONEN
Psychoanalytische
Lockerungsübungen

BIBLIOTHEK
DER PSYCHOANALYSE
PSYCHOSOZIAL-
VERLAG

2003
311 Seiten · Broschur
EUR (D) 29,90 · SFr 50,50
ISBN 3-89806-264-3

Die Grundregel der Psychoanalyse besteht in der Aufforderung zur freien Assoziation. In der klinischen Praxis ist diese »Regel der Regellosigkeit« ungemein produktiv. In der Theorie aber schottet sich die psychoanalytic community zu sehr gegen interessante Anregungen ab. Wenn sie diese jedoch in den Korpus der Assoziationen aufnimmt, kann von dort frische Energie ins psychoanalytische Haus wehen. Erkundet werden neue Theorien der Sprache, der Metapher und der Konversation; Ausflüge in Literatur und Körperlichkeit sowie zu einer Psychoanalyse als Lebenskunstlehre werden unternommen. Die Psychoanalyse ist zwar älter, aber auch lockerer geworden und kann sich reiche Unterstützung bei Nachbarwissenschaften holen, wenn sie sich neuen Assoziationen öffnet.

P🔲V
Psychosozial-Verlag

2003
414 Seiten · Broschur
EUR (D) 24,90 · SFr 42,30
ISBN 3-89806-247-3

Der 11. September 2001 – Dieses Datum markiert einen tiefen Einschnitt im Welt- und Selbstverständnis Amerikas und lässt auch die übrige Welt nicht unberührt. Seit den Terroranschlägen auf das World Trade Center in New York und das Pentagon in Washington steht fest, dass die Bedrohung durch den Terrorismus in der globalisierten Welt eine nie gekannte Dimension erreicht hat und die Angst vor neuen Terroranschlägen wächst. Welche psychologischen, ökonomischen, religiösen, kulturellen und politischen Ursachen hat dieser Terrorismus? Wie funktioniert die Psyche von Selbstmordattentätern?

Renommierte Psychoanalytiker, Sozialwissenschaftler und Friedensforscher stellen Überlegungen zur psychischen Struktur der Selbstmord-Attentäter an und arbeiten Gemeinsamkeiten und Unterschiede zwischen den Selbstmord-Attentätern vom 11. 9. und den palästinensischen Selbstmord-Attentätern heraus.

P☒V
Psychosozial-Verlag